WESTEND

ALEXANDER UNZICKER

Wenn man weiß, *wo* der Verstand ist, hat der Tag Struktur

Anleitung zum Selberdenken
in *verrückten* Zeiten

WESTEND

Mehr über unsere Autoren und Bücher:
www.westendverlag.de

Die Deutsche Nationalbibliothek verzeichnet diese Publikation in der Deutschen Nationalbibliografie; detaillierte bibliografische Daten sind im Internet über http://dnb.d-nb.de abrufbar.

FSC® www.fsc.org
MIX
Papier aus verantwortungsvollen Quellen
FSC® C083411

ISBN 978-3-86489-244-8

Umschlaggestaltung: Buchgut, Berlin
Satz: Publikations Atelier, Dreieich
Druck und Bindung: CPI – Clausen & Bosse, Leck
Printed in Germany

Inhalt

Vorwort
Warum brauchen wir den Verstand?

Fühlen Sie sich auch manchmal überwältigt von Informationen, die schneller auf uns einprasseln, als wir sie verarbeiten können? Beunruhigt von Ereignissen rund um den Globus, die ein diffuses Gefühl von Bedrohung vermitteln? Verspüren Sie eine Verunsicherung, wie all dies einzuordnen ist? Dass die Handlungsmöglichkeiten des Einzelnen marginal sind angesichts der Nachrichtenflut und dennoch ein regelrechter Informationskrieg tobt? Dieses Buch versucht, dieser Situation mit dem Verstand zu begegnen.

Reflektiert man die Evolution höherer Lebewesen auf dem Planeten Erde in den letzten fünfhundert Millionen Jahren, fragt man sich, ob die sogenannte Krone der Schöpfung, Homo sapiens, im Moment noch recht bei Trost ist. Im Jahr 2018 dominierte beispielsweise eine internationale diplomatische Krise über Wochen hinweg die Berichterstattung, nachdem zwei Menschen in einer südenglischen Stadt mit einem Nervengift in Kontakt gekommen waren. Ohne Klärung der näheren Umstände wurde dies als »erster Einsatz von Massenvernichtungswaffen auf europäischem Boden seit dem Zweiten Weltkrieg« bezeichnet.

Meldungen wie diese lassen am Verstand der Menschheit zweifeln. Der obige Vergleich ist nicht nur angesichts der 65 Millionen Toten jenes Krieges unpassend, sondern auch deswegen absurd, weil es gleichzeitig keine Debatte darüber gibt, dass die Menschheit über ungefähr fünfzehntausend Sprengköpfe von Atom- und Wasserstoffbomben verfügt, welche im Prinzip jeden Tag zum Einsatz kommen können – durch verbrecherisches Handeln oder auch einen dummen Zufall. Dies würde nicht nur dem ein Ende setzen, was wir seit Jahrtausenden als Kultur des Humanismus ansehen, sondern möglicherweise unsere ganze Art auf der Erde auslöschen – wobei man in diesem Fall die Bezeichnung »Homo sapiens«, verständiger Mensch, hinterfragen muss: Die Menschheit verhält sich offenbar irrational.

Damit sind auch die Motive genannt, die mich als Naturwissenschaftler veranlassen, ein Buch mit weitgehend politischem Inhalt zu schreiben. Irrationalität ist immer ein Alarmsignal für das gesellschaftliche Zusammenleben. Erst recht darf niemand tatenlos zusehen, wenn diese Irrationalität den Frieden bedroht. Die Wissenschaft, die nicht nur die Segnungen dieser Zivilisation entwickelt hat, sondern auch deren schlimmste Vernichtungswaffen, trifft hier eine besondere Verantwortung, in verrückten Zeiten nicht zu schweigen.

Besorgniserregend ist im Moment der Zustand der Medien, die nicht nur oft eine irrationale Aggressivität an den Tag legen, sondern gerade dort starke Emotionen hervorrufen, wo der Gebrauch des Verstandes nötig wäre. Dabei hat die Berichterstattung, selbst was die Tatsachen betrifft, weltweit an Glaubwürdigkeit eingebüßt. Man fühlt sich manchmal in einem postfaktischen Zeitalter, wo unter einer Vielfalt von Behauptungen die Wahrheit nicht mehr aufzufinden ist. Gleichzeitig nimmt die Toleranz gegenüber anderen Meinungen ab.

»Der Irrsinn ist bei Einzelnen etwas Seltenes – aber bei Gruppen, Parteien, Völkern, Zeiten die Regel.«
– *Friedrich Nietzsche*

Als Bastion der Glaubwürdigkeit gilt die Wissenschaft, auf der die moderne Zivilisation basiert und die bis heute die verlässlichsten Fakten liefert. Mit ihrer Hilfe gelangte die Menschheit in das Zeitalter der Aufklärung, ins Reich des Verstandes. Allerdings muss wahrhaft aufgeklärtes Denken auch den Zustand der Wissenschaft immer wieder hinterfragen. So zeigt leider eine nähere Betrachtung, dass sich heute sogar die Grundlagenwissenschaften in einer Krise der Irrationalität befinden.

»Ist es möglich, dass es unser Universum gar nicht gibt?«[1] titelte jüngst ein deutsches Nachrichtenmagazin und berichtete, dass dieser Verdacht eines »hochgeachteten Physikers aus Harvard« die »Fachwelt erschüttere«. Dies war keineswegs Satire, sondern gilt gegenwärtig tatsächlich als Naturwissenschaft. Viele weltweit führende Institute beschäftigen sich seit Jahrzehnten mit Theorien, für die es nicht den geringsten experimentellen Hinweis gibt – obwohl seit Galileo Galilei die Beobachtung der Natur die methodische Grundlage des Verständnisses der Realität ist. Dennoch werden zum Beispiel reine Spekulationen über Sekundenbruchteile nach dem Urknall als gesicherte Wahrheiten bezeichnet, was keineswegs weniger bizarr ist als manche Darstellungen politischer Ereignisse in den Medien.

Bei dieser Bestandsaufnahme beziehe ich die Wissenschaft nicht aus persönlicher Vorliebe mit ein. Vielmehr sind über lange Zeiträume wissenschaftlich-technische und gesellschaftliche Entwicklungen eng verbunden, was dem vornehmlich politisch interessierten Leser vielleicht nicht immer bewusst ist. Aber unsere heutigen Lebensbedingungen und Werte hängen mehr von Isaac Newton, Michael Faraday und Albert Einstein ab als von Julius Cäsar, Napoleon Bonaparte oder irgendeinem US-Präsidenten.

»Wer dich veranlassen kann, Absurditäten zu glauben, der kann dich auch veranlassen, Gräueltaten zu begehen.« – *Voltaire*

Insofern muss man sich, sofern man sich für den Fortgang der Zivilisation interessiert, auch über den Zustand der Grundlagenwissenschaft Gedanken machen. Meine Sicht ist dabei sicher von der Physik geprägt, jedoch kämpfen offenbar auch andere Gebiete mit ähnlichen Problemen. Die in späteren Kapiteln angesprochenen Parallelen von Wissenschaft und Gesellschaft werden vielleicht manchem Leser etwas unvermittelt erscheinen, zeigen jedoch oft gemeinsame Ursachen auf. Obwohl wir über immer mehr Informationen verfügen, scheitern wir zunehmend daran, ein überzeugendes Bild der Realität zu formen.

All dies deutet auf eine Krise der Zivilisation im 21. Jahrhundert, deren Errungenschaften die Fähigkeiten von Homo sapiens überfordern. Das Tempo der Evolution ist offenbar nicht schnell genug, um die Eigenheiten des menschlichen Denkens an die heutige Zeit anzupassen. Einer objektiven Sicht besonders abträglich ist die starke Konzentration auf das Jetzt. In unserem Denken räumen wir der Gegenwart einen viel zu großen Platz ein. Der Konsum von Aktuellem betäubt dabei geradezu den Verstand, indem er unsere Aufmerksamkeit auf Irrelevantes lenkt. Dem rationalen Verhalten ebenso hinderlich ist das Bedürfnis, Verhalten an der sozialen Umgebung auszurichten. Sowohl in der Wissenschaft als auch bei gesellschaftlichen Themen ist Gruppendenken sehr viel mehr verbreitet, als sich dies der Einzelne eingestehen möchte.

Vor langer Zeit hat deshalb Immanuel Kant Aufklärung als die Fähigkeit bezeichnet, sich seines Verstandes ohne Anleitung anderer zu bedienen – nur in diesem Sinne ist der Untertitel dieses Buches zu verstehen. Es mindert den Wert von Kants Überlegung nicht, dass sich in den letzten 250 Jahren unser Wissen über das menschliche Gehirn dramatisch erweitert hat. Die Erkenntnisse zur Gehirnphysiologie, Gedächtnispsychologie und zu kognitiven Illusionen können, wenn richtig angewendet, den Verstand enorm unterstützen. Gleichzeitig hat sich die Zivilisation so verändert, dass der Gebrauch des Verstandes auf viel mehr Hindernisse trifft als zu Kants Zeiten. Sein Leitspruch *sapere aude*, zu denken wagen, verdient daher eine Erinnerung, ist aber auch aktuell vielleicht nötiger denn je.

Wir können als Art auf diesem Planeten wahrscheinlich nur dann überleben, wenn es uns gelingt, Rationalität zur Maxime unseres Handelns zu machen. Voraussetzung dafür ist eine einigermaßen verlässliche Wahrnehmung des Weltgeschehens. Jeder Einzelne steht also vor der Herausforderung, aus der Vielfalt der auf uns einströmenden Informationen ein sinnvolles Abbild der Realität zu formen.

Dieses Buch gliedert sich daher in drei Teile. *Sehen* handelt von der Aufnahme der Information, die schon mit Schwierigkeiten verbunden ist. Nicht nur die Menge und die Auswahl, die uns dargeboten wird, stellt ein Problem dar, sondern auch die Überprüfung der Richtigkeit. Verzerrungen unter einem bestimmten Narrativ sind in der Berichterstattung heute nicht selten, und leider findet man auch bestimmte Arten von Unterdrückung, die man als Anfänge einer Zensur bezeichnen kann.

Denken beschäftigt sich mit der Verarbeitung der Information. Entgegen unserem Selbstbild als rationale Wesen müssen wir uns dabei zahlreicher kognitiver Illusionen bewusst werden, die unser Urteil beeinträchtigen und uns manipulierbar machen. Ein rationales Weltbild kann dagegen nur auf logischen Erwägungen und Evidenz basieren.

Handeln wirft die Frage auf, wozu wir überhaupt Information aufgenommen haben. Handlungsfähigkeit erfordert eine Beschränkung dieses Konsums, um sich auf die wichtigsten Werte zu konzentrieren, die die Zivilisation erhalten muss: Recht, Frieden, Freiheit. Nur die Verteidigung dieser Werte und ein Fortschritt des Wissens eröffnen die Perspektive, die kosmologisch irrelevante Zeitspanne unserer Existenz signifikant zu verlängern.

Wir leben in einer ziemlich verrückten Welt. Immer mehr Informationen werden immer weniger zuverlässig, sodass wir einen kräftigen Filter installieren müssen, bevor wir unsere Überzeugungen und unser Bild der Realität formen. Es gilt, unseren Verstand zu rüsten: Interessen hinter einer Information zu erkennen; skeptisch sein, wenn sie Unerfreuliches rechtfertigt; sich bewusst machen, dass die eigene Interpretation von persönlichen Erwartungen und denen unserer Umgebung abhängig ist. Schlussendlich müssen wir den Mut entwickeln, uns beim Denken und Handeln unseres eigenen Verstandes ohne Anleitung anderer zu bedienen. Fangen wir an, den Verstand wieder gründlich zu gebrauchen! Wir sind es unserer Art, die sich auf diesem wundersamen Planeten im Universum entwickelt hat, schuldig.

Teil 1: Sehen

»Kann man ein unscharfes Bild immer mit
Vorteil durch ein scharfes ersetzen?
Ist das unscharfe Bild nicht oft gerade das,
was wir brauchen?«
– *Ludwig Wittgenstein*

Nachrichtenflut – Die Überreizung unserer Gehirne

Millionen Nervenzellen feuern, sobald wir die Augen öffnen. Von der Netzhaut ausgehend verbreiten sich diese Signale zu den etwa hundert Milliarden Zellen im ganzen Gehirn. Dennoch ist das meiste der aus elektrischen Strömen bestehenden Information für immer verloren. Nur ein verschwindend geringer Teil wird chemisch in Synapsen gespeichert, jenen Verbindungspunkten zu anderen Nervenzellen, von denen jede Zelle über mehrere Tausend verfügt.

Auch der größte Teil dieser Kurzzeitspeicherung ist vorübergehend, und nur die allerwichtigste Information, abhängig von unserer Aufmerksamkeit und unserem emotionalen Zustand, bleibt als Langzeitgedächtnis erhalten, das erstaunliche Erinnerungsleistungen über Jahrzehnte hinweg vollbringt. Wir empfinden unser Gedächtnis wie ein Videoarchiv unseres bisherigen Lebens, obwohl die biologische Speicherfähigkeit gerade einmal für ein paar Wochen reichen würde. Dem Schutz vor »Überschreiben« von Gedächtnisinhalten dient unter anderem der hierarchische Aufbau des Gehirns, zu dem physiologisch schon die Netzhaut gehört. Ein raffinierter Mechanismus von Augenbewegungen sorgt dafür, dass wir unseren Blick auf das Wesentliche richten, vieles wird unbewusst ergänzt, sodass ein großer Teil unseres Gesichtsfeldes überhaupt nur aus einer Illusion besteht.

Das Bildgedächtnis spielte eine überragende Rolle in der Evolution. Die damit verbundene Fähigkeit, dreidimensionale Bewegungsabläufe im Gehirn zu simulieren, war wohl entscheidend dafür, dass wir unter den Tierarten auf der Erde heute eine herausragende Rolle einnehmen. Es ist das Gehirn, was uns zu Menschen macht. Nur aufgrund seiner besonderen Eigenschaften haben sich unsere Intelligenz und schließlich die Zivilisation entwickelt.

Das Gehirn und sein dominierender Kanal, das Sehen, sind ein fantastisches, aber auch filigranes System der Informationsverarbeitung. Es birgt unser gesamtes Wissen, unsere wertvollsten Erinnerungen und charakterisiert uns als Individuum. Angesichts dessen ist es doch gelinde gesagt erstaunlich, wie wenig wählerisch und in welchen Mengen wir heute Information aufnehmen. Das gilt erst recht, weil das Gehirn gar nicht anders kann, als zu lernen, auch bei sogenannter Unterhaltung. Mehr als wir wollen, sind wir das Produkt dessen, was wir wahrnehmen.

Mentale Fehlernährung

Welche Auswirkungen die moderne Informationsgesellschaft auf unsere Art hat, ist uns wohl kaum bewusst. Während des größten Teils der Menschheitsgeschichte hatte unser Gehirn nur wenige Bilder der vertrauten Umgebung zu verarbeiten, selbst Schrift musste erst mühsam erlernt werden. Die möglichen Folgen des exzessiven Konsums von Fernsehen, Computerspielen und digitalen Medien sind eigentlich offensichtlich, werden aber selten thematisiert.[I] Vor allem müssen uns dabei die noch sehr formbaren Gehirne von Kindern und Jugendlichen beunruhigen, insbesondere weil sich die Folgen für die Gesellschaft erst eine Generation später zeigen. Wenn man zappelige Achtjährige beobachtet, die stundenlang nicht von ihrem Display lassen können, gerät man ins Grübeln. Langfristig könnte das zu einem Suchtverhalten wie bei Alkohol oder anderen Drogen führen.

Obwohl bei vielen Computerspielen nur primitive Reaktionsmuster gelernt werden, verbrauchen sie trotzdem mentale Ressourcen. Wenn ein Jugendlicher auf diese Weise den Abend vor dem Bildschirm verbracht hat und am nächsten Morgen beim Lernen entsprechend unmotiviert ist, sollte dies ebenso wenig verwundern wie Appetitlosigkeit nach einem Eimer von Kartoffelchips. Viele Jugendliche kommen heute in den Genuss von beidem. Wie im Fall von Tabak wird der

---

I Wie etwa von dem Ulmer Gehirnforscher Manfred Spitzer.

Konsum von einer Lobby gefördert, und die Folgen sind wohl von niemandem vorhersehbar. Ganz allgemein erinnert aber der leichtfertige Umgang mit unserem Gedächtnis an die unbedachte Verschmutzung der Umwelt zu Zeiten der Industrialisierung. Verantwortung für die nächsten Generationen ist nicht wirklich zu erkennen.

Digitale Vermüllung

Ebenso wie ganze Industriezweige davon leben, den Menschen nutzlose Produkte zu verkaufen und dabei Ressourcen zu Abfall zu verwandeln, profitieren heute Spiele- und Computerhersteller sowie die Fernseh- und Unterhaltungsindustrie davon, die Gehirne der Menschen mit wertlosen Inhalten zu füllen.

Leider verschwimmt die Grenze zur sinnvollen Information auch in den Nachrichten, wo es mittlerweile redaktionelle Berichte über den Inhalt von Krimis gibt und die nahtlos übergehen in Unwichtigkeiten und Klatsch jeder Art. Es ist interessant, dass das Genre der Trivialnachrichten, also Ausrutscher, Trunkenheiten oder Beziehungsdramen von Filmsternchen und anderen B-Prominenten, überhaupt erst in den 1940er-Jahren erfunden wurde. An Tagen ohne Terroranschläge liegt ihr Anteil oft bei gefühlten neunzig Prozent. Die Gegenstimmen der Vernunft sterben aus; eine davon war der Literaturkritiker Marcel Reich-Ranicki, der 2008 während einer live übertragenen Gala den

»Gucken Sie einfach mal, was im Fernsehen serviert wird für die Zielgruppe der 14-jährigen … Da werden Minderjährige aufeinander gehetzt, die sich gegenseitig demütigen, bis einer in Tränen ausbricht oder aggressiv wird, der andere darf bleiben und wiederkommen und kriegt dreißig Euro … Wenn Ihnen das noch nicht reicht, dann bleiben Sie dran bis zur Zielgruppe der 19- bis 24-jährigen, wo Dieter Bohlen kleine Mädchen fertigmacht … und dann kommt Dünnhungern mit Heidi Klum oder Dreckfressen mit Dirk Bach – das Gegenteil von Heidi Klum – … Dieses Dschungelcamp, wo abgehalfterte Scheinprominente […] sich füttern mit Ungeziefer, auf das sie wahrscheinlich vorher noch uriniert haben, und wer's am längsten im Magen behalten kann, der kriegt Geld, Anerkennung, eine eigene Sendung!« – *Kabarettist Georg Schramm*

Deutschen Fernsehpreis wegen »des Blödsinns, den wir heute Abend sehen mussten“, ablehnte.[1]

In einer Art Fastenzeit des Verstandes wird die Öffentlichkeit fast jedes Jahr für mehrere Wochen durch sportliche Großereignisse wie Olympia, Fußball-EM oder WM auf intellektuelle Diät gesetzt. Der Geisteszustand der Nation während eines Halbfinales eignet sich dabei gut, unliebsame Gesetzesvorhaben zu verabschieden.[2] Im Gegenzug ist für deutsche Politiker der Besuch in der Mannschaftskabine schon zum Pflichttermin geworden.

»Wir leben in einem Zeitalter der Massenverblödung, besonders der medialen Massenverblödung.« – *Peter Scholl-Latour*

Die Flut dringt durch die Dämme

Aber selbst wenn man sich den Boulevardnachrichten und anderen Ablenkungen erfolgreich entzieht und sich auf vermeintlich relevante Nachrichten konzentriert, hat man nur einen kleinen Etappensieg errungen. Denn die Massenmedien erreichen das Gehirn auf vielfältige Weise. Nicht nur verbringt der Durchschnittsbürger willentlich täglich Stunden vor dem Fernseher oder im Internet, um Informationen aufzusaugen, auch der in Muße lebende Zeitgenosse wird unablässig mit Meldungen bombardiert. An jedem Bahnsteig flimmern die »Breaking News« von den Bildschirmen, persönliche E-Mails kann man kaum mehr ohne den Blick auf die Schlagzeilen lesen, die in immer dichterer Frequenz ungefragt auf den Smartphones erscheinen.

Man betrachte die Form von Nachrichten in der historischen Entwicklung. Vor nicht allzu langer Zeit benötigten wir berittene Boten! Später erfand man die Zeitung, Radio und Fernsehen übertrugen dann um ein Vielfaches mehr Information, aber zunächst noch im Rhythmus eines Tages, der heute durch Internet und Smartphone weiter durchtrennt wird. Uns er-

»Jeder weiß, wie man ein Smartphone bedient; die politische Frage lautet umgekehrt: wie man verhindert, dass man vom Smartphone bedient wird.« – *Frank Schirrmacher*

reichen immer mehr Daten immer schneller, Videoclips aus aller Welt können wir im Minutentakt in unser Gehirn aufnehmen. Wir sind mit den modernen Medien am Puls der Zeit, aber auch schon oft an der Nadel der Nachrichtensucht.

Der Wissenschaftskritiker Bruce G. Charlton thematisiert in seinem Buch *Addicted to Distraction*[II] die Wirkung der Massenmedien. Charlton sagt, dass sie weder an Bildung noch am Wohlergehen der Menschheit interessiert sind, sondern aus Gier nach Macht und Geld Informationsmüll produzieren, welchen sie geschickt als Nachrichten verkaufen. Den dadurch angerichteten intellektuellen und psychologischen Schaden für die Menschheit erachtet er als enorm:

> *»Er besteht aus einer Desensibilisierung für das, was schockieren sollte; einen perversen Appetit auf das, was spontanen Ekel hervorruft; eine Vereinfachung von Denkprozessen; und eine fast universelle Über-Reaktivität auf irgendwelche Reize, die sowohl naiv als auch hysterisch ist.«*

Über die Wirkung kann man noch nicht endgültig urteilen. Aber hinsichtlich des Inhalts liegt Charlton wohl kaum falsch.

Informationstsunami für Höhlenmenschen

All dem liegt nicht zwangsläufig Absicht oder eine große böse Strategie zugrunde. Die Flut wertloser Information ist im Wesentlichen eine Folge moderner Technologie. Die Entwicklung der Sprache charakterisiert uns wahrscheinlich als Art Homo sapiens, die Erfindung der Schrift verursachte einen Schub der Kulturen, die plötzlich viele Generationen überdauern konnten. Gutenbergs Buchdruck legte die Grundlage für die ersten Massenmedien der Menschheitsgeschichte, die mit dem Rollendruck von Zeitungen ab 1870 auftauchten. Die industrielle Revolution führte zu einer allge-

II »Süchtig nach Ablenkung.«

meinen Beschleunigung des Zusammenlebens, eine Revolution in der Informationsübertragung wurde durch den Telegrafen eingeleitet. Die Entdeckung der elektromagnetischen Wellen 1888 führte dazu, dass wir heute praktisch in Echtzeit Informationen aus jeder Ecke des Globus erhalten. Es ist offensichtlich, dass diese Möglichkeiten unser Gehirn, das sich in der Evolution an ein beschauliches Leben in Kleingruppen angepasst hatte, ziemlich überfordern.

Weil die Kosten für Produktion und Verbreitung von Information praktisch auf null gesunken sind, bestimmt sich ihr Wert heute nach einer neuen Währung. Seit der Industrialisierung hat die Zeit im Vergleich zu materiellen Gütern einen immer höheren Stellenwert angenommen, denn sie blieb auch nach Sättigung der Primärbedürfnisse ein begrenztes Gut. Zeit bedeutete Fähigkeit zur Aufnahme von Information. Steht Information jedoch unbegrenzt zur Verfügung, aber nicht unendlich viel Zeit, so wird etwas wichtig, was für die permanente Speicherung im Gehirn sorgt: Aufmerksamkeit. Aufmerksamkeit ist die neue Währung der Informationsgesellschaft.

»Das allerschlimmste bleibt, gar mancher kommt vom Lesen der Journale.«
– *Johann Wolfgang v. Goethe*

Die Massenmedien verbreiten daher Bilder und Informationen, die unser Gehirn in Aufmerksamkeit versetzen sollen. Als Schlüssel dienen starke Emotionen. Alles, was Angst, Schrecken, Trauer, Neugier, Begeisterung, Wut oder auch Ekel hervorruft, findet sich in den Schlagzeilen. Die dabei ausgeschütteten Neurotransmitter garantieren einen Platz im Langzeitgedächtnis, dem wertvollsten Teil unseres Ichs. Hier spielt uns die Evolution einen Streich: Ereignisse, die solche Gefühle hervorriefen, waren ja tatsächlich in unserem prähistorischen Dasein wichtig. Jedoch können die Medien heutzutage diese Reaktionen mit Dingen auslösen, die für unser Leben nicht die geringste Relevanz haben. So verspürt jeder – gestehen Sie sich das ein – eine Anziehungskraft für Klatsch, weil die Teilhabe an diesem in der Steinzeit entscheidend für unsere soziale Stellung war.

Einfallstore für Schrottinformation

Was in Form von Aufmerksamkeit unsere innere Währung geworden ist, transformiert sich durch Klickzahlen in das neue Gold des digitalen Zeitalters: Daten. Während fast alle Technologieprodukte einer stetigen Deflation ausgesetzt sind, sind persönliche Daten die Ressource der Zukunft. Ökonomisch gesehen ergibt das Fluten unserer Gehirne mit emotionalisierter Schrottinformation Sinn. Beobachten Sie einmal, wie oft Schlagzeilen dies unverhohlen versuchen: Ereignis XY »sorgt für Unruhe«, »Aufruhr«, »Aufsehen«, »Furore«, »Kritik«, »Eklat«, »Empörung«, »Entsetzen«, »wilde Spekulationen«, »harsche Reaktionen« oder »Spott im Netz« bis hin zum Aasgeierjournalismus wie »Sorge um« irgendeinen Prominenten. Widerstehen Sie daher der Versuchung, Nachrichten anzuklicken, die eine solche Absicht schon im Aufmacher erkennen lassen, wie zum Beispiel Skandal, Schande, Aufregung, Ausraster, Beleidigung, Gelächter, Wirbel, Schock, Panne, Peinlichkeit, Rauswurf, Unfall, »das Netz tobt«. Reflektieren Sie stattdessen, wie viele Meldungen darüber berichten, dass irgendjemand irgendetwas gesagt hat und irgendjemand anders sich darüber aufregt. Offenbar wird hier eine Ebene unterhalb des Verstandes angesprochen, die den Mausklick tätigt, bevor das Großhirn entscheiden kann, ob es diese Nachricht wirklich braucht. Am sichersten jedoch erzeugen schlechte Nachrichten Aufmerksamkeit: *Bad news is good news*.

»Die Information muss sich vor allem gut verkaufen. Das heiligt inzwischen fast jedes Mittel: Boulevardisierung, Personalisierung, Simplifizierung, Polarisierung, Melodramatisierung.« – *Rainer Butenschön*

Neben dem Generieren von Klickzahlen haben solche Nachrichten den sicher nicht unerwünschten Effekt, die große Masse vom Denken abzuhalten. Der weltbekannte Linguist Noam Chomsky sieht darin sogar die Hauptaufgabe der Massenmedien.[3] Themen wie Kriegsdrohungen, Terroranschlägen, Chemiewaffeneinsätze und Flugzeugabstürze versetzen auch diejenigen in einen Zustand der Anspannung, die sich den Versu

»Ist dies schon Tollheit, hat es doch Methode.« – *William Shakespeare*

chungen der Boulevardpresse und der Fußballhysterie entziehen können. Das Gefühl, an aktuellen Ereignissen weltpolitischer Tragweite teilhaben zu müssen, blockiert einen nachhaltigen Gebrauch unseres Geistes. Und selbst wenn der Verstand beim Konsum der Tagesnachrichten die Emotionen unter Kontrolle behält, so überfordert uns die schiere Menge an Information. So, wie die Kreativität von Kindern durch zu viel Spielzeug erstickt wird, schwinden Gedanken über Grundlegendes und Visionäres aus unseren von Nachrichten hypertrophierten Gehirnen.

Traurig ist, nach welchen Maßstäben Politiker sich öffentlich zu bewähren haben, die eigentlich den Blick für wichtige Zukunftsfragen schärfen sollten. Es wird von ihnen geradezu erwartet, dass sie jede tagespolitische Unwichtigkeit bewerten. Insbesondere emotionale Kommentare zu anderen umstrittenen Äußerungen sind willkommener Anlass für eine Schlagzeile; wenn besonnene Stimmen dagegen schweigen, werden sie sogar dafür noch kritisiert. Diese ungesunde Symbiose von skandalverliebten Medien und Politikern, die sich über Nichtigkeiten ereifern, führt sicher nicht zur Auswahl der fähigsten Köpfe.

»Ein Großteil der […] Medien schaut nur noch auf den ausbeutbaren Skandalsatz, den kleinen Ausrutscher, mit dem eine Kampagne in der Sache oder gegen die Person losgetreten werden kann.« – *Andreas v. Bülow*

Aber wie gelingt es reflektierten Menschen, dem unablässigen Strom unwichtiger Information zu entkommen? Wie schaffen es zum Beispiel Wissenschaftler, ungestört kreativen Gedanken zu folgen, Naturgesetze zu entdecken und neue Technologien zu entwickeln? Eine einfache Frage, die jedoch für den Fortbestand der Menschheit nicht ganz unwichtig ist. Am Beispiel der Information wird deutlich, dass Wissenschaft und Technik die Zivilisation letztlich mehr beeinflusst haben als Naturkatastrophen, Politik und Kriege.

»Das schiere Volumen und die Komplexität der Massenmedien führen wohl zu einer entsprechenden Schrumpfung und Vereinfachung des menschlichen Geistes.«[4] – *Bruce G. Charlton*

Datenlawine statt Wissenszuwachs

Der Nachrichtenstrom in der Wissenschaft ist zwar ungleich sachlicher und überlegter, dennoch trifft die explosionsartige Zunahme an Informationen auch dieses Gebiet mit Wucht. Man hört nicht stündlich »Breaking News«, aber auch in den Wissenschaftsnachrichten herrscht inzwischen eine Schnelllebigkeit, die alles andere als gesund ist. Produktion und Verbreitung von wissenschaftlichen Fakten folgen heute ebenfalls dem Gesetz exponentiellen Wachstums, das früher oder später jedes System zum Einsturz bringt.

Der Wissenschaftshistoriker Derek de Solla Price beschreibt in seinem Buch *Little Science, Big Science*, wie er sämtliche Bände der Zeitschrift *Philosophical Transactions of the Royal Society of London* von 1662 bis 1930 Zeile für Zeile las[5] – alle wesentlichen wissenschaftlichen Erkenntnisse waren darin enthalten! Betrachten Sie als Kontrast dazu die Zeitschrift für *Physical Review D*, welche sich nur auf Gravitation, Teilchen und Felder, also den fundamentalen Teil der Physik, beschränkt: Sie erscheint alle zwei Wochen in einem weit über tausend Seiten starken Heft. Niemand auf der Welt besitzt eine Auffassungsgabe, all diese Informationen auch nur zu überfliegen, geschweige denn durchdenken zu können.

Die heutigen Forscher befinden sich in einem Dilemma. Dem Druck ausgesetzt, ihre Tätigkeit permanent durch Publikationen zu rechtfertigen, geben manche der Versuchung nach, in der auch im Land der Wissenschaft gültigen Währung der Aufmerksamkeit zu handeln. Ziel ist dann nicht mehr die Suche nach der Wahrheit, sondern die Titelseite von *Nature* oder gar, die Tagesnachrichten erreicht zu haben – was für ein Ritterschlag! Wissenschaftliche Sensationsmeldungen schaffen es meist nur mit einem eingängigen Bild dorthin. Oft werden dabei Ergebnisse verzerrt und emotionalisiert, um sich in das Bewusstsein der Öffentlichkeit einzuprägen.

Vollgepumpt mit Neurotransmittern

In viel stärkerem Maße tun dies natürlich die Massenmedien bei konventionellen Nachrichten. Die Emotionalisierung dient der Aufmerksamkeit, aber unser Gedächtnis funktioniert in dieser Hinsicht eigentlich paradox: Wir sind darauf programmiert, Inhalte in emotionsgeladenen Geschichten abzuspeichern, obwohl dem Verstand klar sein müsste, dass Nachrichten gerade dadurch verzerrt und manipuliert werden können.

Auch als Buchautor ist man gut beraten, Information mit anschaulichen Metaphern zu vermitteln und nicht nur trockene Fakten aneinanderzureihen. Jedoch darf der allgemeine Gedanke hinter der einzelnen Geschichte nicht fehlen, und der eigentliche Genuss beim Lesen ist oft, diese abstraktere Ebene anhand von selbst erlebten Beispielen wiederzuerkennen. Viele Journalisten schreiben jedoch über Sachfragen, indem sie Einzelschicksale ausbreiten, die je nach Intention beliebig gewählt werden können. Eigentlich sollte der Verstand eine statistische Betrachtung einfordern und hinterfragen, ob die erzählte Geschichte wirklich repräsentativ und somit als Beispiel aussagekräftig ist.

Der technologische Fortschritt, insbesondere der letzten Jahrzehnte, hat uns unglaublich viel Information und praktisch unbegrenzten Zugang zu Wissen verschafft. Offensichtlich übersteigt dies jedoch die Kapazitäten des Gehirns um ein Vielfaches. Weit vor dem physiologischen Limit wird aber wahrscheinlich schon unsere Fähigkeit zur Reflexion beeinträchtigt. Will man seinen Verstand konstruktiv gebrauchen, muss man Wege finden, der durch die Informationsflut verursachten Überreizung zu entgehen. Wer sich die künstliche Emotionalisierung von Trivialinformation bewusst macht, dem wird es leichter fallen, das hohe Gut der Aufmerksamkeit nicht darauf zu verschwenden. Schließlich gilt es, den Verstand nicht durch Terror- und Schreckensnachrichten in eine Schockstarre fallen zu lassen.

Die Zivilisation ist durch die besonderen Fähigkeiten des Homo sapiens entstanden, Information zur verarbeiten. Es ist eine Ironie der Geschichte, dass in dieser von ihm geschaffenen Welt die

Informationsmenge so stark angewachsen ist, dass dies seine Fähigkeiten zu überfordern beginnt. Wahrscheinlich wird sich dieses Dilemma erst lösen, wenn der Mensch Maschinen entwickelt, die Daten mit einer ihm ebenbürtigen Intelligenz verarbeiten. Die Folgen davon sind allerdings unabsehbar.[6] Bis dahin sollten wir uns mit der Menge der Information und ihrem Anwachsen auseinandersetzen. Statt unreflektierter Aufnahme ist es ratsam, über den individuellen Konsum nachdenken. Der Verstand wird es uns danken.

Medien-Krise – Das Versagen bei der Auswahl der Information

Unser Gehirn kann nur begrenzt viele Informationen aufnehmen, und die Menge, die man sinnvollerweise in Handeln umsetzen kann, liegt weit unter der biologischen Grenze der Speicherkapazität. Aus der Fülle an vorhandenen Informationen müssen wir daher eine sinnvolle Auswahl treffen. Allein die Existenz von Trivialnachrichten zeigt, dass die meisten Medien hier versagen. Kernaufgabe des Journalismus sollte es sein, relevante Nachrichten hervorzuheben und aufzubereiten.

»Das größte Problem des Journalismus liegt darin, einem Auflageninstinkt ohne Rücksicht auf Wahrheit und Gewissen zu widerstehen.« – *Joseph Pulitzer*

Es ist fraglich, ob dies je gut gelungen ist. Dass zum Beispiel Trainerentlassungen in der Fußballbundesliga in der »Tagesschau« berichtet wurden, hat mich zeit meines Lebens fassungslos gemacht. Andererseits ist die Wichtigkeit von Ereignissen nun einmal zufällig verteilt: Vielleicht passieren pro Jahr zwei bis drei Dinge, die über längere Zeitspannen hinweg noch erwähnenswert sind. An manchen Tagen geschehen Dinge, die hundert- oder gar tausendmal wichtiger sind als andere. Trotzdem konsumieren wir jeden Tag eine ungefähr gleichbleibende Menge an Nachrichten – ein inhärenter Widerspruch, den es zu reflektieren gilt. Umgekehrt entgehen tiefgreifende Änderungen der Zivilisation, die sich unspektakulär vollziehen, oft der allgemeinen Aufmerksamkeit.

Aktualität sticht Gründlichkeit

Die Irrationalität der Nachrichtenauswahl muss man daher auch zum Teil im eigenen Konsumverhalten suchen – denn auch Journalisten, die sich mit der Auswahl der Nachrichten befassen, sind nur

Menschen. Was sind aber nun wirklich wichtige Nachrichten, entscheidende Themen? Frieden, Nachhaltigkeit, globales Wirtschaftssystem, künstliche Intelligenz – weniges von dem, was für das langfristige Überleben unserer Art auf dem Planeten Voraussetzung ist, scheint uns zu beschäftigen. Über diese Themen werden Sie in den meisten Medien wenig finden, jedenfalls nicht in dem der Relevanz angemessenem Umfang. Die »Breaking News«, denen Sondersendungen gewidmet werden, bleiben kriegerische Konflikte, Katastrophen und Terroranschläge. Der Schweizer Autor Rolf Dobelli hat in seinem Buch *Die Kunst des klugen Handelns* eine provokative These dazu formuliert. Bei den Terroranschlägen in Mumbai 2008 waren fast zweihundert Opfer zu beklagen. Geht man aber von Hunderten von Millionen Menschen aus, die die Geschehnisse stundenlang am Fernseher verfolgt haben, dann ging durch die Berichterstattung mehr Lebenszeit verloren als durch die eigentlichen Opfer. Dies klingt vielleicht befremdlich, aber Dobelli spricht hier eine nüchterne Wahrheit über den Sensationsjournalismus aus, der täglich unsere Zeit und emotionale Kraft in Anspruch nimmt.

»Nichts ist zu trivial, als dass es nicht die mediale Diskussion über Wochen beherrschen könnte; es ist der andauernde Konsum von Massenmedien in großem Ausmaß, der uns krank macht.«[7] – *Bruce G. Charlton*

In gewisser Weise spiegelt aber die Auswahl der Nachrichten auch einen Fehler wider, den wir bei der Organisation unseres Alltagslebens selbst oft begehen: Wir stellen das Dringliche vor das Wichtige. Es ist klar, dass Dinge, die sowohl wichtig als auch dringlich sind, sofort erledigt werden müssen. Umgekehrt können Dinge, die weder wichtig noch dringend sind, meist direkt in den Papierkorb.[I] Die Herausforderung liegt darin, wichtigen Dingen, die nicht mit einem konkreten Zeitpunkt nach Erledigung schreien, Vorrang zu verschaffen vor jenen, die sich mit einem Termin in unserem Gedächtnis in den Vordergrund drängen, ohne wirklich wichtig zu sein. Jeder beobachtet wohl auch an sich, dass Wich-

I Das empfiehlt jedenfalls der Zeit-Experte Lothar Seiwert in seinem *1x1 des Zeitmanagement*.

tiges oft zu lange hinausgeschoben wird. Aus ähnlichen Gründen wird vielleicht in einer Redaktion ein Bericht über die globale Trinkwasserversorgung zugunsten einer Sportmeldung zurückgestellt, weil Aktualität mehr zählt als Wichtigkeit. Derartige Unzulänglichkeiten in der Nachrichtenauswahl wären irgendwo noch verständlich. Andere Lücken in den politischen Nachrichten lassen sich aber nicht so harmlos erklären.

Die Lückenpresse

Als eines von sehr vielen Beispielen sei hier die bereits erwähnte Vergiftung des russischen Ex-Agenten Sergej Skripal und seiner Tochter im März 2018 genannt. Ohne auf alle Ungereimtheiten der offiziellen Berichterstattung hier eingehen zu können, ist es jedenfalls ein Faktum, dass die detailliertesten Informationen zu diesem Fall auf dem Blog des ehemaligen britischen Botschafters in Usbekistan, Craig Murray, zu finden sind.[8] Der Ex-Diplomat verfügt immer noch über ausgezeichnete Verbindungen zu Regierungskreisen und hat in einer Serie von Artikeln Hintergrundinformationen gesammelt und analysiert.

»Was wird der Öffentlichkeit vorenthalten, was wird weiterbefördert? Jede Zeitung ist, wenn sie den Leser erreicht, das Ergebnis einer ganzen Serie von Selektionen.« – *Walter Lippmann (1889–1974)*

Wie kann es sein, dass ein angesehener Politprofi wie Murray nicht nur in keinem einzigen großen Medium zu Wort kommt, sondern auch nirgendwo über die Widersprüche berichtet wird, die Murray thematisiert? Noch im Jahr 2010 hatte der *Spiegel* Murrays Eintreten für die Menschenrechte in Usbekistan, welches ihm Ärger mit der eigenen Regierung eingebracht hatte, hoch gelobt.[9] Heute findet Murray in den etablierten Medien keine Erwähnung mehr.

Wahrhaft kritischer Journalismus findet in den Massenmedien heute nicht mehr statt. Wie ist es sonst zu erklären, dass der weltbekannte Enthüllungsjournalist Seymour Hersh das Ergebnis seiner Recherche über den Giftgasangriff 2013 von Ghuta,[10] die an der Urheberschaft Assads zweifeln lässt, in einer Literaturzeitschrift (!)

veröffentlichen musste? Ebenso wenig Beachtung erfuhren im Jahr 2014 die ehemaligen US-Geheimdienstmitarbeiter um den CIA-Analysten Ray McGovern, welche die deutsche Bundeskanzlerin davor warnten, »Beweisen« für eine russische Invasion in der Ukraine zu glauben.[II] Sowohl im Ukraine-[11] als auch im Syrien-Konflikt[12] gab es gravierende Lücken in der Medienberichterstattung, man denke etwa an die SS-Symbolik des Asow-Bataillons oder die westliche Unterstützung für den IS. Auch der Krieg im Jemen wurde in seinen ersten Monaten medial völlig ausgeblendet, obwohl es sehr viele zivile Opfer gab. Ulrich Teusch, Professor für Politikwissenschaft an der Universität Trier, widmet sich in seinem Buch *Lückenpresse* systematisch diesen blinden Flecken in der Berichterstattung, die er als »Messen mit zweierlei Maß« bezeichnet. Konkrete Beispiele von Nachrichtenunterdrückungen sind etwa auf der Website der *Publikumskonferenz der öffentlich-rechtlichen Medien* zu finden.[13] Es sei hier betont, dass damit noch keine Bewertung der Relevanz oder Richtigkeit der entsprechenden Meldungen enthalten ist. Aber warum werden sie von den Leitmedien nicht einmal erwähnt? Wären sie falsch, wäre die Widerlegung ja sogar ein journalistisches Verdienst – aber man schweigt lieber. Machen Sie sich am besten direkt ein Bild davon, ob Sie manche Nachrichten aus der alternativen Szene nicht doch gerne erfahren hätten.

Die Profi-Auswähler oder wie man mit Fakten lügen kann

Während die Erwähnung von Trivialnachrichten noch verständlich sein mag, gehört die Auswahl der Nachrichten nach der politischen Opportunität zu den journalistischen Todsünden. Die systematische Unterdrückung relevanter Informationen ist eine besonders perfide Art der Desinformation, weil die restliche Berichterstattung

---

II Die Organisation *VIPS (veteran intelligenge professionals for sanity)* umfasst etwa zwanzig teils hochrangige frühere Mitarbeiter von Geheimdiensten und Regierungsstellen. McGovern war bis 1990 für das *daily briefing* des US-Präsidenten zuständig.

dabei objektiv erscheinen kann. Hinsichtlich der Nachrichtenauswahl wird die Rolle der großen Agenturen wie AP, AFP und Reuters zu wenig beachtet. Ihre Meldungen werden von den meisten Medien ungeprüft übernommen. Die Meldungen der Agenturen sind tendenziell relevant, aber vieles fehlt ohne erkennbaren Grund. Die Auswahl ist leider, wie in der ganzen westlichen Medienlandschaft zu beobachten, alles andere als neutral; Qualitätskriterien, nach denen diese Auswahl erfolgt, sind nicht definiert oder jedenfalls nicht erkennbar.

»Die größten Triumphe der Propaganda wurden nicht durch Handeln, sondern durch Unterlassung erreicht. Groß ist die Wahrheit, größer aber, vom praktischen Gesichtspunkt, ist das Verschweigen von Wahrheit.« – *Aldous Huxley*

Das Problem wird verstärkt durch den Kostendruck, aufgrund dessen Zeitungen unabhängige Recherchen einsparen. So greift die verzerrte Auswahl in den konventionellen Medien wie eine Epidemie um sich.[III] Die Versuchung ist groß, hier weitere Beispiele anzuführen, welche Nachrichten in den Medien nur als Randnotiz oder gar nicht zu finden sind, aber sie können sich einen besseren Überblick verschaffen, wenn Sie alternative Nachrichtenseiten wie *Telepolis*, die *NachDenkSeiten* oder *Rubikon* aufsuchen.[IV] Obwohl aus Staatsmitteln finanziert, wirbt der Sender *Russia Today* nicht ganz zu Unrecht mit dem Slogan »der fehlende Part«. Diese Medien sind nicht unbedingt neutral, stellen aber zusammen mit den Etablierten einen Pool dar, aus dem man ein ziemlich komplettes Nachrichtenangebot – soweit dies überhaupt möglich ist – schöpfen kann. Natürlich bleibt einem nicht erspart, die Relevanz dieser zusätzlichen Nachrichten zu bewerten.

»Was die Agentur nicht meldet, findet nicht statt.«[14]

III Plakative Beispiele finden sich unter anderem bei Teusch (2016) und Wernicke (2017).

IV Es gibt natürlich noch viel mehr lesenswerte Seiten. Eine Aufstellung findet sich im Anhang.

Ausgewogenheit wiederherstellen

Die Möglichkeiten, sich ein ausgewogenes Bild der Realität zu verschaffen, sind gegeben: Pressekonferenzen von Regierungen und Ministerien aus vielen Ländern lassen sich online verfolgen, sogar Sitzungen von UN-Gremien. Das ist sicherlich zeitaufwendig, und bisweilen werden sich die Informationen widersprechen, aber immerhin sind sie authentisch. Was man auch immer von den Tweets von Donald Trump halten mag, sie erlauben einen direkten Einblick in seine Gedanken. Warum also beispielsweise nicht auch die Rede[15] lesen, die Wladimir Putin 2014 zum Thema Krim hielt?

Eine wertvolle Ergänzung des Nachrichtenangebotes sind Verlinkungen durch informierte Leser in Diskussionsforen.[V] Auch hier erfährt man manches, was anderswo nicht berichtet wird, selbst wenn die Faktizität außer Frage steht.

Es wird oft vehement diskutiert, ob die unbestreitbaren Auslassungen mit Absicht erfolgen oder nicht. Jens Wernickes Buch *Lügen die Medien?* setzt sich damit intensiv auseinander. Über zwanzig Medienexperten und Journalisten kommen darin zu Wort, teils mit sehr unterschiedlichen Ansichten. Einer davon zieht das Fazit: Die Medien lügen nicht – sie verkürzen, unterschlagen, verdrehen und verfälschen.[16] Tatsächlich kann man nach den Beiträgen nur die Konsequenz ziehen, dass es sich nicht nur um ein Versagen hinsichtlich der Relevanz, sondern um einen Zusammenbruch der objektiven Nachrichtenauswahl handelt. Wenn man die Rahmenbedingungen untersucht, unter denen sich der Journalismus in den letzten Jahrzehnten entwickelt hat, kann dies kaum verwundern.

Drucken und drucken lassen

Der Öffentlichkeit ist nicht bekannt, in welchem Ausmaß die Berichterstattung heute direkt gekauft ist. Obwohl schon für die Nachkriegszeit nachgewiesen[17], nahm diese Praxis in den USA nach

V Allerdings haben die Leitmedien diese Möglichkeit stark eingeschränkt.

2001 stark zu, wie ein Buch der Enthüllungsjournalistin Amy Goodman[VI] dokumentiert.[18] Eines von vielen Beispielen ist der Kolumnist Armstrong Williams: 2005 kam heraus, dass Williams 240 000 US-Dollar vom Erziehungsministerium angenommen hatte, um George Bushs *No Child Left Behind Act* in der Zeitung *USA Today* anzupreisen.[19] Ein weiterer Fall ist die Lincoln Group, eine PR-Firma und Vertragspartner des Pentagons, die im Jahr 2005 einen mehrjährigen Auftrag über 100 Millionen Dollar für die Produktion von Zeitungsnachrichten, Radio- und Fernsehspots erhielt, die gegen irakische Rebellen und für die amerikanische Position eintraten. Unter der Bush-Administration gaben mindestens zwanzig Regierungsbehörden insgesamt 250 Millionen Dollar aus, um Hunderte inszenierter Fernsehmeldungen für regionale TV-Sender zu produzieren.[20]

»Journalismus heißt, etwas zu drucken, von dem jemand will, dass es nicht gedruckt wird. Alles andere ist Public Relations.« – *George Orwell*

Aber auch in Deutschland wurde das Buch *Gekaufte Journalisten* von Udo Ulfkotte zwar verrissen, inhaltlich wurden die von ihm beschriebenen Fälle von journalistischer Korruption aber nicht bestritten.

Größere Tragweite haben jedoch die strukturellen Defizite, unter denen der Journalismus leidet. Praktisch alle großen Verlagshäuser befinden sich in Händen weniger Eigentümer, die ihre ganz eigenen wirtschaftlichen und politischen Interessen verfolgen. Der Erlös durch Zeitungsverkäufe ist marginal im Vergleich zu den Werbeeinnahmen, die somit den redaktionellen Betrieb fast vollständig querfinanzieren. Insofern war die redaktionelle Unabhängigkeit immer schon eine Wunschvorstellung, die nicht erst mit investigativen Berichten über Anzeigenkunden ein Ende findet.

»Die Bush-Administration finanzierte die Erstellung und Verbreitung von gefälschten Geschichten in den amerikanischen Medien und zitierte dann die unsinnigen Meldungen als Rechtfertigung, einen Krieg anzufangen.«[21] – *Amy Goodman*

VI Amy Goodman: *Static: Government Liars, Media Cheerleaders, and the People Who Fight Back* (2006).

Der kommerzielle Gegenwert der Nachricht bestimmt sich durch die Rückwirkung auf den Leser. Letztlich verkauft dieser sich selbst, indem er sich massiv beeinflussen lässt. Als Gegenleistung erhält er ein mittelmäßiges Nachrichtenangebot. Welcher psychologische Mechanismus zu diesem schlechten Geschäft führt, beschreibt der Bestsellerautor Yuval Harari an folgendem Beispiel. Angenommen, ein zwielichtiger Milliardär böte Ihnen ein Geschäft an: »Ich zahle Ihnen 30 Euro im Monat, und im Gegenzug gestatten Sie mir, Sie jeden Tag eine Stunde lang einer Gehirnwäsche zu unterziehen, wobei ich Ihnen alle möglichen politischen und kommerziellen Vorlieben einpflanze.« Sind Sie einverstanden? Wahrscheinlich würden wenige vernünftige Leute darauf eingehen. Also macht der zwielichtige Milliardär ein etwas anderes Angebot: »Sie erlauben mir, Sie jeden Tag eine Stunde lang einer Gehirnwäsche zu unterziehen, und im Gegenzug werde ich Ihnen für diesen Dienst nichts berechnen.« Jetzt klingt das Angebot plötzlich verlockend für Hunderte Millionen von Menschen.

»Pressefreiheit ist die Freiheit von zweihundert reichen Leuten, ihre Meinung zu veröffentlichen.« – *Paul Sethe*

Das Scheitern der vierten Gewalt

Thomas Jefferson, der dritte Präsident der USA, fragte einmal: »Was ist Ihnen lieber, eine freie Presse oder eine Regierung?« Eine freie Presse erachtete Jefferson als wichtiger, denn ohne sie führe ein direkter Weg zur Diktatur. Insofern ist es bemerkenswert, wie schlecht in den westlichen Demokratien die »vierte Gewalt« in den Institutionen verankert ist. Insbesondere eine innere Pressefreiheit, das heißt das Recht, sich beim Schreiben zum Beispiel nur an den Pressekodex halten zu müssen, existiert für Journalisten nicht.[VII] Das letzte Wort hat in der Regel der Chefredakteur.

»Die New York Times verkauft ein Produkt. Das Produkt sind die Leser.« – *Noam Chomsky*

VII In manchen Arbeitsverträgen ist sogar die »Solidarität in der freiheitlichen Wertegemeinschaft mit den Vereinigten Staaten von Amerika« vorgeschrieben.

Noch mehr wirkt sich der Trend zu prekären Arbeitsverhältnissen aus, der die gesamte Gesellschaft durchzieht. Neben dem Journalismus hat dies wohl in allen Institutionen, die nach neoliberalen Grundsätzen geführt werden, schleichende Auswirkungen. Denn dort, wo der Mut zur Meinungsäußerung mit der Angst um den Arbeitsplatz abgewogen wird, gedeihen Objektivität, Kreativität oder gar Querdenken nicht mehr.

Solange die Produktion von Nachrichten Geld kostet, wird private Finanzierung immer Einfluss auf redaktionelle Inhalte haben, und sei es nur über den vorauseilenden Gehorsam der Mitarbeiter. Um von den Interessen von Medienunternehmern unabhängig zu werden, wurden in Deutschland die öffentlich-rechtlichen Sendeanstalten geschaffen, welche die Ausgewogenheit der Nachrichtenauswahl sicherstellen sollen. Im Prinzip ist dies eine weitblickende Idee, die die Verankerung demokratischer Freiheiten und ihre Kontrolle durch eine unabhängige vierte Gewalt langfristig garantieren sollte. So heißt es etwa im Paragraph 11 Absatz 2 des Rundfunkstaatsvertrags:

> *»Die öffentlich-rechtlichen Rundfunkanstalten haben bei der Erfüllung ihres Auftrags die Grundsätze der Objektivität und Unparteilichkeit der Berichterstattung, die Meinungsvielfalt sowie die Ausgewogenheit ihrer Angebote zu berücksichtigen.«*

Gleicht man diesen Anspruch mit der Realität ab, wird man entweder Sentimentalität oder Zorn verspüren. Von gesetzlichen Vorgaben sind die Medien im Moment weit entfernt. Unabhängige Geister wie die ehemaligen ARD-Redakteure Volker Bräutigam und Friedhelm Klinkhammer, Norbert Häring vom *Handelsblatt* sowie der Verein *Publikumskonferenz* haben zahllose Verstöße gegen diese Grundsätze ausführlich dokumentiert und öffentlich gemacht.

Betrachtet man allerdings die internationale Berichterstattung, handelt es sich wohl um ein allgemeineres Problem. Durch die personellen und finanziellen Verstrickungen gelingt es den wenigsten institutionalisierten Medien, wirkliche Unabhängigkeit der redaktionellen Arbeit zu erreichen. Den angestellten Mitarbeitern fehlt wiederum jeder Schutz vor Einflussnahme von innen oder außen. Es ist nicht verwunderlich, dass es unter diesen Bedingungen nur wenigen Medien gelingen kann, ausgewogen und objektiv zu berichten. Als Konsument steht man vor einer wenig erfreulichen Perspektive. Wem soll man noch zuhören?

Weise Worte kostenlos

Eine wertvolle Gelegenheit, sich weitgehend objektiv zu informieren, sind Aussagen von *ehemaligen* Entscheidungsträgern in der Politik. Die meisten sind unabhängig von Macht und Geld oder zumindest satt davon, haben ihre Karriere schon hinter sich und sind, jedenfalls was ihre Funktion betrifft, unbestreitbar kompetent. Als Zeugen der Geschichte sind sie meist älter und erfahrener. Diese Persönlichkeiten sprechen keineswegs mit einer Stimme, aber wer Helmut Schmidt, Gerhard Schröder, Willy Wimmer, Rita Süssmuth, Horst Teltschik, Matthias Platzeck, Antje Vollmer oder gar Edmund Stoiber zuhört,[22] wird oft einen gemeinsamen Nenner erkennen, der anders klingt als die Kommentare der Leitmedien, welche häufiger die momentan an der Macht befindlichen interviewen.

»Die Presseorgane haben unentbehrliche Aufgaben für das Funktionieren der Demokratie zu erfüllen.« – *Bundesverfassungsgericht 1962*

Gleiches gilt im Prinzip auch für erfahrene Journalisten wie Gabriele Krone-Schmalz und Jürgen Todenhöfer, ebenso wie für Seymour Hersh, John Pilger und die inzwischen verstorbenen Peter Scholl-Latour und Robert Parry. Gerade zur Beurteilung weltpolitischer Ereignisse erscheinen die kompetenten Pensionisten oft glaubwürdiger als ihre Kollegen in Amt und Würden. Man denke nur beispielsweise an den ehemaligen Waffeninspekteur Scott Ritter, den ehemaligen US-Vizefinanzminister Paul Craig Roberts, die Whistleblower John Kiriakou und Thomas Drake, den noch amtierenden Senator Richard Black oder die bereits erwähnten Ray McGovern und Craig Murray, die hochinteressantes Hintergrund wissen zu ihren Analysen beisteuern. Der Biowaffeninspekteur David Kelly hat dagegen seine Glaubwürdigkeit möglicherweise mit dem Leben bezahlt. Noch während seiner Tätigkeit als Berater des britischen Verteidigungsministeriums deckte er 2003 die Lügen über den Irak mit auf; kurz darauf kam er ums Leben.[VIII] In der Wissenschaft findet man ebenfalls große Meinungsunterschiede zwischen jüngeren und älteren Forschern. Letztere haben ihre Karriere hinter sich, weniger Ehrgeiz und mehr Überblick. Entsprechend skeptisch beurteilen sie die vorherrschende wissenschaftliche Mode. So ist etwa der angesehene Astronom Mike Disney ein ausgesprochener Kritiker des kosmologischen Standardmodells. Er beobachtet im derzeitigen Wissenschaftsbetrieb die gleichen Faktoren wie Geld, Macht und Karrierestreben, wie sie auch die Politik beeinflussen.[23] Im Unterschied zur Weltpolitik spielt sich Wissenschaft allerdings in wesentlich längeren Zeiträumen ab, sodass die Gründerväter, die sich kompetent zu einem Gebiet äußern könnten, meist schon tot sind. Wenn man sich jedoch die Mühe macht, aus Biografien und alten Artikeln etwa die naturphilosophischen Überzeugungen von Albert Einstein, Paul Dirac oder Erwin Schrödinger zu studieren, erfährt man Ansichten, die zu den heute verfolgten Modellen gegensätzlicher nicht sein könnten.

Prekariat überall

Die heutige Wissenschaft weist noch eine weitere Parallele zum Journalismus auf: die prekären Arbeitsverhältnisse. Auch in die Wissenschaft hat eine Ideologie Einzug gehalten, deren Maxime die effiziente Produktion von Ergebnissen ist. Im internationalen Wettbewerb zählt Exklusivität und Schnelligkeit mehr als Nachhaltiges. Bei vielen Forschern lassen befristete Arbeitsverträge und Publikationsdruck kreative und kritische Ideen absterben. Die feh-

---

VIII Bei den Todesumständen gibt es zahlreiche Ungereimtheiten, die der offiziellen Version des Selbstmords widersprechen.

lende materielle Sicherheit selektiert leider dahingehend, dass intelligente und wahrheitssuchende Forscher der Wissenschaft immer öfter den Rücken kehren – was für Journalismus in ähnlicher Weise gelten dürfte. Im Bereich der Forschung hat niemand diese Fehlentwicklungen besser beschrieben als Bruce G. Charlton, der langjährige Herausgeber der renommierten Zeitschrift *Medical Hypotheses*. In seinem Buch *Not Even Trying* stellt er dem Zustand der Grundlagenwissenschaften ein verheerendes Zeugnis aus.

Der Typus des investigativen Journalisten, einer ohnehin bedrohten Art, existiert übrigens in der Wissenschaft nicht. Oft fehlt die Kompetenz, aber auch der Mut zum kritischen Nachfragen. In populärwissenschaftlichen Artikeln findet sich daher viel Triviales, oft kitschige Geschichten über die Akteure. Ebenso wenig gibt es eine »alternative« Nachrichtenszene, weil man glaubt, die wissenschaftliche Methode würde zu einer Selbstkorrektur führen. Tatsächlich ist Kritik aber nur in engen, technischen Bereichen willkommen, etablierte Überzeugungen oder gar ein ganzes Fachgebiet infrage zu stellen, bleibt undenkbar. Die führenden Zeitschriften dominieren in der Wissenschaft noch mehr als die ihnen entsprechenden Leitmedien in Politik und Gesellschaft. Skeptische Wissenschaftler, auch wenn sie eine untadelige Karriere hinter sich haben, kommen selten gegen den Mainstream zu Wort, ganz ähnlich wie ehemalige Politiker, die sich nachdenklich äußern.

Objektivität schleicht in den Hintergrund

Die Rollen von sogenannten »seriösen« Medien im Gegensatz zu den »alternativen« scheinen in der Politik heutzutage grotesk vertauscht. Während bei *Spiegel Online*, *FAZ* und der *Zeit* junge Karrieristen ohne erkennbare Qualifikation schreiben und sich dabei des einstigen Rufs ihrer Blätter als leere Hülle bedienen, werden Medien wie die *NachDenkSeiten*, *telepolis* oder auch *Russia Today*, bei denen kompetente Entscheidungsträger von früher zu Wort kommen, als »unseriös« diffamiert.

Wie gelangt man als Journalist in Spitzenpositionen der Branche? Nähe zur Macht ist dem sicher nicht abträglich. Ein ehemaliger Nachrichtenmoderator musste sich für seine Tätigkeit als Regierungssprecher nicht mehr viel umstellen, aber es gibt natürlich noch andere Beispiele für Drehtüren im »medial-politischen Komplex«. Dies führt zu einer besonderen Form der Kommunikation, die man ganz grundsätzlich reflektieren muss: eine exklusive Form von Mitteilungen, die harmlos als Hintergrundgespräche bezeichnet werden.

»Die Definition dessen, was als Qualitätsmedium anzusehen ist, ist weitgehend selbstreferenziell und zirkulär, so als müsse der Anspruch der Qualität nicht täglich neu erarbeitet werden.« – *Daniela Dahn*

Weil Exklusivität im Nachrichtengeschäft zählt, verschafft der Mitteilende dem Journalisten einen erheblichen Vorteil. Der Politiker erwartet dafür das Verbreiten der gewünschten Nachricht, aber auch bei anderer Gelegenheit Milde statt kritischem Nachfragen. Nicht selten wird daraus das, was man *trading truth for access* nennt: Ich verbreite deine Unwahrheiten, und du öffnest mir weiterhin die Türen. Politiker und Journalisten kooperieren hier zum eigenen Vorteil und zulasten der Allgemeinheit; es handelt sich um eine milde Art von Korruption. Journalismus kann nur integer bleiben, wenn er solche Nähe ausschließt. Sollen die Mächtigen ihre Geschichten, die ihrem eigenen Interesse dienen, für sich behalten. Wenn ein Insider dagegen meint, die Information müsse öffentlich werden, dann muss er sie eben leaken. Die geleakte Nachricht bevorzugt keinen einzelnen Journalisten. Ihre Glaubwürdigkeit muss aus sich heraus, meist durch Dokumente, evident sein, nicht durch eine anonyme Versicherung im Hinterzimmer.

»Was schiefläuft? Um es zusammenzufassen: die Nähe zwischen dem politischen Journalismus und dem Politikbetrieb.« – *Stephan Hebel*[24]

Der Journalismus ist in einer existenziellen Krise, und wahrscheinlich gilt dies weltweit. In Deutschland gab es konstruktive Vorschläge von Medienkritikern,[25] die der Umsetzung wert wären. Vieles ließe sich in der Tat verbessern, wenn gesetzliche Grundlagen wie innere Pressefreiheit geschaffen oder einfach die bestehenden Vorschriften eingehalten würden.

Dennoch denke ich, dass der Journalismus in seiner bisherigen Form gefährdet ist, ja möglicherweise überflüssig werden wird. Abgesehen davon, dass die meisten Medien ihr Vertrauen beim Publikum verspielt haben, scheitern sie zunehmend an ihrer zentralen Aufgabe, der Auswahl von Information. In erster Linie ist das eine Folge der Technologie, die zu viel Information generiert, diese aber gleichzeitig direkt zum Endkonsumenten übertragen kann. Insofern wird die Rolle der klassischen Medien als Vermittler und Zwischenhändler von Nachrichten in Zukunft wohl obsolet, ebenso wie dies in anderen Bereichen der Arbeitswelt geschieht. Aus den Rohdaten der Information können heute schon Algorithmen einfache Berichte schreiben, ohne dass dies menschlichen Lesern auffällt.

Das Ende des Journalismus?

Facebook, Google und andere Visionäre arbeiten längst daran, Zeitung und Fernsehen überflüssig zu machen wie Schreibmaschinen, ein Begriff, der vielleicht einmal eine neue Bedeutung erlangen wird. Prinzipiell spricht auch nichts dagegen, weite Teile journalistischer Arbeit von intelligenten Computerprogrammen erledigen zu lassen, vielleicht wären sie sogar in manchem objektiver. Das Problem bleibt jedoch die fehlende Transparenz der Algorithmen, in denen jede beliebige Agenda verborgen sein könnte. Eine objektive und neutrale Nachrichtenauswahl erfordert daher auch, dass die Kriterien dafür offen zugänglich sind.

Nicht auf absehbare Zeit ersetzbar sind Journalisten, die Interviewpartner mit kritischen Fragen konfrontieren.[IX] Auf das Genre des politischen Kommentars in den Nachrichten könnte man dagegen wohl verzichten. Auch die im Fernsehen auftretenden externen »Experten« definieren sich oft nicht durch die Beherrschung irgendeines Fachgebiets, sondern durch lautstarkes Wiederholen

IX Auf unterschiedliche Weise bieten hier die Portale *KenFM* und *Jung&Naiv* eine interessante Auswahl.

ihrer Meinung. Bei Vorträgen im Internet kann man dagegen zu jedem Thema Analysen von wirklichen Fachleuten ansehen oder den Entscheidungsträgern der Welt direkt zuhören. Ob das momentan von YouTube, Google, Facebook und Co. dominierte Netz wirklich ein Schlaraffenland darstellt, ist zwar fraglich, ebenso, inwieweit die Freiheit im Netz erhalten bleibt. Nichtsdestotrotz bietet das Internet als solches ein Angebot von Informationen, das historisch einmalig ist. Ein klassischer Journalismus, der keine eigenen Inhalte produziert, sondern nur reproduziert, wird es auf Dauer dagegen schwer haben.

Die Presse ist längst nicht mehr, wie vielleicht in mancher Sonntagsrede postuliert, der Wachhund der Demokratie, sondern vielmehr Kampfhund der Mächtigen, meistens sogar deren Schoßhund. Nötiger denn je ist auf lange Sicht der investigative Journalismus. Er verarbeitet nicht einfach Information, sondern schafft neue Inhalte, indem er recherchiert und an die Öffentlichkeit zieht, was deren Licht scheuen muss. Dies und nichts anderes ist die Kontrollfunktion, die die Demokratie benötigt. Aber auch die investigativen Formate werden in Zukunft wohl keine klassischen Medien mehr sein, sondern Videoportale, Blogs oder Plattformen wie *Wikileaks*.[X]

Macht man sich die Menge der in der heutigen Welt zirkulierenden Informationen bewusst, ist es schwierig, davon eine gesunde Auswahl zu treffen, die man seinem Verstand zumuten möchte. Der wertlosen Information zu entkommen, erfordert Selbstdisziplin. Aber selbst dann bleibt die Auswahl schwierig. Es ist offensichtlich, dass der herkömmliche Journalismus dabei keine Hilfe mehr bietet und daher an seiner zentralen Aufgabe gescheitert ist – welche politischen, wirtschaftlichen oder gesellschaftlichen Ursachen dies auch immer haben mag.

»Zeitungsverleger, Medieninhaber und Medienbetreiber sehen sich in ihrer Sonntagsrhetorik gerne als Wächter der Demokratie. Doch dieser Anspruch ist nichts anderes als dreist.« – *Jörg Becker*

X Für investigative Journalisten ist es inzwischen äußerst schwierig, mit ihren Quellen vertraulich zu kommunizieren.

Das Sammeln von Informationen als Grundlage einer objektiven Nachrichtenauswahl erfordert viel Eigeninitiative, und der Verstand muss später noch diese Informationen verarbeiten und bewerten. Gerade im Hinblick auf Glaubwürdigkeit bleibt hier viel zu tun, wie wir im folgenden Kapitel sehen werden.

Echte Fake News –
Auf der Suche nach Objektivität

Die Stimme von Nayirah, einer 16-jährigen Krankenpflegerin, wurde zwischendurch immer wieder von Tränen erstickt: »Ich sah irakische Soldaten ins Krankenhaus kommen ... Sie nahmen die Babys aus den Brutkästen ... Sie nahmen die Brutkästen mit und ließen die Babys auf dem kalten Boden sterben.« Das junge Mädchen konnte ihre Emotionen, offenbar hervorgerufen durch die schrecklichen Bilder in ihrer Erinnerung, nicht mehr unterdrücken. Betroffenheit breitete sich unter den Anwesenden der Anhörung des US-Kongresses aus. Menschenrechtsorganisationen waren alarmiert, die Grausamkeiten wurden weltweit berichtet, US-Präsident George H. W. Bush rechtfertigte seine Entscheidung, 1991 den Irak anzugreifen, mehrmals mit den barbarischen Vorgängen, von denen Nayirah berichtet hatte.

»Die Wahrheit ist unser wertvollstes Gut. Lasst uns sparsam mit ihr umgehen!« Mark Twain

Dennoch waren ihre Tränen vor allem eine erstklassige schauspielerische Leistung. Die Tochter des kuwaitischen Botschafters war von der PR-Agentur Hill & Knowlton auserkoren worden, die Kriegsmüdigkeit der amerikanischen Öffentlichkeit zu bekämpfen. Hill & Knowlton erhielt dafür zehn Millionen Dollar. Der Krieg führte zu 135 000 Toten, die folgenden Sanktionen gegen den Irak zu einer medizinischen Unterversorgung, bei der tatsächlich viele Neugeborene starben. Dies sind die traurigen Fakten, die sich später herausstellten – die erfundene Geschichte hatte jedoch schon echte Geschichte geschrieben. »Fake News« gibt es also schon lange – obwohl ich gestehe, dass ich damals, fünf Jahre vor der ersten Internet-Suchmaschine, jene Nachricht auch nicht reflektiert hatte, die heute als »Brutkastenlüge« bekannt ist.

Wahr und falsch wäre zu kurz gegriffen

Wie verhindern wir aber, dass wir auf Falschnachrichten hereinfallen? Dies ist eine schwierige Aufgabe, aber jedenfalls wäre es naiv anzunehmen, dass Nachrichten immer nur aus reinen Fakten bestehen. Beispiele von dokumentierten Falschmeldungen, Kontroversen und zumindest begründeten Zweifeln gab es in der konfliktreichen jüngeren Vergangenheit genug. Ihnen fallen hier bestimmt eine Reihe konkreter Ereignisse ein, die ich aber nicht vorschnell bewerten möchte – nicht nur, um das Minenfeld der tagespolitischen Auseinandersetzung zu umgehen, sondern um einige allgemeine Betrachtungen anzustellen, deren Logik, wie ich hoffe, sich niemand verschließen kann.

»Die Lüge hat den Weg dreimal um den Globus gemacht, ehe die Wahrheit Zeit hatte, die Stiefel anzuziehen.« – *Mark Twain*

Tag für Tag werden wir mit unvollständigen und teils widersprüchlichen Informationen konfrontiert. Diese können nach bestem Wissen gesammelt worden sein oder auch nicht, im schlechtesten Fall gefälscht sein, nur eines ist sicher: Man kann sich nicht darauf verlassen, dass es sich um Fakten handelt. Es geht also nicht darum zu entscheiden, was Lüge und was Wahrheit ist – solche Ermittlungen sind von Einzelnen kaum zu leisten.

Trotzdem brauchen wir für unsere Entscheidungen reale Grundlagen und daher eine Strategie, um uns ein möglichst zutreffendes Bild von der uns umgebenden Welt zu verschaffen. Kurz: Zwischen dem Wahrnehmen und dem *Wahr*-nehmen ist für unser Gehirn viel zu tun. Bevor wir Nachrichten direkt in Überzeugungen münden lassen, müssen wir unseren Verstand gebrauchen.

Was kann man also zum Beispiel aus der Brutkastenlüge lernen? Offenbar werden Geschichten erzählt, um bestimmte Wirkungen hervorzurufen. Ob die Information einer späteren Prüfung standhält, ist sekundär. Es ist diese Wirkung, die auch ein Indiz für den Wahrheitsgehalt darstellt, daher ist also die Frage nach dem mutmaßlichen Zweck einer Nachricht interessant. Ist dieser erfüllt, haben jene, die die Nachricht verbreitet haben, buchstäblich gewonnen – dass es sich um eine Lüge handelte, bleibt eine Fußnote der Historiker. Lassen wir aber vorerst die emotional aufgeladene Frage beiseite, ob die Unwahrheit bewusst geäußert wurde.

Nicht alles Falsche ist gewollt

Allgemein gesprochen, können Menschen auch aus den besten Motiven heraus irren, wenn sie nur in eine bestimmte Richtung denken. Information strömt selten isoliert auf uns ein, sondern ist normalerweise in einen Kontext eingebunden, ein Narrativ, allein deswegen, um den vorherigen Meldungen zum Thema nicht zu widersprechen. Fast immer stellt dieses Narrativ, ohne offensichtlicher Kommentar zu sein, eine Art Anleitung dar, wie die neuen Informationen einzuordnen sind.

Überraschenderweise gilt dies auch in der Domäne der Objektivität, der Wissenschaft. Deren Methode, sich auf Daten, wiederholbare Experimente und deren Resultate zu verlassen, ist im Prinzip das einzig Richtige. Aber auch in der Wissenschaft werden die Ergebnisse im Rahmen eines Paradigmas ausgewertet, das ähnlich wie das politische Narrativ den Rahmen der Interpretation vorgibt.

Diese Praxis hat der Philosoph Thomas Kuhn in seinem Hauptwerk *Die Struktur wissenschaftlicher Revolutionen* beschrieben, und er zeigt, welche Rolle Paradigmen bei der Einordnung von neuen Resultaten in den bestehenden Kontext spielen. Auch in der Wissenschaft ist die Meinungsbildung ein soziologischer Prozess, der vor gravierenden Fehlern nicht gefeit ist, wie die Wissenschaftsgeschichte zeigt. Der Forschungsbetrieb setzt sich beunruhigend wenig mit dieser Möglichkeit auseinander.

Vor gut zwanzig Jahren führten beispielsweise Beobachtungen an entfernten Supernova-Explosionen dazu, die Existenz einer »Dunklen Energie« zu postulieren, die dafür verantwortlich sei, dass das Universum beschleunigt expandiere. Die führenden Wissenschaftsjournale – in der Politik würde man sagen: Leitmedien – favorisierten diese Interpretation

»Überzeugungen sind größere Feinde der Wahrheit als Lügen.« – *Friedrich Nietzsche*

der Daten, die seitdem als »etabliert« galt. Im Jahr 2011 wurde dafür der Physik-Nobelpreis vergeben.

Wegen verschiedener Widersprüche sahen einige Kosmologen die »Dunkle Energie« immer schon skeptisch,[26] jedoch erschien erst kürzlich eine Untersuchung,[27] die mit besserer Technik und mehr Daten feststellte, dass die Anzeichen für eine beschleunigte Expansion nur marginal waren. Mit den heute vorliegenden Fakten könnte man kaum jemanden davon überzeugen, dass das kosmologische Modell »Dunkle Energie« benötigt. Dennoch erscheint die Entwicklung unumkehrbar – die Entdeckung hatte bereits Geschichte geschrieben, und zwei Jahrzehnte Forschungstradition werden nicht so einfach infrage gestellt.[I] Wir sehen hier die Parallelen zur Politik auf längerer Zeitskala: Die den Moment dominierende Nachricht, die die meiste Verbreitung fand, wiegt schwerer als die von sorgfältigen Untersuchungen getragene Gegenthese, die typischerweise auf viel geringeres Interesse stößt.

»Die Kosmologen sind oftmals im Irrtum, aber niemals im Zweifel.« – *Lev Landau, Nobelpreisträger 1962*

Unwahrheiten, die ins Bild passen

Denkt man an die Wissenschaft und ihre Irrtümer, die trotz besten Bemühens entstanden sind, wird sofort klar, dass falsche Abbilder der Realität nichts mit Falschheit oder gar Lügen zu tun haben müssen. Sogar den Fall Nayirah haben die Massenmedien zwar unkritisch, aber meist nicht absichtlich falsch wiedergegeben. Auch in der politischen Debatte sind Unwahrheiten wider besseres Wissen nicht so häufig, wie es der anklagende Begriff »Lügenpresse« darstellt.

Wie wir im letzten Kapitel gesehen haben, ist das Problem die verzerrte Auswahl der Information – sei es absichtlich oder nicht.

I Die meisten Kosmologen, insbesondere jene, die am derzeitigen Modell schon lange arbeiten, werden diese Aussage bestreiten. Fakt ist aber, dass die »Dunkle Energie« immer schon ein unbefriedigendes Hilfskonstrukt war.

Dazu kommt, dass es ganz wesentlich auf die Vereinbarkeit mit dem Narrativ ankommt, ob einer Meldung Glauben geschenkt wird oder nicht[II] – ebenso wie in der Wissenschaft eine Beobachtung in das Paradigma passen muss, um akzeptiert zu werden. Die derzeit vorherrschende Rahmenhandlung der Zeitgeschichte besagt, dass der Westen für Freiheit, Demokratie und Menschenrechte eintritt, notfalls – gegen ganz schlimme Diktatoren – eben auch mit Bomben. Viele werden dies als heuchlerisch empfinden, aber dieses von den Leitmedien bevorzugte Weltbild ist in den westlichen Gesellschaften sehr präsent.

Wer hat auf dem Maidan geschossen? Wer hat in Syrien Chemiewaffen eingesetzt? Unabhängig davon, ob man dem aktuellen Narrativ zuneigt, kann man nicht bestreiten, dass es sehr viel öfter als früher Diskussionen darüber gibt, ob eine Nachricht faktisch richtig oder falsch ist. Das führt zu der neuen Situation, dass das gleiche Ereignis von Menschen mit eigentlich übereinstimmenden Wertvorstellungen völlig unterschiedlich bewertet wird. Eine Uneinigkeit über wahr oder falsch, welche man leicht mit Begriffen wie Lüge und Moral assoziiert, irritiert aber die meisten mehr als unterschiedliche politische Einstellungen. Darin liegt tatsächlich erhebliches Spannungspotenzial für die Gesellschaft.

Wie der Philosoph Julian Nida-Rümelin bemerkte, lebt die Demokratie von der Vision, dass sich die Bürger aus öffentlich zugänglichen Quellen objektiv informieren können. Sobald man aber die relativ einheitliche Sicht der Leitmedien verlässt, gibt es meist große Dissonanzen über den Wahrheitsgehalt, die an dieser Objektivität zweifeln lassen.

Umgekehrt war es in der Geschichte schon oft der Fall, dass sich die Öffentlichkeit ihre Überzeugungen aus unrichtigen Informatio-

---

II Überdeutlich wurde dies im Fall des *Spiegel*-Redakteurs Claas Relotius, der verschiedene Reportagen frei erfunden hatte, denen man mit extremer Leichtgläubigkeit begegnete. Das Entsetzen der *Spiegel*-Redaktion über den »Betrug« kann man in der Tat nicht ganz ernst nehmen: Denn genau solche Geschichten wollte man offenbar hören – nicht zufällig gewann Relotius einige Journalistenpreise. Man könnte sagen: Solange das Narrativ stimmt, ist Recherche entbehrlich.

nen, sogar absichtlichen Falschmeldungen, gebildet hat. Man kann daraus nur folgern, dass die Vision der perfekten Demokratie in den meisten Fällen eine Illusion war.

Stolpern über die Wahrheit

Vielleicht ist auch das, was als Abnahme der Glaubwürdigkeit von Nachrichten wahrgenommen wird, zum Teil eine Zunahme von Aufklärungsmöglichkeiten, die erlauben, den Wahrheitsgehalt von Informationen zu hinterfragen. Dies wäre ein ironisch-positiver Aspekt dessen, was man zweifellos Medienkrise nennen muss: Unsere Enttäuschung über die verbreiteten Unwahrheiten ist auch eine Ent-Täuschung, ein Durchbruch der Wahrheit, der erst mit den technischen Möglichkeiten des Internets denkbar wurde.[III] Zum Teil ist die Diskussion über Wahrheit und Unwahrheit in den Medien also Folge einer technischen Entwicklung. Sicher tendieren aber auch die Leitmedien zunehmend dazu, Nachrichten ohne faktische Prüfung in dem von ihnen bevorzugten Narrativ einzuordnen.

»Die Meinungsfreiheit ist eine Farce, solange die Information über die Tatsachen nicht gesichert ist.« – *Hannah Arendt.*

Lügen aber nun die Medien? Diese Frage wird auch unter Medienkritikern kontrovers diskutiert, was manchmal in einen Streit um Worte mündet. Dokumentierte Unwahrheiten gab es in der jüngeren Vergangenheit sicher viele, und es fällt schwer, an durch Zeitdruck verursachte Missgeschicke zu glauben. Wie kann es sein, dass der WDR eine angebliche Invasion russischer Panzer in der Ukraine gleich

»Gegenwärtig haben die Leitmedien in ihrer Bereitschaft und Willfährigkeit, das Weltbild transatlantischer neoliberaler Eliten zu vermitteln, ganz offensichtlich jedes Maß verloren.« – *Rainer Mausfeld*

III Erfunden wurde das Internet einst vom amerikanischen Militär, aber sicher nicht zu dem Zweck, die Welt ein paar Jahrzehnte später über dessen Machenschaften aufzuklären. Die Welt ist also nicht vom Bösen gesteuert (zumindest nicht steuerbar), sondern von unvorhersehbaren Entwicklungen bestimmt.

zweimal hintereinander mit einem falschen Foto zu belegen versucht?[28] Wie kann ein professioneller *Stern*-Reporter so naiv sein, eine offensichtliche, in perfektem Englisch formulierte Kriegspropaganda als authentische Hilferufe eines siebenjährigen Mädchens in Aleppo darzustellen?[29] Im erwähnten Buch *Lügen die Medien?* kommen Stimmen zu Wort, die bewusste Unwahrheiten beim Namen nennen wollen, aber auch solche, die in dem Vorwurf der Lüge eine ungeschickte Schwerpunktsetzung sehen, die eine differenzierte Debatte erschwert.

»Dass es Lügenpresse gibt, sollte spätestens nach Günter Wallraffs Recherchen bei der BILD-Zeitung allgemein bekannt sein.« – *Eckart Spoo*

Eine kurze Geschichte der Lügen

Im Grunde sind es zwei unterschiedliche Fragen, ob eine Darstellung unrichtig ist oder ob diese unrichtige Darstellung absichtlich erfolgte. Für unser Ziel, zu einem objektiven Bild der Realität zu kommen, ist die Frage nach der Absicht eigentlich wenig relevant. Selbst bei einer Nachrichtenquelle, die sich durch viele Falschmeldungen kompromittiert hat, kann es letztlich dahingestellt bleiben, ob dies durch Lügen oder Inkompetenz geschah.

»Das Pegida-Wort ›Lügenpresse‹ ist natürlich ein Geschenk für jene, die fundierte Kritik auf Distanz halten wollen.« – *David Goeßmann*

Beim Thema Wahrheit und Lüge in den Medien besteht eine gewisse Gefahr, dass die Diskussion zu kleinteilig wird und Grundlegendes aus dem Blickfeld gerät. Im vorigen Kapitel hatten wir die Relevanz von Nachrichten betrachtet. Nüchtern betrachtet, existiert neben der Relevanz eine weitere Skala, die Wahrscheinlichkeit in Prozent, dass die Nachricht stimmt. Diese Bewertung ist allerdings oft schwieriger als die der Relevanz.

»Schreibe nichts der Böswilligkeit zu, was durch Dummheit hinreichend erklärbar ist.« – *Hanlons Rasiermesser*

Der Bericht über ein Tor im Fußball hat wohl immer den Wahrheitsgehalt 100 Prozent (dafür null Relevanz), aber viele aktuelle weltpolitische Ereignisse bewerten die Menschen sehr unterschiedlich. Zwischen den Extremen sicher falsch (0 Prozent) bis sicher wahr (100 Prozent) gibt es oft wenig realistische Zwischenstufen. All diese Ereignisse kann ich hier gar nicht bewerten, und es wäre unangebracht, meine persönliche Einschätzung, was wahrscheinlich vorgefallen ist, in den Vordergrund zu stellen – warum sollte ich mich nicht auch irren?

Lohnender ist daher ein Blick in die Geschichte. Dies hat auch den Vorteil, dass die emotionale Beteiligung abnimmt, je weiter man in die Vergangenheit zurückgeht. Wer würde sich heute politisch über die Frage erhitzen, wie Caesar ermordet wurde? Immerhin handelte es sich um ein Jahrhundertereignis, welches an Relevanz vieles in den Schatten stellt, was uns heute bewegt. Über verlässliche Fakten verfügen wir aber auch zu viel späteren Zeitpunkten.

Historisch unbestritten ist, dass zahlreiche weltpolitische Ereignisse von Unwahrheiten in der Berichterstattung begleitet wurden. Der Eintritt in den Ersten Weltkrieg wurde mit angeblichen Bomben auf Nürnberg gerechtfertigt, sogar der Angriff auf Polen am 1. September 1939 wurde mit einer erfundenen Attacke auf den deutschen Sender Gleiwitz begründet. Aber auch aus der Nachkriegszeit weiß man zum Beispiel, dass der Putsch gegen den säkularen Präsidenten Mossadegh 1953 im Iran von britischen und amerikanischen Geheimdiensten gesteuert wurde, um den Zugang zu den dortigen Ölquellen zu erhalten. Bei der Eskalation des Vietnamkriegs 1964 unter Lynden B. Johnson wurde ebenfalls von der CIA der sogenannte Tonkin-Zwischenfall fingiert. Über die Hintergründe dieser Konflikte wurde die Öffentlichkeit systematisch belogen.[IV] Diese Beispiele zeigen, dass Meldungen leider nicht immer die Wahrheit berichten, und es besteht wenig Grund zur Annahme, dass sich in der Gegenwart daran viel geändert hat. Insbesondere bei Konfliktereignissen wäre es daher haarsträubend naiv, der Berichterstattung ungeprüft Glauben zu schenken.

»Das erste Opfer des Krieges ist die Wahrheit.« – *Arthur Ponsonby*

IV Besonders aufschlussreich für die jüngere Vergangenheit sind hier zum Beispiel *Cold War Leaks* von Markus Kompa oder die Bücher von Daniele Ganser über die illegalen Kriege der NATO.

Geheimdienste als Nachrichtenagenturen

Verschiedentlich beziehen sich die Medien bei Meldungen auf »Geheimdienstkreise«. Da durch die Öffnung vieler historischer Archive die Aktivitäten von Geheimdiensten bekannt geworden sind, entbehrt es nicht einer gewissen Komik, wenn die Medien heute solche Informationen ungeprüft verwenden. Es kommt inzwischen oft vor, dass von »unwiderlegbaren Beweisen« die Rede ist, nur leider könne man sie aus irgendwelchen Gründen der nationalen Sicherheit nicht offenlegen.[30] Das allein muss Skepsis hervorrufen, vor allem aber können sich die Dienste auf eines nicht berufen: eine vertrauenswürdige Historie ihrer Aussagen. Der Bürgerrechtsanwalt Glenn Greenwald, der Edward Snowden bei dessen Enthüllungen half, bemerkte dazu trocken: »Diese Leute lügen von Berufs wegen, permanent und mit großem Geschick«.[V]

»Wenn Sie die Zeitung nicht lesen, sind Sie nicht informiert. Wenn Sie die Zeitung lesen, sind Sie falsch informiert.« – *Mark Twain*

»Die Botschaft hör ich wohl, allein mir fehlt der Glaube.« – *Johann Wolfgang von Goethe*

Der Reiz einer geheimen Information und die Nähe zur Macht ist für manche aber trotzdem verführerisch. So berichtete beispielsweise der *Spiegel* im Jahr 2001 direkt aus der Perspektive der Folterknechte von Guantanamo, wobei beifällig Donald Rumsfeld zitiert wurde: »Der Druck scheint zu wirken«.[32] Auf der Konferenz *Challenge Power* 2016 in Berlin, die sich mit den Problemen des investigativen Journalismus auseinandersetzte, hatte der gleiche Redakteur die Stirn zu behaupten, aufgrund seiner großen Reputation (sic!) sei der *Spiegel* dem Einfluss von Geheimdiensten kaum ausgesetzt. Dieser Einfluss ist naturgemäß nicht immer leicht nachzuweisen. Wer aber daran zweifelt, dass dies nur eines von vielen Beispielen ist, möge sich vergegenwärtigen, dass allein das US-Verteidigungsministerium

»Ich traue inzwischen überhaupt keinem Geheimdienst mehr. Punkt.« – *Helmut Schmidt*[31]

V Dass die ausgezeichnet informierten Geheimdienste die Unwahrheit aus Versehen sagen, ist tatsächlich unwahrscheinlich.

27 000 PR-Berater beschäftigt, wie der Chef der Nachrichtenagentur AP, Tom Curley, recherchierte.[33] Israel gibt 30 Millionen Dollar pro Jahr aus, um die Meinung im Internet zu beeinflussen.[34] Zu gleicher Zeit wurden beispielsweise Einträge über ein israelisches Foltergefängnis bei Wikipedia gelöscht.[35]

Strategien gegen Fakes – historische Orientierung

Die Geschichte bietet einige gesicherte Fakten, je mehr wir uns jedoch der Gegenwart nähern, desto unsicherer werden unsere Informationen. Aber wie kommen wir zu einem brauchbaren Weltbild? Wie soll man in einer Welt unsicherer Fakten noch vernünftig handeln? Sehr hilfreich ist die Betrachtung dessen, was in der Statistik Fehler erster und zweiter Art genannt wird: Ist es nachteiliger, irrtümlich auf die Wahrheit einer Nachricht zu vertrauen oder sie unberechtigt in Zweifel zu ziehen?

Unser Problem ist, dass die Täuschung organisiert und stark geworden ist; dass die Wahrheit an ihrer Quelle vergiftet ist; dass das Geschick der durchtriebensten Köpfe der Irreführung des Volkes gewidmet ist.« – *Walter Lippmann*

Bei einer Nachricht, die einen Kriegseintritt rechtfertigen soll, wäre sofort klar, dass Zweifel hier weniger schadet als Glauben, ganz unabhängig von der historischen Beobachtung, dass Kriege praktisch immer mit Unwahrheiten gerechtfertigt wurden.

Aber auch sonst ist die Frage nach dem Zweck erlaubt, wenn es darum geht, den Wahrheitsgehalt einzuschätzen. Der Zweifel gegenüber allen unbelegten Aussagen ist ein vollkommen rationales Verhalten. Der US-Journalist I. F. Stone folgte bei seiner Arbeit einem ehernen Prinzip: Reporter sollten davon ausgehen, dass mächtige Institutionen lügen, und nicht davon, dass sie die Wahrheit sagen. »Governments lie« war seine Devise, die erst durch gegenteilige Evidenz widerlegt werden musste. Dagegen wirkt eine Aussage des Deutschen Journalistenverbandes geradezu naiv:

»Wie wird die Welt regiert und in den Krieg geführt? Diplomaten belügen Journalisten und glauben es, wenn sie's lesen.« – *Karl Kraus*

»In dem Moment, wo wir unseren Regierungsvertretern nicht mehr trauen können, wird es für eine Demokratie sehr gefährlich.«

Es scheint eher, dass die Gutgläubigkeit der Presse eine Gefahr für die Demokratie wird. Da die heutigen Medien dem Prinzip von Stone offenbar nicht folgen, tun wir gut daran, es selbst anzuwenden. Zunächst von der Unwahrheit einer Nachricht auszugehen, soll dabei keine Unterstellung sein, sondern lediglich eine skeptische Hypothese, die man bis zum Beweis der Behauptung beibehält.

Nachrichtenangebot ist nötig

Den wahrscheinlichen Wahrheitsgehalt einer Nachricht zu bewerten, bleibt schwierig. Oft muss man akzeptieren, dass sich kein klares Bild ergibt. Man kann sich die Aufgabe der Wahrheitssuche aber leider von niemandem abnehmen lassen, solange man sich nach Immanuel Kants Definition als aufgeklärt ansieht: mit dem Mut ausgestattet, sich seines Verstandes zu bedienen. Leider gibt es in letzter Zeit dazu eine massive Gegenbewegung, die solch berechtigte Skepsis in den alternativen Medien als »Desinformation« zu diffamieren versucht.[36] Solche Kampagnen sind ebenso irrational wie gefährlich.

Jeder staatliche Versuch, Wahrheit zu definieren, trägt den Keim des Totalitarismus in sich. Als ein vormaliger deutscher Justizminister meinte, er müsse über ein Verbot von »Fake News« nachdenken, kommentierte eine Journalistin allen Ernstes, jeder habe zwar das Recht auf eine eigene Meinung, »aber nicht das Recht auf eigene Fakten« – ohne dass sich ein Sturm der Entrüstung erhob. Man betrachte dies einmal in geistesgeschichtlichem Zusammenhang. So ein Recht auf eigene Fakten – den ewigen Wahrheiten der Kirche widersprechend – hatte sich zum Beispiel vor vierhundert Jahren Galileo Galilei herausgenommen. Zu regulieren, was als richtig und falsch zu gelten hat, ist ein unmittelbarer Angriff auf die Meinungsfreiheit. Eine britische Kommission – im Mutterland George Orwells – empfahl 2018 umfassende Internetsperren, um »Desinformation« aus russischen Quellen zu unterbinden. Wenn »Fake News« demnächst offiziell definiert werden, ist es zu einem Wahrheitsministerium wie im Roman *1984* nicht mehr weit.

»Nur die Lüge braucht die Stütze der Staatsgewalt, die Wahrheit steht von alleine aufrecht.« – *Benjamin Franklin*

Leider sprechen die Tendenzen, die dazu in letzter Zeit zu beobachten sind, für sich. Die in vielen Medien immer lauter werdenden Warnungen, »unseriöse Quellen« gar nicht erst zu konsumieren, weil sie »Desinformation« verbreiteten, sind nichts anderes als eine Beleidigung des Verstandes.

Sprach-Manipulation – Die unsichtbare Einflussnahme auf das Denken

In den vergangenen Kapiteln hatten wir gesehen, dass wir auf die uns dargebotene Auswahl von Informationen achten und unabhängig davon ihren Wahrheitsgehalt bewerten müssen. Darüber hinaus ist die Objektivität aber auch dadurch bedroht, *wie* uns Information präsentiert wird. Die Sprache verfügt über viele Ausdrucksmöglichkeiten, und man möchte meinen, dass es egal ist, mit welchen Worten eine Nachricht formuliert wird, solange klar ist, was gemeint ist. Leider ist dem nicht so. Jeder Begriff löst in unserem Gehirn unterschiedliche Assoziationen aus, die ihre Wirkung entfalten, auch wenn uns nur der direkte Inhalt eines Satzes bewusst wird. Eine pejorative oder auch verharmlosende Wortwahl ist daher ein mächtiges Instrument der Steuerung des Unbewussten, selbst wenn zwischendurch die Absicht erkannt wird. Die heute schon kaum mehr wahrnehmbare Trennung von Nachricht und Kommentar, die für guten Journalismus eigentlich unabdingbar wäre, wird durch die oft tendenziöse Wortwahl im Nachrichtenteil weiter aufgeweicht. Es gibt fast nichts mehr, was nicht mit einem gewissen »Spin« kommuniziert wird. Positive Nachrichten von der »falschen« Seite kommentiert man oft mit unverhohlener Gehässigkeit.[37]

»Wenn man das Element der Intention aus der Sprache entfernt, so bricht damit ihre ganze Funktion zusammen.« – *Ludwig Wittgenstein*

Jeder, der mit wachen Sinnen in der heutigen Medienlandschaft unterwegs ist, kann diese Einflussnahme feststellen und beobachten, wie dabei mit zweierlei Maß gemessen wird. Das Format *Jung und Naiv*, welches die Bundespressekonferenz kritisch begleitet, erstellte beispielsweise eine sehenswerte Sequenz, in denen die Sprecherin des Auswärtigen Amtes abwechselnd über russische Bombardements in Syrien »sehr besorgt« war, den französischen jedoch

»großes Verständnis«[I] entgegenbrachte.[38] In den Leitmedien hört man, wie unliebsame Politiker drohen, während andere nur warnen, man liest von Regierungen einerseits und einem Regime andererseits, Präsidenten sind nur mehr Machthaber, Truppen werden zu Milizen, Extremisten zu Oppositionellen, zerstörte Städte zu befreiten, Häuser werden nicht angezündet, sondern geraten nur in Brand.[39] Egal ob diese manipulative Wortwahl gedankenlos oder mit Absicht geschieht: Ihre Wirkung entfaltet sie, obwohl sich die Verbreiter herausreden können, nicht direkt die Unwahrheit zu sagen. Das Messen mit zweierlei Maß ist aber so offensichtlich geworden, dass es inzwischen auch dem eher unpolitischen Satiremagazin *Der Postillion* Stoff bietet: »Kind in Mossul froh, von guten USA statt von bösen Russen zerbombt zu werden.«[40]

Hysterie annektiert den Verstand

»Also Saudi-Arabien ist für Sie keine Diktatur, sondern ein Königreich? Das kann man ja leicht verwechseln.« – *Tilo Jung in der Bundespressekonferenz*

Die Rückeroberung von Aleppo durch syrische Regierungstruppen im Jahr 2016 wurde von den Medien durch ein Feuerwerk von Schreckensbegriffen begleitet. Aber ist es wirklich eine Neuigkeit, dass ein Kampf in einer bewohnten Stadt zu den grausamsten Formen jener Katastrophe gehört, die wir verharmlosend »Krieg« nennen? Wie wurde beispielsweise über die Häuserkämpfe im Irak 2003 berichtet?

»Ist ein falscher Gedanke nur einmal kühn und klar ausgedrückt, so ist damit schon viel gewonnen.« – *Ludwig Wittgenstein*

Die manipulative Wortwahl war bei den Konflikten der letzten Zeit in den Medien leider fast die Regel. Eine der erfolgreichsten Sprachmanipulationen seit Beginn der Ukraine-Krise im Jahr 2014 ist die soge-

I Man kann darüber nachdenken, ob dies den Tatbestand der öffentlichen Billigung von Straftaten (§ 140 StGB) erfüllt.

nannte Annexion der Krim.[II] Obwohl die falsche Begrifflichkeit von einem Strafrechtsprofessor in der *FAZ* seziert wurde,[41] wird das Wort »Annexion« sogar von ansonsten vernünftigen Kommentatoren verwendet. Von der Definition her unrichtig, sollen hier wohl schiefe Parallelen gezogen werden, etwa zur Annexion Kuwaits durch Saddam Hussein im August 1990 oder gar zu Hitlers Annexionen vor und im Zweiten Weltkrieg. Annexion legitimiert die Antwort Krieg!

»Auch Worte sind Taten.« – *Ludwig Wittgenstein*

Die Fixierung auf den territorialen Aspekt lenkte auch davon ab, dass durch die »Annexion« kein einziger Toter zu beklagen war, jenes Kriterium, nach dem normalerweise die Folgen eines Konfliktes beurteilen werden. Umgekehrt hatte der von den USA unterstützte Putsch (dokumentiert durch das »Fuck the EU«-Telefonat) in der Ukraine zahlreiche Opfer zur Folge. Der Gipfel der territorialen Fixierung war, einem russischen Hilfskonvoi für die von ukrainischen Truppen zerbombten Städte »Verletzung der Grenzen« vorzuwerfen. Solche Berichterstattung mutet einem Leser mit Verstand doch einiges zu.

»Genial und heimtückisch« – *Der Tagesspiegel über den Hilfskonvoi*

»Man merkt die Absicht und ist verstimmt.« – *Uwe Krüger*

Terroristen überall

Den Einsatz von militärischer Gewalt in der Ostukraine nannte die Regierung in Kiew eine »Anti-Terror-Operation«, was von den deutschen Medien unhinterfragt übernommen wurde, obwohl man ebenso gut »Terroroperation« hätte sagen können. Unbestreitbar vermittelt die scharfe Wortwahl als Subtext, dass hier nicht verhandelt werden kann.

Es ist wohl ein Zeichen international gestiegener Konfliktbereitschaft, welch inflationären Gebrauch die Begriffe »Terror« und

---

II Eine mit erfrischend klarem Verstand geschriebene Darstellung der Ukraine-Krise ist *Die Eroberung Europas durch die USA* von Wolfgang Bittner.

»Terrorist« erfahren. In den 1970er-Jahren galten weltweit vielleicht zwei Dutzend Personen als Terroristen. Heute würde man dies in Millionen zählen; das Etikett »Terrorist« wird häufig schon unliebsamen Oppositionsgruppen angeheftet.[42] Dabei taugt die Definition von Terrorismus, das absichtsvolle Töten einer großen Zahl von unbeteiligten Unschuldigen außerhalb eines Konfliktes zur Durchsetzung politischer Ziele, in den wenigsten Fällen. Fanatiker, die mit einem Maschinengewehr kämpfen, mögen idiotisch, verblendet und verbrecherisch sein, Terroristen im eigentlichen Sinne sind sie nicht. Früher musste ein Terrorist eine verheerende Bombe zünden, um als solcher zu gelten, heute genügt ein Gewehr, eine Axt, ein Messer oder manchmal auch schon der Ausruf »Allahu Akbar!«.

Die Einschüchterung der Öffentlichkeit durch die permanent beklagte Bedrohung durch Terrorismus dient als Rechtfertigung für immer neue Sicherheitsgesetze, die in vielen Ländern mit beängstigendem Tempo installiert werden. Aber vor allem der nun fast zwei Jahrzehnte andauernde »Krieg gegen den Terror« wird mit dem Erstarken des Terrorismus begründet.[III]

Dagegen ist der Gedanke nicht fernliegend, dass der Terror als Vorwand für den fortgesetzten Krieg dient, der wiederum neuen Terror hervorruft. Jedenfalls würde dies der geschichtlichen Erfahrung entsprechen, dass Kriege praktisch immer von Lügen unterstützt wurden. Den Zusammenhang zwischen Krieg und Propaganda, die zu Kriegszeiten blüht, hat der britische Pazifist Arthur Ponsonby schon nach dem ersten Weltkrieg besonders treffend beschrieben.

Ponsonby nennt zehn Prinzipien der Kriegspropaganda, die man heute erschreckend häufig in den Nachrichten wiederkennt. Eines davon ist *Der Führer des Feindes hat dämonische Züge*. Weil es schwieriger ist, Menschen gegen ganze Völker aufzubringen, wird stellvertretend ein Anführer dämonisiert. Eine Google-Bildersuche nach »Putin« mit einem beliebigen Nachrichtenmagazin wie *Spiegel*, *Newsweek*, *Time Magazine* und so weiter liefert eine fast schon

III Interessant dazu die Gedanken der ehemaligen CIA-Agentin Amaryllis Fox auf YouTube: Former Undercover CIA Officer Talks War And Peace (AJ+).

satirische Collage von finsteren Blicken. Die mediale Negativdarstellung wird fast nur noch übertroffen durch jene von Baschar Assad, dem »Schlächter«.

Der Fingerabdruck der Propaganda

Hier treffen wir ein weiteres Element aus Ponsonbys Liste: *Der Feind nutzt unerlaubte Waffen*. Die sich aufdrängende Frage nach der Inszenierung[43] von Chemiewaffenangriffen sei hier ausgeklammert. Kann man sich eine größere Heuchelei vorstellen, als ein Dutzend angebliche Chemiewaffentote mit Bomben auf Unschuldige zu vergelten, nachdem man wenige Jahre zuvor im Irakkrieg mehrere Hunderttausend Menschen mit konventionellen Waffen ins Jenseits befördert hat? Aus Ponsonbys Liste wird der Unterschied klar: Assad bringt sein eigenes Volk *absichtlich* um, während die Kollateralschäden des Westens *versehentlich* passieren.

»Lügen können Kriege in Bewegung setzen, Wahrheit hingegen kann ganze Armeen aufhalten.« – *Otto von Bismarck*

Wer unsere Berichterstattung in Zweifel zieht, steht auf der Seite des Gegners ist ein besonders aktuelles Element auf Ponsonbys Liste. So wurde ein US-Fernsehmoderator als »unpatriotisch« angegriffen, als er die Evidenz für den Chemiewaffeneinsatz im April 2018 in Zweifel zog.[44] Er entgegnete, ob dann auch der damalige US-Verteidigungsminister Mattis als unpatriotisch gelten müsse, der zugab, dass es keinen klaren Beweis für den Einsatz von Chemiewaffen gebe. Die gleichen Zweifel, von Sahra Wagenknecht geäußert, führten zu der *Spiegel*-Überschrift »Putins Bollwerk in Berlin«.[45]

Leider ist es so, dass nicht einmal die erwiesene Unwahrheit einer Behauptung genügt, eine eingebrannte Überzeugung aufzuweichen, die sich durch jahrelange Propaganda im Unbewussten festgesetzt hat. So glaubten zur Zeit der Invasion im Irak siebzig Prozent der US-Bürger,[46] Saddam Hussein habe eine Verbindung zu Al-Kaida, obwohl dies komplett erfunden war.

Nach dem Muster wiederholter Beschuldigungen ohne sachliche Grundlage versuchte Großbritannien im März 2018, die Formel

»ehemaliger Agent + Vergiftung = Russland ist schuld« im Fall Skripal im kollektiven Gedächtnis zu verankern.[47] Auch hier führten skeptische Anmerkungen des Oppositionsführers Jeremy Corbyn zum Vorwurf einer Parteinahme für Russland.[48] Leider erinnert man sich an Ponsonby nicht einmal mehr in Britannien.

»Es ist leichter, eine Lüge zu glauben, die man tausendmal hört, als die Wahrheit, die man nur einmal hört.« – *Abraham Lincoln*

Schlagzeilen der Ängste

Es ist schon bezeichnend, dass Ponsonbys Beispiele von Kriegspropaganda heute so häufig anzutreffen sind, obwohl man meinen möchte, es herrsche Frieden in Europa. Immer öfter werden auch banale Ereignisse in einen militärischen Kontext gezerrt. Amerikanische Kriegsschiffe in der Ostsee stören offenbar niemanden, lassen sich dann aber russische Kampfflugzeuge sehen, gilt das als »provozierender« Akt.[49] Fährt ein russisches Schiff im Atlantik, kommt es vermutlich einem Seekabel nahe, andernfalls kann man wohl auch schwerlich den Atlantik durchqueren. Dennoch wird die Nicht-Nachricht berichtet, die NATO sei darüber »besorgt«.[50] Militärbündnisse bekommen plötzlich ein reiches Gefühlsleben. Aber den Verstand beginnt man zu vermissen.

»Es gibt keinen Unsinn, den man der Masse nicht durch geschickte Propaganda mundgerecht machen könnte.« – *Bertrand Russell*

Es scheint sich ein Befindlichkeitsjournalismus zu entwickeln, der nichts Wichtigeres zu tun hat, als den Seelenzustand von Transatlantikern instantan in den Massenmedien zu verbreiten. Ein *Spiegel*-Redakteur rechtfertigte einen Artikel[51] über »Ängste« von Russlands Nachbarn allen Ernstes damit, die Menschen im Baltikum hätten »reale Befürchtungen«, was auch immer dies bedeuten mag. Man muss feststellen: Solche Meldungen sind in Wirklichkeit nicht Berichte über Ängste, sondern Mittel, diese zu verbreiten. Der Blog *Spiegelkabinett* analysiert die sprachlichen Aspekte derartiger Berichte. Es lohnt sich, dem scharfsinnigen Sezieren zu folgen, wenn man sich wieder einmal einer Überschrift gegenübersieht wie *Pu-*

tin könnte Oberhand gewinnen – Vom Meer des Friedens zur Konfliktzone: Nato besorgt über Sicherheit in der Ostsee[52].

Man fühlt sich hundert Jahre zurückversetzt, wenn in den Medien wieder einmal ein Thema wie die »Suwalki-Lücke« breitgetreten wird, einer Engstelle zum Baltikum, die besonderer strategischer Verteidigung bedürfe.[53] Schon allein der Gedanke ist absurd, im 21. Jahrhundert könne ein Staat in Mitteleuropa Vorteile aus der militärischen Eroberung von Territorium ziehen. Sollte die sogenannte Suwalki-Lücke jemals militärstrategische Bedeutung bekommen, so ist es vorher schon zu einer Katastrophe gekommen, die ohnehin das Leben von fünfhundert Millionen Menschen existenziell bedroht. Auf die Lücke kommt es dann nicht mehr wirklich an.

»Das ist die Seuche dieser Zeit: Verrückte führen Blinde.« – *Graf Gloucester*

Verstehen als Schimpfwort und andere Schmähbegriffe

Spätestens hier muss ich das Risiko in Kauf nehmen, als »Putinversteher« eingeordnet zu werden. Das meist ohne Kenntnis von Ponsonby verwendete, aber nicht schmeichelhaft gemeinte Attribut, ist zu einem plumpen, aber gebräuchlichen Anwurf im derzeitigen Informationskrieg geworden. Gabriele Krone-Schmalz, langjährige ARD-Korrespondentin in Moskau, fragte zu Recht, wie in einer rationalen Debatte das Wort »verstehen« eine abwertende Bedeutung bekommen konnte.

Ein Verwandter des Putinverstehers ist inzwischen auch der *Populist* beziehungsweise die Geisteshaltung des Populismus. Ursprünglich bedeutete dies eine Argumentation, die bei einer breiten Masse gut ankam, jedoch nicht zu Ende gedacht war und oft auch gar nicht umgesetzt werden sollte, eine Art Opportunismus gegenüber den Massen. Inzwischen wird der Begriff Populismus aber abwertend gegenüber jeder These gebraucht, die in der Bevölkerung eine gewisse Resonanz erzeugt, jedoch Missfallen bei den Mächtigen hervorruft – oder man könnte sagen, bei den *Eliten*, ein Wort, das ja auch einen Bedeutungswandel erfährt. Wer den Begriff Populismus abwertend gebraucht, sollte sich fragen, warum das Wort *Elite* inzwischen nicht mehr Positivauswahl bedeutet, sondern mit zynischer Machtpolitik auf Kosten der Bevölkerung assoziiert wird.

Intellektuell noch eine Stufe tiefer ist wohl die Wiederbelebung des Begriffes »Querfront« einzuordnen.[54] Wenn fragwürdige Evidenz von den Medien trotz offensichtlicher Widersprüche wieder einmal als unantastbare Wahrheit präsentiert wird und denkende Menschen parteiübergreifend daran zu zweifeln beginnen, dann nehmen dies manche nicht zum Anlass für Reflexion, sondern konstruieren lieber eine absurde politische Kategorie, als die Logik zu ihrer eigenen zu machen.

»Es ist unmöglich, die Fackel der Wahrheit durch ein Gedränge zu tragen, ohne jemandem den Bart zu versengen.« – *Georg Christoph Lichtenberg*

Der Begriff »Querfront« dient unter anderem als Mittel, Menschen, die sich humanistischen Idealen verpflichtet fühlen und daher Gegner von Neoliberalismus[IV] und Kriegstreiberei sind, als »rechts« anzuschmieren. Der Superlativ der Diffamierung ist dabei der Vorwurf des Antisemitismus, der aufgrund der deutschen Geschichte besonders hart trifft. Dennoch wird er heute in schamlosem Mangel an Respekt für die Opfer des Holocaust inflationär erhoben, sobald jemand die aktuelle israelische Regierungspolitik zu kritisieren wagt.

Infam war die Unterstellung im Fall des Fernsehmoderators Ken Jebsen, der sogar eigene Sendungen der Erinnerung an den Holocaust gewidmet hatte. Die wirkliche Gefahr ist, dass sich die Keule des Antisemitismus-Vorwurfs[V] so sehr abnutzt, dass sie nicht mehr ernst genommen wird. Beim Lernen aus der Geschichte ist uns ein gewisser Transfer abverlangt, der faschistoides Verhalten auch in einem ganz anderen politischen Gewand erkennt.

IV Wird hier in der gebräuchlichen Bedeutung eines rücksichts- und regellosen Kapitalismus verwendet, der die Bedürfnisse der Bevölkerung ignoriert.

V Interessant ist, dass antisemitische Äußerungen von ukrainischen Regierungsvertretern, die im Hinblick auf die Geschichte besonders verstören, praktisch nie thematisiert werden.

Es wächst zusammen, was nicht zusammengehört

Der vorwurfsvolle Begriff »Querfront« ist Teil eines allgemeineren manipulativen Gedankenkonstrukts, welches Rainer Mausfeld, emeritierter Professor für Kognitionswissenschaft an der Universität Kiel, in einem Vortrag[55] als »Verklammerung« beschrieben hat. Verklammerung ist die Erwähnung von Gemeinsamkeiten, die für keinen inhaltlichen Bezug stehen, aber diesen herbeireden wollen. Personen, die durch die Verklammerung abgewertet werden sollen, werden damit ohne rationale Basis, aber gleichwohl psychologisch wirksam mit anderen Unpersonen oder Tabus in Verbindung gebracht.

So kann man argumentieren, jemand habe Anhänger, Wählerschaft oder erhalte Zustimmung, ohne dass sich der Betreffende dagegen wehren kann. Eine gemeinsame Autorenschaft, ein gemeinsamer Auftritt wird durch die Verklammerung unzulässig mit ähnlichen Ansichten verbunden, obwohl dies im Einzelfall geradezu absurd sein kann. Achten Sie aber auf die psychologische Wirkung folgender (fiktiver) Sätze: »Er fährt mit Neonazis in der gleichen U-Bahn«, »benutzt die Kugelschreibermarke des Holocaustleugners«, »teilt mit Faschisten die Vorliebe für … (Essen, Kleidung, Urlaub)«. Irgendwann kommt noch das Sternzeichen. Obwohl der Verstand protestiert, erzeugen solche Aussagen doch eine unangenehme Verknüpfung, die sich im Gedächtnis einbrennt. Wie Mausfeld ausführt,[56] sind die Techniken der psychologischen Manipulation durch Sprache heute ausführlich wissenschaftlich erforscht. Die Resultate sind denjenigen, die Zugriff auf Massenmedien haben, wohl nur allzu gut bekannt.

Ist der Fokus auf Personen statt auf Sachthemen schon bedenklich, wird die Verklammerung auch benutzt, um die Meinungsfreiheit im öffentlichen Diskurs einzugrenzen. Es ist neu, dass Autoren allein deswegen kritisiert werden, weil sie bei einem bestimmten Verlag publizieren. Der Kopp-Verlag hat sicher Bücher unterschiedlicher Qualität im Programm[VI] – aber sollen ihm deswegen von der Deutschen Bahn Werbeanzeigen verweigert werden? Wird der nächste Schritt sein, dass Buchhändler bestimmte Verlage nicht mehr aufnehmen dürfen? Als 2016 das Buch *Finis Germania* von den Bestsellerlisten entfernt wurde, war allein dies für mich Grund genug, es zu kaufen. Ein Durchblättern zeigte zwar einige instinktlose Passagen, der Vorwurf des Antisemitismus war aber offenbar konstruiert. Kurz darauf wurde auf der Frankfurter Buchmesse der Stand des Antaios-Verlages attackiert. Es gibt selbsternannte Kämpfer gegen den Faschismus, die sich immer mehr dessen Methoden annähern.

Enzyklopädisches Anpöbeln

Über Wikipedia gibt es noch einiges zu sagen. Artikel über politisch aktive Personen haben dort oft eine auffällige Färbung. Ein Muster sticht dabei – nennen wir die beschriebene Person A – besonders ins Auge. Man findet Sätze wie »B bezeichnete A als …«, »C kritisierte die Argumentation von A als …«, »In einer Rezension über A…s Werk schrieb D …«, egal wie inkompetent B, C und D im Vergleich zu A sein mögen. Die deutsche Wikipedia ist dabei sogar noch tendenziöser als die englische, beispielsweise findet sich im Artikel über den langjährigen CIA-Analysten und Whistleblower Ray McGovern der Vorwurf, seine Ansichten seien von der »Verschwörungsseite« irgendeines Rechten übernommen – wenn, dann kann es nur umgekehrt sein, aber wie unqualifiziert ist diese Bemerkung?

Überflüssig zu sagen, dass dabei auch Zitate sinnentstellend aus dem Kontext gerissen werden. Findet sich aber überhaupt nichts Substanzielles zu kritisieren oder werden entsprechende falsche Zitate aufge-

»Wer die Wahrheit sagt, kann sicher sein, früher oder später erwischt zu werden.« – *Oscar Wilde*

VI Zum Beispiel aber auch den Politklassiker *Die einzige Weltmacht* von Zbigniew Brzeziński. Die Praxis der Bahn ist wegen der sogenannten Drittwirkung von Grundrechten rechtlich fragwürdig.

deckt, dann flüchten sich die weiteren Kritiker in Formulierungen wie »A pflegt einen Diskurs …«, »A gebraucht einen Jargon …«, »die Schriften von A sind getränkt von …«, »A bedient sich der Denkfiguren …« oder gar »das Werk von A erinnert an«. Ein unsägliches Metageschwätz.

Wie sehr allein die Sprache politische Positionen beeinflusst, ja definiert, kann man im Moment an den Begriffen »Flüchtling« oder »Migrant« erkennen. Je nach Verwendung der beiden Wörter werden ganz unterschiedliche Bereiche des Gedächtnisses angesprochen und ganz andere Assoziationen geweckt, ein Framing wird angesprochen, das oft schon die Bewertungen vorgibt. Ein rationaler Diskurs kann nur davon gewinnen, wenn man versucht, diese Begriffe genau zu charakterisieren und sachlich voneinander abzugrenzen.

Wir haben bisher sprachliche Manipulationstechniken im politischen Kontext betrachtet, ganz allgemein ist die Sprache als solche jedoch Angriffen ausgesetzt, die keineswegs harmlos sind, auch wenn sie wenig dramatisch klingen. Die verbale Verständigung mit ihrem Nuancenreichtum hat sich im Laufe der Menschheitsgeschichte immer gut ohne Regeln entwickelt. Dabei entstanden kreative Wortschöpfungen, die sich ähnlich behaupten mussten wie neue Arten in der Evolution. Dennoch gibt es eine Bestrebung, die den Sprachgebrauch massiv regulieren will und dabei ebenfalls Schwammigkeit mit moralischer Empörung verbindet: political correctness.

Nehmen wir zum Beispiel den Begriff »Sexismus«. Erst nirgendwo sinnvoll, geschweige denn juristisch definiert, was ihn zum idealen Clickbait-Thema macht. Für britische Minister wiegt allein der Vorwurf, vor 15 Jahren ein weibliches Knie berührt zu haben,[57] schwerer als tatsächliche Aggressionskriege und Völkermord. Sexismus scheint einer längeren Verjährungsfrist als Kapitalverbrechen zu unterliegen. Je schwammiger ein Begriff, desto missbräuchlicher kann man ihn anwenden; dies galt auch schon für Konterrevolution und Wehrkraftzersetzung.

Alles andere als harmlos

Dass die teilweise irrationale Debatte über Alltagsverhalten[58] nicht nur harmlose Unterhaltung ist, sondern auch instrumentalisiert wird, zeigt das Beispiel von Wikileaks-Gründer Julian Assange, dessen Leidensweg aufgrund eines konstruierten Vergewaltigungsvorwurfs begann. Auch im Fall des früheren Kandidaten für die französische Präsidentschaft, Strauss-Kahn, ist die Frage berechtigt, ob sich eine angebliche Vergewaltigung so zugetragen hat wie behauptet, denn die Staatsanwaltschaft stellte nach Widersprüchen der Hauptbelastungszeugin das Verfahren ein.[59] Die politische Demontage war jedoch nicht reversibel. Auch dem in Berlin lebenden amerikanischen Computerspezialisten Jacob Applebaum, der die Geheimdienste seines Landes gelegentlich als »bastards« bezeichnet, wurde plötzlich »Sexismus« vorgeworfen. Mehrere weibliche Bekanntschaften versuchten, ihn in Schutz zu nehmen, die Anschuldigung stand jedoch erst mal im Raum.

Ebenfalls nicht nur harmloser Unsinn sind die *gender studies*, die es sich mit moralisierender Kreativität zur Aufgabe gemacht haben, die Sprache bis zur Unbrauchbarkeit zu verunstalten.[VII] Die Öffentlichkeit mag daraus lernen, wie sinnlos sich akademischer Spieltrieb verselbstständigen kann, aber der Angriff auf die Freiheit der Sprache ist eine totalitäre Erscheinung, die jeden Leser des Romans *1984* an »Neusprech« erinnert.

Rechtfertigung für solche Attacken auf die Ausdrucksfreiheit ist die Vorstellung von Gesellschaftsgruppen, sich als solche von allen und jedem beleidigt fühlen zu dürfen, wobei der Auslöser der vermeintlichen Ehrverletzung selbst definiert werden kann. Feministinnen, die sich über nicht gegenderte Wortformen aufregen, oder Moslems, denen eine Karikatur nicht gefällt, haben hier letztlich eine ähnliche Denkweise. Die »Verletzung religiöser Gefühle« ist ein

»Wenn das Denken die Sprache korrumpiert, korrumpiert die Sprache auch das Denken.« – *George Orwell*

VII Lesenswert ist dazu zum Beispiel *Genug gegendert!* von Thomas Kubelik oder *Gender Gaga* von Birgit Kelle.

manipulativer Vorwand für den Wunsch, sich durch Unpersönliches persönlich angegriffen zu fühlen. Eine freiheitliche Gesellschaft darf sich von solch neurotischem Benehmen nicht beirren lassen. Selbst Kurt Tucholskys Zitat »Soldaten sind Mörder« ist eben keine Beleidigung, wie das Bundesverfassungsgericht richtig entschied. Entsprechend entspannter sollte die Gesellschaft mit polemischen zugespitzten Aussagen auch umgehen.

Klare Worte reinigen

Das Vermeiden klarer Worte ist dem demokratischen Diskurs langfristig abträglich. Der Kabarettist Georg Schramm zitiert zu diesem Thema gerne Papst Gregor: »Die Vernunft kann sich mit größerer Wucht dem Bösen entgegenstellen, wenn ihr der Zorn hilfreich zur Seite steht.« In diesem Sinne muss man wohl auch den Medien-Watchblog *Propagandaschau* betrachten, der 2018 eingestellt wurde. Die beleidigende Wortwahl und die teils überzogenen Vergleiche musste man nicht mögen. Der Zorn des anonymen Betreibers »Dok« war jedoch nicht unbegründet. Die Beobachtungsgabe und der scharfe Verstand, mit der er die manipulative Berichterstattung der öffentlich-rechtlichen Medien sezierte, machten *Propagandaschau* trotz seiner sprachlichen Ausfälle zu einer wertvollen Informationsquelle.

Wie setzt sich der Verstand gegen die sprachliche Manipulation am besten zur Wehr? Ein ausgezeichnetes Mittel ist, Nachrichten nicht direkt aufzunehmen, sondern sich mit einer mentalen Distanz zum Inhalt zu fragen: *Wer* will *wem* mit dieser Information *was* sagen? Im Idealfall lässt auch eine hochmanipulative Quelle den Inhalt durchscheinen. So, wie man die Richtung einer über die Bande gespielten Billardkugel erschließt, verstanden DDR-Bürger sogar zu Zeiten rigider Zensur manchmal noch den tatsächlichen Inhalt einer Nachricht zwischen den Zeilen.

Wie wird man auf die Verzerrungen überhaupt aufmerksam? Mit etwas Übung gelingt es, in der Berichterstattung abwertende oder verharmlosende Begriffe zu identifizieren. Im Internet gibt es viele

Quellen, die unter diesem Aspekt Nachrichten analysieren und teils entlarvende Sprachmanipulationen aufdecken. Anders als beim Wahrheitsgehalt von Nachrichten lässt sich sogar relativ leicht Konsens darüber erzielen, ob eine Formulierung wertend ist oder nicht. Derartiger Missbrauch von Begriffen und das Messen mit zweierlei Maß könnte künftig Gegenstand medienwissenschaftlicher Untersuchungen werden oder gar mit Computerprogrammen analysiert werden. Den Urhebern dieser Sprachmanipulation droht insofern durchaus Enttarnung und eine entsprechende Gegenreaktion.

Aber auch dann hätte der Verstand noch keineswegs gesiegt. Gerade auf unbewusster Ebene formt die Sprache sehr viel früher unsere Bewertungen, als der Verstand überhaupt das Kommando übernehmen kann. Dazu kommt, dass Sprache inhärent manipulativ ist, weil sie im Sinne effizienter Kommunikation verkürzt und dabei auf Bilder des Alltags zurückgreifen muss, die immer schon verzerrend waren. Der Gebrauch der Sprache erfordert daher wie kaum ein anderes Thema eine gründliche Reflexion. Nicht umsonst hat einer der größten Philosophen, Ludwig Wittgenstein, sie ins Zentrum seiner Überlegungen gerückt. Wörter und Formulierungen zu analysieren und permanent zu hinterfragen, ob ihr Gebrauch wirklich ein adäquates Abbild der Realität darstellt, hilft, Klarheit über unsere Wertvorstellungen zu erlangen. Wenn die Sprachmanipulationen, denen wir heute begegnen, auf lange Sicht diesen Effekt haben, wäre viel gewonnen.

Narrativ-Dominanz – Vom westlichen Imperium nur Gutes

2017 scheiterte der *Zeit*-Herausgeber Josef Joffe vor dem Bundesgerichtshof endgültig mit seiner Klage gegen die Sendung *Die Anstalt*, die Joffes Verbindungen zu einigen US-Thinktanks satirisch herausgestellt hatte. Die brisanten Recherchen des Medienwissenschaftlers Uwe Krüger[60] wurden damit einer breiten Öffentlichkeit bekannt. In seiner Doktorarbeit hatte dieser einer Reihe von Journalisten Interessenkonflikte mit »transatlantischen« Organisationen[I] nachgewiesen, in der *Anstalt* prägnant als »NATO-Versteher« bezeichnet. Dass Top-Journalisten auffällig oft als Korrespondenten in Washington tätig waren, ist lange bekannt. Insofern ist es wenig überraschend, dass das transatlantische Narrativ in den Nachrichten sehr präsent ist. Dass die Verbindung zwischen den US-Denkfabriken und den Redaktionen so eng ist, irritierte die deutschen Fernsehzuschauer und Zeitungsleser aber doch deutlich.

Der Blick auf die jüngere Geschichte zeigt, dass Deutschland sich in der Einflusssphäre der Weltmacht USA befindet, seit die Herrschaft der Nationalsozialisten und der Krieg, mit dem diese die Welt überzogen hatten, zu Ende war. Die Rede zum vierzigsten Jahrestag des Endes des Zweiten Weltkriegs, die der damalige Bundespräsident Richard von Weizsäcker im Bundestag hielt, wurde begeistert aufgenommen und erzeugte einen breiten Konsens in der Bevölkerung, den man sich heute manchmal wünschte. Die Rede prägte ein entscheidender Satz: »Der 8. Mai 1945 war ein Tag der Befreiung.« Zu Recht hob Weizsäcker hervor, wie viele amerikanische Bürger zum Wiederaufbau des zerstörten Deutschlands beigetragen hatten – nach allem, was geschehen war, keineswegs eine Selbstverständlichkeit.

I Gemeint sind etwa Atlantik-Brücke, German Marshall Fund und weitere Organisationen.

Die Zugehörigkeit zum Westen bescherte der Bundesrepublik eine Ära des Wohlstandes und der Freiheit, von der man in anderen Teilen der Welt nur träumen konnte, vor allem aber auch das Entstehen eines demokratischen Rechtsstaats. Als Anführer des Westens betrieben die USA zwar durchaus imperiale Politik, insbesondere zu Zeiten des Kalten Krieges, die Bürger des Westens kamen aber ganz überwiegend in den Genuss von Frieden, Freiheit und wirtschaftlichem Wohlstand.

Bestandsaufnahme in Aufrichtigkeit

Wo stehen wir heute? Weizsäckers berühmte Rede aus dem Jahr 1985 endet mit dem Satz: »Schauen wir am heutigen 8. Mai, so gut wir es können, der Wahrheit ins Auge.« Folgen wir Weizsäckers Rat heute mit dem Ziel, uns ein realistisches Bild der Welt zu machen, kommt man um einige unangenehme Wahrheiten nicht herum: Die USA, Anführer des westlichen Imperiums, halten sich weder an internationale Verträge noch an Resolutionen des Weltsicherheitsrats noch an irgendwelche anderen Regeln, führen auf der ganzen Welt willkürlich Exekutionen durch, betreiben Geheimgefängnisse,[61] organisieren Entführungen und foltern ohne Rücksicht auf Menschenrechte oder gar rechtsstaatliche Prinzipien.

Weltweit gibt es illegale Überwachung, Einmischung in Angelegenheiten anderer Länder bis hin zu organisierten Umstürzen, zu deren Gelingen auch Terrorgruppen unterstützt werden. Seit Jahrzehnten, aber insbesondere in den beiden letzten, führen die USA illegale Kriege aus einem weltweit dichten Netz von etwa tausend Militärbasen heraus und töteten dabei Millionen Unschuldige. Allein der Krieg im Irak 2003, erwiesenermaßen unter einem erlogenen Vorwand begonnen (Colin Powell gab dies öffentlich zu),[II] forderte Hunderttausende von Men-

»Kein Präsident hat mehr für die Menschenrechte getan als ich.« – *George W. Bush*

II John Bolton, aktueller US-Sicherheitsberater, machte damals den Vorsitzenden der OPCW, Jose Bustani, mit Drohungen gegen seine Familie gefü-

schenleben. Die Täter, allen voran George W. Bush, Dick Cheney und Donald Rumsfeld, laufen bis heute frei herum und sind noch nicht einmal sozial geächtet, obwohl jede andere Bezeichnung als »Kriegsverbrecher« eine Beschönigung wäre. Andere Beteiligte bekleiden Führungsrollen in der derzeitigen US-Administration. Leider sind dies die Fakten, denen wir heute ins Auge sehen müssen.

»Die politische Klasse nimmt es als völlig normal hin, dass die USA eine Terror-Supermacht sein soll, immun gegen Gesetz und zivilisierte Normen.« – *Noam Chomsky*»

Es ist aber keineswegs so, dass das Handeln der USA in der Nachkriegszeit, nach historischen Maßstäben betrachtet, besonders verbrecherisch gewesen wäre. Eine Zäsur stellten die Anschläge vom 11. September 2001 dar, nach denen viele elementare Bürgerrechte praktisch außer Kraft gesetzt wurden. Viele Amerikaner, die an die Ideale ihrer Verfassung glauben, sehen diese Entwicklung mit Entsetzen. Dem interessierten Leser sei hier das Buch *Static* von Amy Goodman empfohlen, welches die Entstehung eines Unrechtsstaates – man kann es nicht anders nennen – und seiner Verankerung in den Institutionen detailliert beschreibt.

»Wir haben gehört, dass [im Irak] eine halbe Million Kinder umgekommen sind … war es das wert? – Ich glaube, es war eine schwierige Entscheidung, aber wir glauben, das war es wert.« – *Madleine Albright, TV-Interview*[62]

Am Anfang war die Wahl – Deep State USA

Die Tragödie begann mit der unrechtmäßigen Wahl von George W. Bush im Jahr 2000, die vom Obersten Gerichtshof in einer haarsträubenden Entscheidung vom 12. Dezember gerechtfertigt wurde. Vier der neun Richter gaben ein Minderheitsvotum ab, einer davon, David Souter, schrieb damals:[63]

---

gig, die Lügen über das irakische Waffenprogramm nicht aufzudecken: consortiumnews.com/2018/03/31/trump-finds-fellow-bully-in-bolton/.

> *»Der wirkliche Sieger dieser Wahl wird vielleicht nie zu ermitteln sein; der Verlierer jedoch steht schon fest: Es ist das amerikanische Volk und sein Glaube an den Richter als unparteiischen Hüter des Gesetzes.«*

Worte, die sich fast zwanzig Jahre später als mehr als wahr erweisen sollten. Eine Geheimgerichtsbarkeit segnet die Auflösung der Bürgerrechte ab, umfassende Verschwiegenheitsregeln[64] schüchtern ein, der Rechtsstaat wird, insbesondere von den übermächtigen Geheimdiensten, Schritt für Schritt demontiert. Den Niedergang dieser Geheimdienste, in denen früher teilweise durchaus so etwas wie ein Berufsethos und Bekenntnis zur Wahrhaftigkeit herrschte, hat der erwähnte CIA-Whistleblower Ray McGovern in einem Interview anschaulich beschrieben.[65] Sehr klug sind ebenfalls die Analysen des Bürgerrechtsanwalts Glenn Greenwald, ebenfalls ein scharfer Kritiker der heutigen Methoden der Geheimdienste.

Beide bezeichnen die wirkliche Führung der USA seit 2001 als *Deep state* oder *Permanent state*,[66] ein loses Kollektiv von Entscheidungsträgern in den Geheimdiensten und wichtigsten Ministerien, welche unabhängig vom gewählten Präsidenten die Leitlinien der Militär- und Sicherheitspolitik bestimmen.[III] Die mächtigen Eliten waren über Jahrzehnte hinweg auch die Sachwalter der Interessen der weltbeherrschenden multinationalen Konzerne. Daher sind die USA auch im Innern durch den ökonomischen Abstieg der Mittelklasse, fortschreitende Verarmung, Obdachlosigkeit, Rassenkonflikte, Drogen und exorbitante Kriminalitäts- und Inkarzerationsraten eine bedrohte Gesellschaft. Wahlen sind nicht ganz

»Wir müssen auf der Hut sein vor unberechtigten Einflüssen des militärisch-industriellen Komplexes, ob diese gewollt oder ungewollt sind. Die Gefahr für ein katastrophales Anwachsen unbefugter Macht besteht und wird weiter bestehen. Wir dürfen niemals zulassen, dass das Gewicht dieser Kombination unsere Freiheiten oder unseren demokratischen Prozess bedroht.« – *Dwight D. Eisenhower, 1961*

III Überdeutlich wird dies, wenn Entscheidungen des Präsidenten revidiert werden, etwa beim Abzug des US-Militärs aus Syrien.

steuerbar, eine systemkonforme Vorauswahl der Kandidaten wird jedoch durch die unbeschränkte Finanzierung seitens der Geldgeber gewährleistet, die vom Supreme Court 2014 endgültig abgesegnet wurde.[67] Jimmy Carter, während dessen Präsidentschaft 1977–1980 ausnahmsweise kein Krieg geführt wurde, bezeichnete dies als »legale Korruption«.

Im Anschluss an den Zweiten Weltkrieg war das Kräfteverhältnis jahrzehntelang durch den kalten Krieg dominiert. Nach dessen unerwartetem Ende und der Auflösung des Warschauer Paktes und der Sowjetunion hatten die NATO beziehungsweise die USA keinen Gegner mehr. Seither wurden daher neue Feindbilder entworfen, ab 2001 ist dies vor allem der »Krieg gegen den Terror«. In vielen Bereichen markierte dieses Datum einschneidende Veränderungen, auch wenn diese meist schleichend und abseits der Aufmerksamkeit der Weltöffentlichkeit vor sich gingen.

»Die NATO war in heller Aufregung. Der Feind hatte sich plötzlich aufgelöst – *ohne Vorwarnung!«* *Volker Pispers*

Staatsguerilla

Ursprünglich gegründet nach der gescheiterten Befreiung der Geiseln aus der US-Botschaft in Teheran im Jahr 1980, wurden militärische Spezialeinsatzkommandos nach 2001 massiv ausgebaut.[68] Die Joint Special Operation Forces (JSOF) sind derzeit mit 8 000 Soldaten in 137 Ländern tätig, darunter Litauen, Polen, Georgien, Malaysia und der Ukraine, insgesamt umfasst die Einheit 70 000 Kämpfer.[69] Wie der Enthüllungsjournalist Jeremy Scahill in seinem Bestseller *Dirty Wars – The World is a Battlefield* aufdeckte, führt diese Privatarmee, die keiner parlamentarischen Kontrolle unterliegt, sondern nur dem US-Präsidenten untersteht, weltweit Kriege nach ihren eigenen Regeln.[70] Scahill war durch sein Buch *Blackwater – die mächtigste Privatarmee der Welt* bekannt geworden, das die Aktivitäten der Söldnerarmee im Irak offenlegte. Über die Aktivitäten der JSOF – gezielte Tötungen, verdeckte Militäroperationen, konspirative Aktionen – werden kaum Einzelheiten bekannt, es handelt sich um einen blinden Fleck der Berichterstattung. Auch andere westliche Regierungen unterhalten Spezialkräfte, deren Tätigkeit weder parlamentarisch kontrolliert der Öffentlichkeit bekannt wird, etwa die britischen SAS und die deutsche KSK.[71]

Etwas mehr öffentliche Aufmerksamkeit haben die Drohneneinsätze der USA erlangt, vielleicht auch deswegen, weil die deutsche Beteiligung daran über den Stützpunkt Ramstein immer wieder zu Protesten führt.[72] Die weltweit durchgeführten Exekutionen durch die unbemannten Fluggeräte begannen nach 2001, haben aber seither dramatisch zugenommen. Wurden anfangs noch identifizierte Mitglieder von Al-Kaida gezielt hingerichtet (sogenannte *personality strikes*), so weitete man das Tötungsprogramm mit dem *signature strike* später erheblich aus.[73] Die Opfer wurden nur mehr nach bestimmten Kriterien ausgewählt (zum Beispiel: Pakistani im wehrfähigen Alter, schickt eine verdächtige SMS). Während George W. Bush die Tötungsbefehle meist delegierte, unterzeichnete sie Barack Obama, unter dessen Regierung das Programm erheblich ausgeweitet wurde, selbst.[IV] Man kann davon ausgehen, dass Computeralgorithmen inzwischen die Auswahlarbeit sehr effizient erfüllen.

»An David Petraeus […] sehen wir, dass man in den USA nur aus dem Amt fliegt, wenn man ehebrüchig wird, nicht bei Kriegsverbrechen.« – *Jeremy Scahill*

Insgesamt haben sich die die Aktivitäten der US-Regierung längst von der »Terrorabwehr« zu einem globalen Machtstreben verschoben, das militärisch durchgesetzt wird. Wie der ehemalige NATO-Oberkommandierende in Europa, Wesley Clark, in einem Interview öffentlich machte,[74] planten die US-Strategen nach 2001, sieben ihnen nicht genehme Regierungen zu stürzen: Irak, Syrien, Libanon, Libyen, Somalia, Sudan und schließlich Iran. Nachdem offenbar die Ukraine einge-

»Die Idee, dass der Präsident der Vereinigten Staaten – insbesondere der, der den Nobelpreis bekommen hat und ein Verfassungsrechtler ist – als Staatsanwalt, Richter und Henker in einem agiert, ist gefährlich.« – *Jeremy Scahill*

IV Die meist dienstags stattfindenden Sitzungen wurden als »Terror Tuesdays« bezeichnet.

schoben worden war, scheint die Liste das Schicksal weiterer Länder zu bestimmen. Allein im Jahr 2017 wurden 44000 Bomben abgeworfen,[75] das bedeutet im Mittel alle 12 Minuten – fünfmal mehr als noch unter George W. Bush.

Die Welt, das bin ich – das Imperium

Die globale Einflussnahme findet aber auch auf politischer Ebene statt. Im Gegensatz zur behaupteten Beeinflussung der US-Präsidentschaftswahlen 2016 und 2018 durch Russland[V] sind es die USA, die sich weltweit in Wahlen einmischen, Regierungen unter Druck setzen und diese mit allen möglichen verdeckten Mitteln stürzen. Nachgewiesen ist zum Beispiel die massive Wahlkampfhilfe für Boris Jelzin im Jahr 1996, während dessen Regierungszeit das Land von Oligarchen ausgeplündert wurde. Die jahrzehntelange Einflussnahme in Südamerika, etwa durch den Sturz des chilenischen Präsidenten Allende und die Installation des menschenverachtenden Pinochet-Regimes im Jahr 1973, ist lange bekannt; aber auch in jüngerer Zeit wurden die US-kritischen Präsidentinnen von Argentinien[VI] und Brasilien durch dubiose Machenschaften beschuldigt beziehungsweise abgelöst.[76]

Sicher muss man auch darüber nachdenken, wie souverän deutsche Politiker in ihrem Handeln sind. Es ist auffällig, wie sehr manche die »transatlantische« Sichtweise übernehmen, sobald sie ein

---

V Die »Beeinflussung« bestand im Wesentlichen darin, dass Machenschaften der Demokratischen Partei zuungunsten des Kandidaten Bernie Sanders öffentlich wurden, was der Clinton-Kampagne geschadet hatte. Dabei blieb die Ursache des Datenlecks unbekannt, nicht einmal die Computer der Parteizentrale wurden vom FBI durchsucht. Erhellend auch dazu die Kommentare von Ray McGovern auf YouTube: Ray McGovern – Russia-gate: Can You Handle the Truth? (KODX Seatlle); Ray McGovern at Left Forum 2018 (Other Voices, other choices).

VI Kirchner hatte vor der UN-Vollversammlung eine Rede gehalten, in der sie unter anderem die Authentizität von IS-Enthauptungsvideos in Zweifel zog.

Amt innehaben, und wie vernünftig sie reden, sobald sie aus diesem ausgeschieden sind.[77] Dass die Dienste der USA vor Abhören und wohl auch Erpressung von Politikern in »befreundeten« Staaten nicht zurückschrecken, ist bekannt.

All dies wirft sicher die Frage auf, was genau eigentlich jene westlichen Werte sind, auf die sich Politiker in ihren Äußerungen gerne beziehen – es scheint so, dass man die politische Kontinentaldrift zwischen Europa und Amerika verleugnen will. Das Narrativ, das von den Medien im öffentlichen Bewusstsein verankert wird, lautet ungefähr wie folgt: Auf der Welt gibt es knapp zweihundert Staaten, in einigen herrscht Chaos, in vielen sind Diktatoren an der Macht, in einigen Staaten gibt es noch hinnehmbare Verhältnisse – wirkliche Demokratien finden sich aber nur in den USA, in wenigen Commonwealth-Staaten und in Europa. Die Welt wird besser, wenn sie sich an diesen Vorbildern orientiert, die gleiche Demokratieform übernimmt und sich deren Märkten öffnet. In Staaten mit Demokratiedefiziten tut man gut daran, Oppositionelle mit Geld zu unterstützen und Protest zu organisieren, gleichzeitig müssen Autokraten scharf daran erinnert werden, ebendiesen Protesten Raum zu geben. Schlimmstenfalls müssen Diktatoren auch mit Gewalt entfernt werden. Wenn Bombenangriffe nicht mehr helfen, muss man Oppositionelle bewaffnen oder Söldner herbeischaffen, um den *regime change* durchzuführen. Nach der Beseitigung des üblen Herrschers (Gaddafi, Saddam Hussein) sollten bald blühende Landschaften entstehen, in denen Demokratie und Menschenrechte gedeihen, für die sich der Westen selbstlos eingesetzt hat. Soweit jedenfalls die Versprechung. Wie Ihnen aufgefallen ist, hat diese mit der Realität rein gar nichts zu tun.

Woher die Aggressivität?

»Sie wollen pflanzen für die Ewigkeit und sähen Tod?« – *Friedrich Schiller*

Dennoch ist dies die unausgesprochene Sicht der Dinge, die von den Meldungen der reichweitenstärksten Medien ausgeht, was natürlich auch international gilt. Der Einflussbereich des westlichen Imperiums umfasst offenbar auch die Medien; wie es zu diesem strukturellen Versagen der vierten Gewalt kommen konnte, hatten wir schon im zweiten Kapitel thematisiert. Aber es gibt überhaupt kaum mehr Institutionen auf der Welt, die wirklich unabhängig sind. Die Arbeit von internationalen Organisationen, insbesondere was die Inspektion von Waffen betrifft, wird zunehmend politisiert und oft mit unverhohlenen Drohungen beeinflusst, wie dies jüngst bei der OPCW (Organisation für das Verbot chemischer Waffen) zu beobachten ist. Die Aktivität der UN ist ohnehin durch das destruktive Verhalten der USA praktisch paralysiert.[78] Aber auch private Organisationen mit einst untadeligem Ruf wie *amnesty international* werden gedrängt, parteiische Berichte zu veröffentlichen,[79] während andere, wie etwa die *White Helmets*[80] oder auch *Bellingcat*, [81] zu dem Zweck gegründet und finanziert wurden, westliche Propaganda zu verbreiten.

Neben der Ausbreitung der US-Dominanz in den letzten zwei Jahrzehnten fällt vor allem der immer schnellere Rhythmus auf, mit dem die USA weltweit Konflikte generieren. Wie schnell die Gegner sich ändern, erinnert an den permanenten Krieg mit wechselnden Fronten in Orwells Roman *1984*, der neuerdings leider an Aktualität gewinnt. Es gibt im Übrigen auch gesellschaftliche Parallelen. Die Lustfeindlichkeit des *Big Brother*-Regimes in *1984* manifestierte sich in Parteiinitiativen wie der »Junior-Anti-Sex-League«. Der damit in Konflikt geratene Romanheld Winston Smith stellte für Orwell einen Gegenpol zur Kriegslüsternheit des Regimes dar: Postorgiastisch zufriedene Individuen lassen sich schlecht zu Aggressionen motivieren. *Make love, not war*, der Slogan der Generation, die gegen den Vietnamkrieg protestierte, ist komplett aus der Mode gekommen, die Gesellschaften werden tendenziell asexueller.[82]

Ein moralischer Kompass der Weltmacht USA ist derzeit nicht erkennbar, stattdessen beobachtet man, dass sie immer neue Konfliktherde suchen, provozieren, erpressen, anschuldigen und bombardieren. Längst wird der einstige Weltpolizist als große Gefahr für den Weltfrieden wahrgenommen.[83] Wie konnte es dazu kommen? Welche Motive können im Spiel sein? Rohstoffe und Energiequellen spielten zwar oft eine große Rolle in der Weltpolitik, können aber angesichts von Schieferöl, Kernkraft und erneuerbaren Energien keine befriedigende Erklärung liefern.

Suche nach Ursachen

Warum werden praktisch niemals Verhandlungen vorgeschlagen, sondern ständig die Eskalation herbeigeredet? Woher die hektische und unüberlegte Aggressivität, die den nächsten Militärschlag kaum erwarten kann? Das irrationale Gebaren der Machthaber in den USA scheint nur erklärlich als eine Situation, in der man mit dem Rücken zur Wand steht.[84]

Ein Thema, das seit seiner krisenhaften Zuspitzung 2008 inzwischen durch Kriege und Konflikte immer mehr in den Hintergrund getreten ist, sind die westlichen Staatsfinanzen. Die umlaufende Geldmenge[85] ist explosionsartig angestiegen, die Staatsverschuldung der USA in eine Höhe geklettert, die jegliche Tilgung realitätsfremd erscheinen lässt. Am Leben gehalten wird das System durch den sogenannten Petrodollar. Als die USA im Jahr 1971 aus dem Bretton-Woods-Abkommen ausstiegen, weil der Wert des Dollars nicht mehr durch Gold gedeckt werden konnte, hatte sich Saudi-Arabien bereits verpflichtet, Ölgeschäfte in Dollar abzuwickeln.[86] Dieser wurde damit Weltreservewährung, was einen Kollaps bisher verhinderte. China, Russland, der Iran[VII], Venezuela und andere lösen sich nun langsam von der Dollar-Abhängigkeit[87], und es ist schwer vorstellbar, dass dies die Strategen in der US-Regierung *nicht* beunruhigt. Faktisch lässt Washington Geld drucken, indem die FED Staatsanleihen erwirbt, andere westliche Zentralbanken verhalten sich übrigens ähnlich.[VIII] Wie viel von diesem Budget für Militär aus-

VII Auch Libyen und der Irak hatten versucht, den Dollar für Ölgeschäfte abzuschaffen.

VIII Jüngst wurde durch Recherchen des US-Ökonomen Mark Skidmore bekannt, dass im US-Haushalt Ausgaben in unglaublicher Höhe von 21 Billionen Dollar nicht dokumentiert sind (*Deutsche Wirtschaftsnachrichten*, 5.1.19).

gegeben wird, beunruhigt angesichts der historischen Beispiele, in denen Schuldenkrisen durch Kriege »gelöst« wurden.

Man kann berechtigte Kritik an einem »Raubtierkapitalismus« üben, der große Teile der Weltbevölkerung ins Elend führt, wie dies der ehemalige UN-Sonderberichterstatter für das Recht auf Nahrung, Jean Ziegler, mit seinen aufrüttelnden Büchern[88] *Wir lassen sie verhungern* und *Das Imperium der Schande* getan hat. In *Freiheit oder Kapitalismus* zeigte Sahra Wagenknecht die Widersprüche zur Demokratie auf.[89] Letztlich entspringt der Kapitalismus aber einer Evolution von Gesellschaftsformen, die sich aus objektiven, wenn auch sicher nicht humanitären Gründen durchgesetzt hat.[90] Er kann nicht einfach durch moralische Argumente hinweggefegt oder – schon gar nicht weltweit – durch Neukonstruktionen ersetzt werden, obwohl man sich dies vielleicht wünschen mag. Sicher scheint aber, dass der Kapitalismus in seiner derzeitigen Form instabil ist oder gar seinem Ende entgegengeht.[91] Ob das an seiner unvollkommenen Realisierung (zum Beispiel aufgrund der aufgeblähten Geldmenge oder mangelnder Regulierung) liegt, ein Konstruktionsfehler vorliegt oder die Instabilität durch die technologische Entwicklung verursacht wurde, kann wohl niemand mit Sicherheit beantworten. Man muss aber auf einen globalen Finanzcrash oder gar auf das Ende des derzeitigen Wirtschaftssystems gefasst sein.

»Das erste Allheilmittel für eine schlecht geführte Nation ist Inflation, das zweite ist Krieg. Beide bringen vorübergehenden Wohlstand, jedoch dauerhaften Ruin. Aber beide sind die Zuflucht der politischen und wirtschaftlichen Opportunisten.« – *Ernest Hemingway*

Wissen wird Macht, Macht schafft Daten

Leider ist diese Situation in einer Welt, die gleichzeitig mit Wasserstoffbomben hochgerüstet ist, bisher einzigartig. Was in der Vergangenheit für die Herrschenden oft ein bequemer Reset-Knopf war, um die Verschuldung wieder auf null zu setzen, könnte zu einer Apokalypse mit nuklearem Winter führen, die nicht nur Abermillionen Menschen tötet, sondern das Aussterben der Art Homo sapiens auf diesem Planeten zur Folge haben könnte.

Realistisch betrachtet, ist es nicht vorhersehbar, ob und inwieweit der früher oder später unvermeidliche Niedergang des amerikanischen Imperiums die Welt in den Abgrund reißt. Ein weltweiter nuklearer Schlagabtausch würde jedenfalls die Zivilisation auf einen Stand weit hinter den aktuellen technischen Errungenschaften zurücksetzen. Umgekehrt hatte die Entwicklung der Nuklearwaffen 1945 die US-amerikanische Vormachtstellung begründet. Dies ist kein Zufall.

Politische und militärische Macht waren in der Geschichte fast immer auch mit wissenschaftlicher Vormachtstellung verbunden. Man denke an das britische Empire, dessen Blütezeit die größten wissenschaftlichen Entdeckungen hervorbrachte, und an die europäischen Kolonialmächte, welche ebenfalls Wissenschaft und Technik dominierten. Vom Ende des 19. Jahrhunderts bis ungefähr 1930 waren deutsche Physiker führend, Mitteleuropa das Zentrum der Grundlagenforschung, ehe Hitler die Welt in ein Chaos stürzte.

Die technologischen Früchte der Wissenschaft – wenn man Atomkraft als solche bezeichnen will – machten die USA 1945 endgültig zur Weltmacht. Um die Forschungskultur zu verstehen, die seit dieser Zeit herrscht, muss man die Wirkung betrachten, die der politisch-militärische Komplex auf die Wissenschaft ausübte. Die Entwicklung der Atombombe hatte weitreichende Auswirkungen auf die Geschichte der Physik. Die Herstellung der Spaltbombe im *Manhattan-Projekt*, heimlich in der Retortenstadt Los Alamos durchgeführt, war eine technische Meisterleistung, führte aber vor allem zu einem grundlegenden Paradigmenwechsel.

Nach 1945 war zwar die Hauptaufgabe im Labor in Los Alamos nicht mehr die Produktion von Atombomben, aber die Art und Weise, wie Forschung betrieben wurde, lebte fort. Die Geräte zur Isotopentrennung von Uran für Kernwaffen basierten auf ähnlicher Technologie wie Teilchenbeschleuniger, mit denen man grundlegende Experimente ausführen konnte. Big Science,

»Am Ende des Krieges standen die Physiker, die für Kriegszwecke gearbeitet hatten, vor der Frage, was sie nun anfangen sollten.« – *Emilio Segrè, Nobelpreisträger 1959*

das heißt große Kollaborationen mit mächtigen Beschleunigern, wurde der Standard der Grundlagenforschung. Die Lösung von technischen Problemen und die Beschreibung der Ergebnisse der hochkomplexen Experimente traten dabei in den Vordergrund.

Zahlen sammeln statt grundlegenden Fragen nachgehen

Dieses Paradigma hat heute die Forschungsinstitutionen in aller Welt erreicht, es steht aber im krassen Gegensatz zur europäischen, naturphilosophisch geprägten Tradition der Pioniere der modernen Physik, die der Frage nachgingen, »was die Welt im Innersten zusammenhält«. Physik entwickelte sich nach 1945 von einer Suche nach fundamentalen Naturgesetzen zu einem technischen Hochleistungssport. Die damalige Zerstörung der naturphilosophischen Orientierung der Physik zugunsten einer Wissenschaft des technisch Machbaren wirkt sich bis heute aus.

»Big science may destroy great science.« – *Karl Popper*

Die Pioniere der modernen Physik unterschieden sich stark in ihrer Art des Denkens von den Wissenschaftlern, die in dem späteren, amerikanisch geprägten Zeitalter aufwuchsen. Einstein, Heisenberg, Schrödinger oder Dirac wollten die Naturgesetze verstehen, während sich die Generation ab 1930 damit zufrieden gab, der Natur neue Messwerte zu entlocken. Einsteins Überzeugung, dass solche unerklärten Messwerte nur Unverständnis auftürmten,[92] war ihnen fremd.

»Ich halte die meisten Physiker und Biologen für sehr gescheit und gewissenhaft. Aber: Sie stehen unter Druck. Diesen Druck gibt es erst seit dem Zweiten Weltkrieg, seitdem so viel Geld für die Wissenschaft ausgegeben wird.« – *Karl Popper*

Trotzdem kann kein Physiker bestreiten, dass die Anzahl der unerklärten freien Parameter, das heißt der willkürlichen Zahlen, derer man sich zur Beschreibung der Daten bedient, Ende der 1920er-Jahre ein Minimum erreicht hatte, während sie seither geradezu inflationär anwächst.[93] Dies deutet darauf hin, dass man sich in einer ähnlich komplizierten Sackgasse befindet wie mit dem geozentrischen Weltbild im Mittelalter. Jedenfalls stellen diese unerklärten Zahlen eine Art Kreditaufnahme der modernen Physik dar, von der ungewiss ist, ob sie je in Form einer vernünftigen Theorie zurückbezahlt werden kann. Letztlich hat diese Entwicklung zu einem Stillstand bei der Erforschung grundlegender Naturgesetze geführt. Bis heute jedoch folgen zeitgenössische Physiker dieser Denkweise meist völlig unreflektiert. Der Kosmologe Michael Turner von der Universität Chicago wurde einmal gefragt,[94] ob das Postulieren von 95 Prozent von unsichtbaren Dunklen Substanzen im Universum nicht ähnlich gewagt sei wie die Finanzierung eines Unternehmens mit 95 Prozent Schulden. Er antwortete schlagfertig, aber bezeichnend: »*In America, we are used to do so!*«[IX]

Auch die Wissenschaft vor dem Crash?

Es könnte sein, dass die Krisen in Wissenschaft und Gesellschaft über die Denkweise miteinander verwoben sind. Methodisch ist die inflationäre Zunahme von unerklärten Zahlen jedenfalls ein Alarmsignal für das Verständnis der fundamentalen Naturgesetze. Darin liegt nicht nur eine vordergründige Parallele zum Finanzsystem, das inflationäre Blasen erzeugt. Beiden Paradigmen liegt das Aufrechterhalten eines Systems zugrunde, das auf oberflächlichen Kennziffern beruht, aber nicht nachhaltig verstanden ist. Das zeitweise Funktionieren mit verwertbaren Ergebnissen (Produktion von Gütern beziehungsweise Messungen, gewisse Erfolge bei der Vorhersagbarkeit) wird bis zum Zusammenbruch als Beweis für die Validität des Modells gesehen. Grundlegende methodische Fragen, die sich aus historischen, ja sogar logischen Erwägungen ergeben, werden nicht gestellt.

Wahrscheinlich leiden Gesellschaft und Wissenschaft im Moment an ähnlichen Regressionen des Denkens. Auf lange Sicht ist dies besorgniserregend. Die Naturwissenschaften verlieren damit

IX Frei übersetzt: »In Amerika machen wir das immer so!«.

an Anziehungskraft für die intellektuelle Elite; Ähnliches dürfte für die Wirtschaftswissenschaften gelten. Es ist wohl tatsächlich so, dass das Überleben von Zivilisationen maßgeblich davon beeinflusst war, bis zu welchem Grad sie die Naturgesetze durchdrungen hatten. Sogar die optimistischen Repräsentanten der Naturwissenschaft sind sich aber darin einig, dass wir von einem umfassenden Verständnis der Grundlagen noch sehr weit entfernt sind.[X] Komplexe Systeme wie die Weltwirtschaft sind extrem schwer zu verstehen, wenn sie nicht sogar aus prinzipiellen Gründen unvorhersagbar sind. Auch hier steht Homo sapiens vor einer ungelösten Aufgabe.

Grundlage für einen Gebrauch des Verstandes ist zuerst, die Realität möglichst objektiv zu erfassen. Dazu muss man sich bewusst werden, dass uns schon bei der Aufnahme von Information bestimmte Weltbilder prägen. Die Nachrichten der Welt werden im Westen oft in ein dominierendes politisches Narrativ eingeordnet, das Teil von noch allgemeineren Glaubenssätzen des derzeitigen Weltwirtschaftssystems ist. Schließlich existiert seit knapp hundert Jahren ein bestimmtes Bild von Naturgesetzen, das sich ganz wesentlich von den vorigen Jahrhunderten unterscheidet.

All diese Weltbilder sind von begrenzter zeitlicher Geltungsdauer und können sich in einem Paradigmenwechsel im Sinne von Thomas Kuhn in andere transformieren. Dies geschieht üblicherweise nach einer Krise, in der die negativen Seiten des alten Systems immer deutlicher zutage treten. Ein wacher Verstand muss sich der Verzerrungen des jeweiligen Weltbildes bewusst sein und rechtzeitig eine neue Perspektive einnehmen, bevor die Krise existenzielle Ausmaße annimmt. Dabei hilft sicher die Vorstellung, dass unsere momentane Zivilisation auf einer kleinen raumzeitlichen Insel lebt, auf der das Denken nicht gefangen bleiben sollte.

X Völlig unstrittig ist zum Beispiel, dass Relativitätstheorie und Quantenmechanik, die beiden fundamentalen Theorien der Physik, inkompatibel sind.

Zensur-Beginn – Das postindividuelle Zeitalter der totalen Kontrolle

Als am 20. Mai 2013 ein damals noch unbekannter Edward Snowden, Mitarbeiter der National Security Agency (NSA), mit zwei Laptops und vier Festplatten im Gepäck von Hawaii nach Hongkong flog, sollte dies zur Aufdeckung des größten Überwachungsskandals der Nachkriegszeit in einem westlichen Staat führen. Die Daten, die die illegalen Aktivitäten des Nachrichtendienstes dokumentierten, stellte Snowden unter großen Schwierigkeiten dem Bürgerrechtsanwalt Glenn Greenwald zur Verfügung. Letztlich stellte sich heraus, dass die NSA praktisch jeden Bewohner der westlichen Länder ohne konkreten Anlass automatisiert überwachte und bei Bedarf in praktisch jedes technische Gerät eindringen konnte.

Glenn Greenwalds Enthüllungsbuch trägt daher den zutreffenden Titel *No Place to Hide*. Neben der konkreten Beschreibung von beklemmenden Aktivitäten der NSA legt Greenwald auch dar, welche Veränderungen eine Totalüberwachung auf das Verhalten des Einzelnen und damit auf die Gesellschaft hat. Der Sturm des Protestes, der für einige Wochen tobte, ist jedoch inzwischen nicht mehr wahrzunehmen,[95] juristische Schritte sind versandet.

Greenwalds Überlegungen spiegeln letztlich die Gefahren wider, die der französische Philosoph Michel Foucault als Panoptismus bezeichnet hatte: die soziale Konformität des Individuums unter Überwachung. Greenwald wendet sich vehement gegen die Idee, Privatsphäre sei nicht so wichtig:[96]

> *»Unter Beobachtung anderer Leute fällt man eher Entscheidungen, die sozial orthodox sind und mit äußeren Erwartungen einhergehen … wir verlieren einen Teil von dem, was es bedeutet, ein kritisches und erfülltes Individuum zu sein. Es ist*

schwer, die Leute zu überzeugen, dass Privatsphäre wichtig ist, denn sie bringen das Gegenargument, sie hätten nichts zu verbergen. Das stimmt nicht, denn man will vieles privat halten, man braucht einen Platz, wo man ohne Beobachtung denken und erforschen kann … das Verhalten verändert sich unter Beobachtung, wie viele Studien zeigen. Es ist Privatheit, wo eigenständige Kreativität und Individualität exklusiv residieren. Man kann durch Beobachtung Bevölkerung in einen Zustand der Angst versetzen, wo sie selbst ihre politischen Rechte aufgeben. Jene an der Macht verstehen: Man muss diese nicht exzessiv anwenden, nicht die Leute in Lager stecken, es genügt die hinterhältigere Art, die Leute wissen zu lassen, dass die Macht der Regierung keine Grenzen kennt.«

Realität weltweiter Überwachungsstaat

Da wohl jeder, der zum Lauf der Welt beitragen kann, von Snowdens Enthüllungen gehört hat, ist die Weltbevölkerung heute praktisch schon unterworfen – zumindest in dem Sinne, dass kein Individuum sich bei digitaler Aktivität noch völlig unbeobachtet fühlen kann.

In *No Place to Hide* führt Greenwald aus, wie umfassend die Geheimdienste die Kontrolle über die staatlichen Institutionen in den USA übernommen haben. Die Rechte der Judikative und Legislative sind weitgehend aufgehoben. Der FISA-Gerichtshof nickt im Geheimen praktisch alles ab, parlamentarische Kontrollausschüsse sind zu einer Farce verkommen. Der Ex-CIA-Analyst Ray McGovern berichtet zum Beispiel, dass der ehemalige Geheimdienstchef James Clapper auch Präsident Obama abhörte.[97] Es ist offensichtlich, dass in einer Welt, in der private Informationen beliebig politisch ausgeschlachtet werden können, der Überwachende über den Überwachten weitreichende Kontrolle ausübt.

Die Macht des *Deep State,* der in den USA unabhängig vom Präsidenten manche Leitlinien der Politik bestimmt, rührt sicher von den nahezu unbegrenzten technischen Möglichkeiten der Überwachung her. Man kann nur spekulieren, welches Ausmaß die Verhältnisse in Deutschland erreicht haben, aber die auffällig »transatlantische« Sichtweise von politischen Entscheidungsträgern hängt wohl damit zusammen. Dies muss dem Betreffenden noch nicht einmal gewahr werden, die Überwachung entfaltet ihre Wirkung selbst im Unbewussten.

»The very idea of secrecy is repugnant in a free society.« – *John F. Kennedy*

Auch eine Bundeskanzlerin, deren Mobiltelefon überwacht wird, agiert wohl nicht mehr ganz frei, und es wäre naiv zu glauben, dass man sich um andere Staatenlenker weniger »kümmert«. Ebenso naiv wäre es wohl anzunehmen, Regierungen anderer Länder würden die Möglichkeiten digitaler Überwachung nicht ausschöpfen. Offenbar wird dieser Zustand selbst von den Regierenden hingenommen, jedenfalls verliefen die Ermittlungen der Bundesanwaltschaft gegen die NSA im Sand. Dies alles deutet darauf hin, dass die deutschen Nachrichtendienste nicht viel anders arbeiten als jene der *Five Eyes*-Länder,[98] und sich um das Grundgesetz oder gar Bürgerrechte wenig scheren.[99] Ohne genauere Kenntnis der Einzelheiten ist es leider heute für jeden eine vernünftige Annahme, dass man – jedenfalls durch Computerprogramme – überwacht wird.

Die Erosion des Vertrauens in die staatlichen Institutionen, die durch die Überwachungsskandale hervorgerufen wird, ist wahrscheinlich die gravierendste gesellschaftliche Folge. Neben dem Bundesnachrichtendienst, dessen Tätigkeit allein schon durch technische Abhängigkeit mit den illegalen Aktivitäten der NSA verknüpft ist, haben vor allem auch die Verfassungsschutzbehörden an Integrität verloren. Im NSU-Skandal wurden Verbindungen zu rechten Gewalttätern sichtbar,[100] weitere Pannen warfen ein miserables Licht auf den Zustand des Rechtsstaates.

»Ich möchte nicht in einer Welt leben, in der alles, was ich tue und sage, aufgezeichnet wird. Solche Bedingungen bin ich weder bereit zu unterstützen, noch will ich unter solchen leben. – *Edward Snowden*

Im Jahr 2014 wurde der SPD-Bundestagsabgeordnete Sebastian Edathy durch den Verdacht der Nutzung von Kinderpornographie medial hingerichtet, obwohl er nach Einschätzung des Bundesrichters Thomas Fischer nichts Verbotenes getan hatte.[101] Edathy hatte vorher den Untersuchungsausschuss des Bundestages zum NSU-Ausschuss mit seltenem Aufklärungswillen geleitet. Das Bundeskriminalamt, das dabei heftig in die Kritik geraten war, ermittelte später ebenso intensiv wie öffentlichkeitswirksam gegen Edathy, während ein verurteilter Täter in den eigenen Reihen geräuschlos in den Ruhestand versetzt wurde.[102] Ein Schelm, wer Böses dabei denkt. Man muss befürchten, dass durch die lückenlose Überwachung des Privatlebens, möglicherweise auch durch technische Manipulationen, in Zukunft jede politisch missliebige Person auf ähnliche Weise aus dem öffentlichen Leben entfernt werden kann.

Das Imperium schlägt zurück

Der heutige globale Überwachungsstaat ist natürlich nicht nur durch skrupellose Regierungen und durch das Kontrollbedürfnis der Behörden entstanden, sondern eine Folge der technischen Entwicklung. Dabei war wohl die Erfindung von Computer und Internet aus der Sicht der Mächtigen zunächst ein Unfall. Denn der dadurch ermöglichte weltweite Informationsfluss drohte das bestehende Herrschaftssystem zu erschüttern. Nach einer anfänglichen Phase der Anarchie ist seit Jahren eine Gegenentwicklung zu beobachten, die das Internet von einem Freiheits- zu einem Herrschaftsinstrument zurückverwandelt, das vielleicht wirksamer ist als jedes andere in der Geschichte. Es ist durchaus möglich, dass die Periode der Freiheit des Internets in absehbarer Zeit zu Ende geht.

Die technischen Mittel, das Internet zu kontrollieren, werden bereits seit geraumer Zeit geschaffen. Anfangs geschieht dies immer unter dem Vorwand der Verbrechensbekämpfung, wobei Delikte angeführt werden, bei denen sich jede Diskussion verbietet, wie Kinderpornografie, Terrorismus oder Drogenhandel. Sind die technischen Mittel erst mal eingerichtet, ist es relativ leicht, weitere Anwendungen durchzusetzen.

Ein in seiner Gefährlichkeit noch unterschätztes Instrument zur Unterdrückung von Inhalten im Internet ist das Urheberrecht. Während hier die Situation in den USA mit dem Rechtskonstrukt des *Fair Use* nicht so leicht zu kontrollieren ist, würde das deutsche Urheberrecht wohl das Löschen von Millionen von Sendungsausschnitten erlauben, die wertvolle Bildungsthemen oder historische Dokumentationen enthalten.

Uploadfilter werden allgemein dafür sorgen, dass beanstandete Inhalte nicht einmal mehr für kurze Zeit ins Netz gelangen. Praktisch wird Vielfalt der digitalen Publikation auch dadurch eingeschränkt, dass private Webseiten und Blogs gegenüber den Monopolisten wie Facebook und YouTube an Bedeutung verlieren. Eine unterschätzte Bedrohung der Meinungsfreiheit ist proprietäre Software. Viele Internetserver basieren derzeit auf dem Betriebssystem Linux, einem Open-Source-Projekt, das staatlich schlecht zu kontrollieren ist. Eine Firma wie Microsoft könnte dagegen im Prinzip verpflichtet werden, Blogs mit unerwünschten Inhalten keine Serversoftware mehr zur Verfügung zu stellen. Freie Software mit offenem Code könnte daher eines Tages für die Meinungsfreiheit entscheidend werden.[103] Auch die europäische Datenschutzverordnung DSGVO, die vor allem den »Kleinen« zu schaffen macht, war in diesem Fall sicher kontraproduktiv für die Meinungsvielfalt. Zusätzlich bestimmen die Suchergebnisse bei Google weitgehend die Reichweite von Webseiten.[104]

Offener Informationskrieg

Inhaltlich von der Zensur betroffen sind vor allem Medien, die aus dem transatlantischen Narrativ ausscheren. So ist der russische Nachrichtensender RT Repressalien ausgesetzt,[105] alternative Nachrichtenseiten, bei denen kritische Stimmen noch ausführlich zu Wort kommen, stehen weltweit unter Druck. Bei den Mainstreammedien erhalten diese, wenn überhaupt, nur wenig Redezeit, manchmal werden Interviews regelrecht abgewürgt, wenn sie eine unerfreuliche Wendung nehmen. Allen Ernstes fragte eine BBC Reporterin einen ehemaligen Geheimdienstmitarbeiter, der die Urheberschaft Assads an Giftanschlägen bezweifelte, ob man denn diese Wahrheiten so offen aussprechen sollte: Man befinde sich ja schließlich im Informationskrieg mit Russland.[106] Das Gesicht zu wahren, scheint wichtiger geworden zu sein als die Integrität.

Beunruhigender als diese durchsichtigen Aktionen sind die weltweiten Bestrebungen, Repressalien gegen alternative Medien zu schaffen. So veröffentlichte die *Washington Post* eine Liste mit sogenannten »unseriösen« Webseiten,[107] entsprechende Aktivitäten der EU-Kommission sind im Gange. Der Vorwurf lautet normalerweise, es werde »Desinformation« oder »Propaganda« verbreitet, wobei eine Definition tunlichst vermieden wird: Sie würde wahrscheinlich für die etablierten Medien zum Bumerang werden.

»In Zeiten universeller Täuschung wird das Aussprechen der Wahrheit ein revolutionärer Akt.« – *George Orwell zugeschrieben*

Auch Leserreaktionen gelten inzwischen als »propagandagesteuert«. So machten sich Redakteure von *Spiegel Online* im Juli 2014 nach den Protesten gegen das »Stoppt Putin«-Cover auf die Suche nach russischen IP-Adressen. Man kann das nur als Realitätsverlust bezeichnen. Die regelmäßigen Berichte von russischen »Trollfabriken,«[I] die angeblich die Kommentarspalten fluten, sind die Nebelkerzen eines Journalismus, der mit der Glaubwürdigkeit ein Problem hat. Was für ein Bild des mündigen Bürgers herrscht eigentlich vor, wenn man unterstellt, dass seine politische Einstellung maßgeblich von einzelnen Tweets oder einem Facebook-Posting beeinflusst wird? Falsche Informationen können ganz einfach durch eine glaubwürdige Gegendarstellung korrigiert werden. Nicht anders als totalitär ist es zu nennen, den Konflikt zwischen faktisch sich widersprechenden Nachrichten durch Verbote zu lösen.

Die Ansicht, man müsse etwas gegen »Fake News« oder auch »Hate Speech« in den sozialen Medien unternehmen, breitet sich

I Angeblich weit verbreitete »Social Bots« sind eine weitere Hypothese, die kürzlich von dem Computerexperten Michael Kreil zerpflückt wurde: https://media.ccc.de/v/34c3-9268-social_bots_fake_news_und_filterblasen

unaufhaltsam in den Medien aus. Es gibt wenig, was diese gruselige Entwicklung besser veranschaulicht als ein YouTube-Clip von 36 gleichgeschalteten Nachrichtensendern, deren Moderatoren den Satz »this is extremely dangerous to our democracy«[II] in die Kamera sprechen.[108] Obwohl eigentlich Realsatire, wird diese wirklich demokratiegefährdende Ansicht nun in die Tat umgesetzt. Es handelt sich um nichts anderes als die Vorbereitung von Zensur, wobei sich Deutschland mit seinem Netzwerkdurchsetzungsgesetz auch noch hervorgetan hat.

»Wenn etwas verboten werden müsste, dann ist es ein Katalogus verbotener Bücher.« – *Georg Christoph Lichtenberg*

Die langsamen Mühlen der Zensur

Neben den alternativen Medien werden aber auch immer mehr Einzelpersonen angegriffen, die am enger werdenden Korridor der gesellschaftlich akzeptierten Meinungen anecken. Dabei werden oft Kollektivbeleidigungen herbeigeredet und eine Empörungsspirale in Gang gesetzt. Zum Beispiel trennte sich die *Zeit* von ihrem Kolumnisten Thomas Fischer, weil er es gewagt hatte, gegen journalistische Vorverurteilungen im Fall Dieter Wedel Stellung zu beziehen.[109] Dem langjährigen Karikaturisten der *Süddeutschen Zeitung*, Dieter Hanitzsch, wurde gekündigt, weil man meinte, aus einer seiner Zeichnungen antisemitische Klischees herauszulesen.[110] Dem ehemaligen Berliner Finanzsenator und Autor Thilo Sarrazin schlägt fast überall Empörung entgegen, rationale Argumente hört man praktisch nie. Allein der Vorwurf der Nähe zu Sexismus, Rassismus, Antisemitismus oder Populismus genügt heute, um jemanden aus dem öffentlichen Diskurs zu entfernen. Man muss die betreffenden inhaltlichen Positionen nicht gut finden. Aber jeder

»Die Freiheit der Rede hat den Nachteil, dass immer wieder Dummes, Hässliches und Bösartiges gesagt wird. Wenn wir aber alles in allem nehmen, sind wir doch eher bereit, uns damit abzufinden, als sie abzuschaffen.« – *Winston Churchill*

II »Das ist extrem gefährlich für unsere Demokratie«

hat nun mal das Recht, sich zu äußern, solange er dabei nicht gegen Gesetze verstößt. Wenn es aber in einer Gesellschaft zur Praxis wird, Personen mit dem unbelegten Anwurf eines Tabubegriffes mundtot zu machen, ist man auf einem gefährlichen Weg.

Eine ganz offenkundige Einschränkung der Meinungsfreiheit ist das Schließen der Diskussionsforen in praktisch allen Leitmedien, nachdem die Berichterstattung über die Ukraine-Krise geradezu einen Aufstand der Leserschaft ausgelöst hatte. Damals begann, was der Publizist Paul Schreyer als »Krieg gegen die Leser«[111] bezeichnete. Die seitdem bestehenden Einschränkungen der Kommentarfunktionen betreffen besonders die außenpolitisch heiklen Themen, bei denen die Bevölkerung mehrheitlich andere Ansichten vertritt als die Regierung oder die NATO.[112] Es scheint, dass dort eine Kommentierung unerwünscht ist, um die Diskrepanz zwischen öffentlicher und veröffentlichter Meinung nicht zu sehr zutage treten zu lassen.[113]

»Ich mag verdammen, was du sagst, aber ich werde mein Leben dafür einsetzen, dass du es sagen darfst.« – *Evelyn Beatrice Hall*

Das Ganze wäre halb so schlimm, wenn es sich um einen Einzelfall handelte, den die Leser durch Abwanderung zu einem anderen Medium bestrafen könnten. Aber Foren ohne extensive Moderation finden sich fast nur noch bei alternativen Nachrichtenseiten wie *telepolis*. Eigentlich bedürfte es einer gesetzlichen Regelung, die diese Möglichkeit der freien Meinungsäußerung schützt. Daran besteht aber offenbar kein Interesse.

Meinung auf der Schmalspur

Ein plumper Angriff auf die Meinungsfreiheit ist die Behauptung, falsche Nachrichten (was auch immer das zu bedeuten hat) seien gefährlich. Die Idee einer »Wahrheitsprüfung« ist schon bizarr genug, aber kann man sie einer privaten Organisation anvertrauen? Die bei der Moderation von Facebook involvierte Amadeo-Antonio-Stiftung wurde von der ehemaligen Stasi-Mitarbeiterin Annetta Kahane gegründet; der Arbeitsschwerpunkt lautet heute: »Stärkung der Zivilgesellschaft«.

Aber auch YouTube schließt inzwischen Kanäle wegen nicht weiter begründeter »Verstöße gegen Richtlinien«.[114] Was man auch immer von diesen Kanälen hält, niemand ist gezwungen, sie anzusehen. Der Punkt, an dem eine persönliche Ablehnung der Inhalte zum Wunsch wird, sie mögen anderen nicht gezeigt werden, markiert den Übergang von einer aufgeklärten zu einer totalitären Geisteshaltung. Wo wahrhaft schutzwürdige Interessen in Gefahr sind, müssen Gesetze durchgesetzt werden. Aber das Aushebeln der Meinungsfreiheit aufgrund von Richtlinien eines Privatunternehmens darf nicht hingenommen werden.

»Das Grundrecht auf Meinungsfreiheit ist als unmittelbarster Ausdruck der menschlichen Persönlichkeit in der Gesellschaft eines der vornehmsten Menschenrechte überhaupt. Für eine freiheitlich-demokratische Staatsordnung ist es schlechthin konstituierend.« – *Bundesverfassungsgericht 1958*

In letzter Zeit wurde vorgeschlagen, dass Google Verlinkungen auf »unseriöse« Webseiten mit Warnhinweisen versieht und eine »objektive« Quelle als Alternative anbietet. Für diese Rolle wurde ausgerechnet Wikipedia auserkoren, was angesichts der umfassenden Manipulationen, die dort jüngst aufgedeckt wurden,[115] keine gute Idee scheint. Es gibt dort heute kaum mehr Artikel mit politischem Bezug, die nicht mit einem gewissen Spin geschrieben sind. Kritische Anmerkungen dazu werden selbst in den Diskussionsseiten zensiert und unberechtigte Benutzersperren verhängt. Dies klingt unglaublich, ist aber durch die Recherchen der Dokumentarfilmer Markus Fiedler und Dirk Pohlmann detailliert nachgewiesen.[116]

In dem Film *Die dunkle Seite der Wikipedia* und in der Serie *Geschichten aus Wikihausen* zeigen Fiedler und Pohlmann, dass ein Netzwerk von Administratoren und Sichtern Einträge zu politisch aktiven Personen und zeitgeschichtlichen Themen einfärbt und Gegenmeinungen rigoros zensiert. Entsprechendes gilt für andere Sprachen. In der englischen Wikipedia wurde zum Beispiel ein Benutzer Philip Cross entlarvt,[117] der über Jahre hinweg die Biografien missliebiger Politiker bearbeitet und dabei über 130 000 Einträge verfasst hatte – ohne einen einzigen Tag Pause. Wikipedia als die »Diktatur der Zeitreichen«[118] zu bezeichnen, ist sicher nicht übertrieben …

Auch der Onlinehandel-Monopolist Amazon schränkt in bestimmten Fällen den Verkauf von Druckwerken ein. Insgesamt ist der Buchmarkt jedoch noch kaum von Zensur betroffen. Niemand hätte aber eine juristische Handhabe, würde Amazon ein Buch ohne Begründung aus dem Handel nehmen. Die größte Besorgnis hinsichtlich der Internetgiganten Google (YouTube), Facebook, Amazon und Twitter ist nicht die derzeitige, noch relativ liberale Situation, sondern der rechtsfreie Raum, in dem diese Unternehmen agieren. Durch ihre Monopolstellung greifen sie in die grundgesetzlich geschützte Meinungsfreiheit massiv ein, ohne von der deutschen Gerichtsbarkeit belangt werden zu können. Agieren, ohne zur Verantwortung gezogen werden zu können, bedeutet totalitäre Macht.

Neben der »harten« Zensur durch Löschung und Sperrung bei Twitter, YouTube und Facebook gibt es subtilere, »weiche« Methoden. So wurde bekannt, dass manche Tweets niemand anderem mehr als dem Absender sichtbar gemacht werden, was als Schattenbann (*shadow ban*) bezeichnet wird. In Anbetracht des ursprünglichen Ziels jener Unternehmen, Menschen in Kontakt zu bringen, kann man dies nur als Verhöhnung bezeichnen.

Ebenso unklar ist es bei Facebook, welche Postings wem gezeigt werden. Diese sogenannte Timeline, ebenso wie jene bei Twitter und YouTube, bestimmt oft den weiteren Informationsstrom, den der Nutzer aufnimmt. Wie sie zustande kommt, ist eines der bestgehüteten Geheimnisse der Branche und im Übrigen ein breites Einfallstor für subtile Beeinflussung. Besonders bekannt wurde dies durch den Skandal um die Firma Cambridge Analytica, die illegal Daten von Facebook verwendet hatte.

Schöne neue Medienwelt

Der Medienwissenschaftler Stefan Schulz hat in seinem Buch *Redaktionsschluss: Die Zeit nach der Zeitung* ausführlich untersucht, wie diese personalisierten Timelines oder Newsfeeds in Zukunft die Rolle der Zeitungslektüre übernehmen werden. Der Einsatz von künstlicher Intelligenz, die in letzter Zeit dramatische Fortschritte gemacht hat, wird eine Rationalisierung ohne Rücksicht auf Verluste mit sich bringen. Es ist aber auch vorstellbar, dass damit Manipulationen so raffiniert durchgeführt werden, dass sie von den meisten noch nicht einmal bemerkt werden. Der Computercode solcher Systeme müsste also offengelegt werden. Nur dann wären personalisiert ausgewählte Nachrichten ein wirksames Instrument gegen Zensur.

Wenn wir also zur allgemeinen Frage des ersten Teils dieses Buches zurückkehren, wie wir Informationen aufnehmen, stellen wir fest, dass uns irrelevante Information überflutet, eine ungeeignete Auswahl stattfindet, diese Auswahl oft manipulativ ist oder Falsches enthält, eine bestimmte Sichtweise befördern soll und auch noch einige Zensurfilter passiert hat. Schließlich geschieht die Informationsaufnahme nicht mehr unbeobachtet, das heißt, zum Sehen kommt ein Gesehenwerden.

Es ist nicht undenkbar, dass die Weltöffentlichkeit in ein Stadium faktischer Zensur gerät, in dem die Meinungsäußerung zwar nicht sanktioniert ist, aber durch unmerkliches digitales Abschalten nur mehr die Illusion der eigenen Stimme in der Öffentlichkeit existiert. Die Freiheit der Meinungsäußerung bliebe formal erhalten, allerdings ohne das Recht, gehört zu werden. Mit zunehmender Digitalisierung der menschlichen Kommunikation gäbe es damit aber praktisch keine Meinungsfreiheit mehr. Es könnte sein, dass wir in Zukunft nur mehr aus einem derart gefilterten Informationsangebot auswählen dürfen.

Vielleicht erzeugt die Möglichkeit der totalen Überwachung aber auch einen Wunsch nach totaler Kontrolle. Ob und wie die Meinungsäußerung des Einzelnen sanktioniert werden wird, hängt wohl von der Angst der Mächtigen um den Bestand des Systems ab. So unterdrückt beispielsweise Spanien die freie Meinungsäußerung in den sozialen Medien bereits mit drakonischen Strafen, und es ist höchst fraglich, ob die langsamen Mühlen des europäischen Gerichtshofs für Menschenrechte dem sich widersetzen können. Auch in Frankreich wurde ein Gesetz erlassen, welches das Verbreiten von »Fake News« in Wahlkampfzeiten unter Strafe stellt.[III] Die Einschläge kommen näher.

III Man vergegenwärtige sich, dass zu Kriegszeiten es nie objektive Berichterstattung gibt – der Feind verbreitet grundsätzlich »Fake News«. Daher

Gedanken an der Kette statt Kette von Gedanken

Eine besonders ausufernde Kriminalisierung ist es, schon den Besuch bestimmter Internetseiten unter Strafe zu stellen, was auch immer diese enthalten mögen. Die Vorstellung, dass ein Bürger durch die dort aufgenommenen politischen Botschaften so verdorben werden könne, dass dem durch Strafandrohung vorzubeugen ist, hat etwas Absonderliches. Schon heute werden Computer mit Sprache gesteuert, früher oder später wird dies mit Blicken oder auch nur mit Gedanken erfolgen, wenn zum Beispiel die Vision der Brain-Computer-Interfaces Realität wird, an denen die Firma *NeuraLink* von Elon Musk arbeitet. Mit einem derartigen Werkzeug, das schon heute in technischer Reichweite ist, könnte man durch reine Gedankentätigkeit im Internet surfen. Steuert man eine falsche Seite an, wäre George Orwells Begriff des Gedankenverbrechens wortwörtlich Realität geworden.

Einige Autoren haben eine möglicherweise bevorstehende Dystopie mit totaler Überwachung durch Kameras, Smartphones, Mikrofone, Reise- und Zahlungsdaten und so weiter treffend beschrieben, wie zum Beispiel Markus Kompa in *Das Netzwerk* oder Marc Elsberg in *Zero*. Dass die heute sichtbare Entwicklung zu einem weltweiten totalitären Regime führt, ist zwar angesichts der Unwägbarkeiten nicht unbedingt wahrscheinlich, jedoch nicht ausgeschlossen. Viele hätten davor so große Angst, dass sie in so einer Welt überhaupt nicht mehr leben wollten.

> »Gebt mir sechs Zeilen von der Hand des ehrlichsten Mannes, so werde ich etwas finden, um ihn an den Galgen zu bringen.«
> Kardinal Richelieu, 1641

Dennoch ist heute diese Situation noch fern, und die Befürchtung, sie könne eintreten, raubt viel von der nötigen Kraft, gegen diese Dystopie zu kämpfen. Gut ist es sicher, vom Recht der freien Meinungsäußerung möglichst viel Gebrauch zu machen. Selbst wenn ihre Einschränkungen noch zunehmen, ist es keineswegs sicher, dass abweichende Meinungen mit Strafen sanktioniert werden, so wie dies in totalitären Regimen der Fall war.

---

war das Hören von »Feindsendern« in Deutschland ab 1939 streng verboten.

Wegen der langfristigen Bedeutung muss man die Frage der Meinungsfreiheit in der Wissenschaft aufwerfen. Dort sind faktische Einschränkungen schon lange Praxis, aber auf sehr »weiche« Weise geregelt. Ist man von Forschungsmitteln abhängig, wirkt diese dennoch sehr effizient. Natürlich kann jeder seine neue Theorie des Universums im Internet veröffentlichen (es wäre interessant, ob dies auch eines Tages als »Fake News« gelten wird), eine Überprüfung anhand der Daten ist jedoch aufwendig und vom Einzelnen nicht zu leisten.

Garantierte Seriosität

»Zensur« in der Wissenschaft wird durch stillschweigende Übereinkunft erzielt, nur bestimmte »seriöse« Zeitschriften wahrzunehmen. Vor der Veröffentlichung werden deren Artikel in einem *peer review*-Verfahren geprüft, das bedeutet, von Experten des jeweiligen Fachgebietes begutachtet. Viele Kritiker haben die Unzulänglichkeiten dieses Systems dargestellt. Insbesondere ist es äußerst schwer, Ideen zu publizieren, welche die Traditionen des jeweiligen Fachgebietes infrage stellen. Interessanterweise hat sich *Peer Review* etwa zu jener Zeit entwickelt, seit der, wie im vorigen Kapitel besprochen, die Grundlagenwissenschaft in eine Krise geriet. Tatsächlich gab es zu Anfang des vorigen Jahrhunderts wesentlich mehr Freiheit bei der Publikation, was zum Beispiel 1905 einem unbekannten Patentangestellten namens Albert Einstein die Veröffentlichung eines Artikels »Zur Elektrodynamik bewegter Körper«[IV] ermöglichte.

»Die Freiheit, die erstgeborene Schwester der Wissenschaft.« – *Thomas Jefferson*

»Peer Review steht für den Übergang von Wissenschaft zu Bürokratie. Es ersetzt das Testen von Wissen durch Meinungen über Wissen.« – *Bruce G. Charlton*

Auch in der Wissenschaft hat das Internet Freiheiten gegeben

IV Dieser enthielt die wesentlichen Elemente der speziellen Relativitätstheorie.

und wieder genommen. Die über Jahre bestehenden liberalen Publikationsrichtlinien des E-Print-Servers arxiv.org, der über ein faktisches Monopol bei der Vorabpublikation verfügt, ist schon länger einer rigiden Moderation gewichen. Selbst ehemalige Nobelpreisträger stehen dort auf einer schwarzen Liste und dürfen nicht mehr publizieren.[119]

Ob diese unerfreulichen Entwicklungen in Gesellschaft und Wissenschaft direkt miteinander zu tun haben, ist fraglich. Ermutigen kann uns das Beispiel der Wissenschaft aber allemal. Ketzerische Meinungen über die Ordnung im Sonnensystem führten vor fünfhundert Jahren noch auf den Scheiterhaufen, schlimmer als in jedem totalitären System. Trotzdem ließ sich der Gebrauch des Verstandes früher oder später nicht aufhalten.

Teil 2: Denken

»Man kann die Menschen zur Vernunft bringen,
indem man sie dazu verleitet, dass sie selbst denken.«
– Voltaire

Bewusst unbewusst – Über die Kunst, sich nicht selbst zu täuschen

Im ersten Teil des Buches hatten wir uns mit dem beschäftigt, was unser Gehirn aufnimmt. Aus der riesigen Informationsmenge den relevanten und unverfälschten Teil zu erkennen, war schon schwierig, Sprachmanipulation, Propaganda und Filterung entwertete sie zusätzlich. Kann der Verstand nun, in Kenntnis dieser Defizite, mit der aufgenommenen Information wenigstens vernünftig arbeiten? Kann er mit wohlüberlegten Rückschlüssen einen Teil der Objektivität wiederherstellen? Dies mag vielen selbstverständlich erscheinen. Wenn die Verzerrungen von außen erst einmal erkannt sind, kann unsere Analyse einsetzen, die Ausfluss von Logik und rationalem Denken ist. Kurz, wir glauben, dass wir eins und eins zusammenzählen können.

Leider ist dem nicht so. Auch unser eigener Denkapparat erzeugt Auslassungen, Verfälschungen, Verdrehungen und besitzt manche Tabus, die als interner Zensurapparat unerwünschte Gedanken effektiver unterdrücken als jeder totalitäre Staat. Dies ist weder Dummheit noch Charakterschwäche, sondern größtenteils evolutionäres Erbe, welches uns trotz einiger Erfolge des Verstandes noch keineswegs zu rationalen Wesen erhoben hat. Streben wir rationale Entscheidungen in Politik, Wissenschaft und Gesellschaft an, dann müssen wir uns die Funktionsweise des Gehirns bewusst machen, bevor wir mit der eigentlichen Analyse der Information beginnen. Dabei ist eine Unterscheidung besonders wichtig, die der Nobelpreisträger Daniel Kahnemann in seinem Bestseller *Schnelles Denken, langsames Denken* eingeführt hat.

Die zwei Ichs

Daniel Kahneman nennt die schnell-intuitive Denkweise System 1, während System 2 für Berechnungen und rationale Analyse zuständig ist, jedoch wesentlich schwerfälliger arbeitet. System 1 vollbringt erstaunliche Leistungen. Beispielsweise können Sie innerhalb eines Bruchteils einer Sekunde in einem Gesicht die Stimmung der Person erkennen: ob sie gerade verärgert, geängstigt oder glücklich ist. Umgekehrt müssen Sie das langsame Denksystem 2 anwerfen, wenn Sie etwa eine Rechenaufgabe wie 17 × 24 lösen sollen.[I] System 2 ist auch mit der Kontrolle der schnellen und intuitiven Entscheidungen von System 1 betraut. Automatisiertes Gehen, Radfahren oder Autofahren etwa wird weitgehend vom System 1 übernommen, während System 2 dabei die Kontrolle der Aufmerksamkeit, zum Beispiel bei Gefahren im Verkehr, übernehmen muss.

Versuchen Sie zur Illustration folgende Aufgabe[1] zügig durch Kopfrechnen zu lösen: Ein Tischtennisball und Schläger kosten zusammen 5,50 Euro, der Schläger kostet fünf Euro mehr als der Ball. Was kostet der Ball? Wenn sie schnell und intuitiv denken, wird Ihnen wahrscheinlich die Antwort 50 Cent in den Sinn kommen. Sie ist falsch, richtigerweise kostet der Ball nur 25 Cent, der Schläger 5,25 Euro. Bei einer falschen Antwort können Sie sich allerdings trösten, dass bis zu 80 Prozent von Universitätsabsolventen ebenfalls in diese Falle tappen. In diesem Beispiel lässt sich das System 2 leicht durch einen Hinweis aktivieren, aber nicht immer nehmen wir uns dafür Zeit. Gerade in der Politik fällen wir Urteile über wesentlich komplexere Probleme mit dem System 1, ohne diese auch nur annähernd mit dem System 2 durchdacht zu haben, was natürlich oft gar nicht möglich ist.

»Denken ist schwer, darum urteilen die meisten.« – *Carl Gustav Jung*

I Es ist höchst bemerkenswert, dass sogenannte Deep-Learning-Algorithmen inzwischen auch komplexe Aufgaben lösen können, die bisher dem System 1 vorbehalten waren.

Unbewusste Entscheidungen

Einen noch überraschenderen Denkfehler nennt man Anker.[2] Einer Gruppe von Versuchspersonen wurde vermeintlich zufällig die Zahl 10 präsentiert, einer anderen die Zahl 65, einfach so, ohne dass sich ein Bezug zum Folgenden vermuten ließ. Kurz darauf wurden die Personen gefragt, welcher Prozentsatz aller Staaten auf dem afrikanischen Kontinent liege. Obwohl die Frage überhaupt nichts mit der vorher eingeblendeten Zahl zu tun hatte, schwankte die Antwort in der ersten Gruppe um den Mittelwert 25 Prozent, in der zweiten um 45 Prozent. Dieser höchst erstaunliche Effekt wurde in verschiedenen Versionen wiederholt getestet und stellt eine geradezu beängstigende Fehlleistung dar, die das Vertrauen in unsere kognitiven Fähigkeiten erschüttert. Offenbar kann sie ihr Unwesen gerade dann treiben, wenn wir gezwungen sind, Einschätzungen unter Unsicherheit zu geben. Wenn aber sogar völlig irrelevante Information unser Urteil beeinflussen kann, dann sind wir umso mehr in Gefahr, falsch zu liegen, wenn einer Nachricht vermeintlich irrelevante Kontextinformation bewusst beigemischt wird.

»Alles Sehen ist perspektivisch.« – *Friedrich Nietzsche*

Die Möglichkeiten der Medien, auf diese Weise auf das Unbewusste zuzugreifen, sind nahezu unbegrenzt. Dies beweist ein Experiment, bei dem Versuchspersonen ein Film gezeigt wurde, der Einzelbilder von Sandwiches enthielt, die man nicht bewusst wahrnehmen konnte. Eine nachfolgende Befragung ergab aber, dass die Zuschauer signifikant mehr Appetit auf Sandwiches hatten. Diesen Effekt für Werbung auszunützen, ist verboten, aber der Versuch beleuchtet doch, wie verwundbar unser Unbewusstes gegenüber verdeckter Einflussnahme ist.[II] Man muss sich also immer fragen:

II Ein zu breites Thema für diesen Rahmen wäre, auf die Wirkungen von Werbung einzugehen, die natürlich ein Paradebeispiel für die Manipulation des Willens darstellt. Immerhin ist herkömmliche Werbung nicht verdeckt, niemand ist also gezwungen, sich ihr auszusetzen. Eine größere Aufgabe für den Verstand bleibt es daher, sich der verborgenen Manipulationen zu erwehren, die in der Politik in gleichem Maße eingesetzt werden.

Inwieweit reflektiert meine Haltung noch mein eigenes Denken oder bin ich bereits manipuliert?

Mit massenweise gesammelten Daten sind solche Manipulationen auf noch subtilere Weise möglich. Wie sehr künstliche Intelligenz unser Verhalten bereits vorherzusagen imstande ist,[3] ist der Öffentlichkeit noch unzureichend bekannt. Kennt man aus persönlichen Daten die Gewohnheiten eines Menschen ganz genau, ist es möglich, ihn durch unscheinbare Eingriffe zu einem Verhalten zu bringen, das man nur in Kenntnis dieser Gewohnheiten voraussagen kann. Eine Verantwortlichkeit im herkömmlichen Sinne lässt sich aber problemlos bestreiten.[4] Gerade deshalb sind die Datensammlungen, die wir Facebook, Google und Amazon überlassen, so gefährlich – die Algorithmen kennen uns teilweise schon besser als wir selbst. Je genauer das Abbild unserer geäußerten Gedanken ist, desto mehr werden wir zu steuerbaren Wesen.

Warum Propaganda wirkt

Aber auch die klassischen Instrumente der Propaganda erweisen sich immer noch als hochwirksam. Während des Zweiten Weltkrieges wurde dazu unter amerikanischen Soldaten ein interessantes Experiment durchgeführt.[5] Zunächst schien es so, dass Propaganda als solche erkannt wurde und entsprechend wirkungslos war. Offenbar konnten die Empfänger aufgrund der mangelnden Seriosität der Quelle die Information richtig einordnen. Zur großen Überraschung der Auswerter setzte sich jedoch in der Erinnerung der Empfänger nach einigen Monaten die Sichtweise der Propaganda durch. Die dem Verstand zugängliche, aber abstrakte Information über die Seriosität der Quelle verblasste langsam, während die anschauliche Manipulation im Gedächtnis hängen blieb. Diese Erkenntnisse der Kognitionspsychologie müssen ein Alarmsignal für jeden

»Eine zuverlässige Methode, Menschen dazu zu bringen, falsche Aussagen zu glauben, ist häufiges Wiederholen, weil Vertrautheit sich nicht leicht von Wahrheit unterscheiden lässt.« – *Daniel Kahneman*

sein, der sich heute denjenigen Medien aussetzt, die propagandistische Tendenzen haben. Selbst in Kenntnis des Hintergrundes kann sich unser Weltbild auf diese Weise verzerren, ohne dass wir uns dagegen wehren können.

Mit Blick auf dieses Resultat wird auch verständlich, dass es für jemand sogar nützlich sein kann, offensichtliche Lügen zu verbreiten – tatsächlich wird eine einmal in Umlauf gebrachte Lüge durch kein wie auch immer geartetes Dementi in unserem Gehirn völlig neutralisiert. Der falsche Inhalt lebt im Gedächtnis weiter, egal, wie sich der Verstand bemüht hat, die Widerlegung zur Kenntnis zu nehmen. Leicht lässt sich daraus eine Strategie entwickeln, mit relativierenden Zwischenbemerkungen eine Aussage in die Welt zu setzen, ohne dass einem vorgehalten werden kann, bewusst die Unwahrheit zu verbreiten. Formulierungen wie »unbestätigte Berichte«, »vorläufige Erkenntnisse«, »erste Meldungen« sowie jedweder Konjunktiv in der Berichterstattung sind daher mit Vorsicht zu genießen.

»Wir verfahren nach der bewährten Doppelstrategie: Die Behauptung kommt in die erste Zeile, der Journalismus in den letzten Satz.« – *Max Uthoff in Die Anstalt (26.09.14)*

Die Manipulierbarkeit des Gehirns geht leider sogar so weit, dass wir über die Erinnerung selbst irren können. Man kann falsche Bilder regelrecht ins Gedächtnis einpflanzen, wie die amerikanische Psychologin Elizabeth Loftus nachwies.[6] Bei einer weiteren leicht auszunutzenden kognitiven Täuschung, der Verfügbarkeitsillusion,[7] wird die Häufigkeit von Ereignissen nicht nach dem tatsächlichen Vorkommen beurteilt, sondern danach, wie leicht sie aus dem Gedächtnis abrufbar sind. Wir sterben eher an einem Blitzschlag als an einem Terroranschlag, aber jeder Nachrichtenkonsument wird dies zumindest intuitiv anders einschätzen. Der Gedanke an den Schadensfall ist es, der uns eine Versicherung abschließen lässt, obwohl die Prämie oft in keinem Verhältnis zum Risiko steht. Wir tun uns schwer, trockenen Statistiken zu folgen, und machen uns umgekehrt das Denken gerne leicht. Auch hier sind die Einflussmöglichkeiten der Medien offensichtlich. Jede Berichterstattung generiert Präsenz im Gedächtnis, die nur dann nicht zu

Verzerrungen führt, wenn sich die Auswählenden aktiv um Ausgewogenheit bemühen. Davon kann man nicht immer ausgehen. Aber auch unsere individuellen Erfahrungen führen gewöhnlich zu Fehleinschätzungen, wenn wir anhand von erlebten Beispielen argumentieren.

Statistische Fallstricke

Das korrekte statistische Denken ist dem menschlichen Gehirn zunächst fremd.[III] Wenn wir hören: »Thomas ist sensibel, verträumt und liest in seiner Freizeit gerne«, so sind wir geneigt, als Beruf Bibliothekar für wahrscheinlicher zu halten als Lastwagenfahrer. Dies ist deswegen falsch, weil es zigmal so viele Lastwagenfahrer wie Bibliothekare gibt. Daher findet man im Ergebnis mehr Lastwagenfahrer mit dem obigen Charakter, auch wenn dieser relativ seltener auftreten mag als bei Bibliothekaren. Dieses Ausblenden der Berufshäufigkeiten beziehungsweise des breiteren Kontextes, der sogenannte Prävalenzfehler,[8] lädt natürlich ebenfalls zur Manipulation ein. Immer dann, wenn eine Botschaft durch Einzelschicksale untermauert wird, ist diese Verzerrung vorprogrammiert. Das bedeutet nicht immer schlechte Absicht, der Verstand muss sich jedoch anstrengen, die Nachricht geradezurücken.

Das Dilemma liegt darin, dass der Mensch die Fähigkeiten des rationalen Systems 2 entwickelt hat, um Informationen ordentlich zu analysieren, aber davon heute viel zu viel konsumiert, als dass dies noch möglich wäre. Während die Analyse mühsam ist, verschaffen uns intuitive Einschätzungen ein schnelles Erfolgserlebnis. Je mehr man unter Zeitdruck steht, desto mehr ist man versucht, das schnelle System 1 zu aktivieren. Sicher spielt dies auch in der journalistischen Arbeit eine Rolle, wenn Nachrichten überprüft werden

III Der inzwischen verstorbene Hans Rosling, ein schwedischer Statistikprofessor am Karolinska-Institut, hat außerordentlich klare Veranschaulichungen von Daten erstellt, die diesem Mangel des Gehirns Abhilfe verschaffen.

sollen: Die rationale Analyse mit dem System 2 ist aufwendig, während die Einordnung in das Narrativ mit dem System 1 sehr schnell ein konsistentes Weltbild vermittelt.

Dennoch ist es in vielen Lebensbereichen notwendig, der Intuition zu folgen, und häufig fährt man damit sogar besser.[IV] Oft treffen wir sogar intuitiv schnelle Entscheidungen (System 1), suchen dann aber retrospektiv nach Gründen, die diese Entscheidung rechtfertigen (mit dem System 2). Erzählt wird dann die Geschichte meistens so, als hätten wir die Entscheidung aufgrund der rationalen Erwägungen des Systems 2 getroffen.

»Ein Urteil lässt sich widerlegen, aber niemals ein Vorurteil.« – *Marie von Ebner-Eschenbach*

Naheliegend, aber knapp daneben

So wie wir für uns persönlich nach Gründen in unserem Innenleben suchen, so tun wir dies für das Geschehen in der äußeren Welt. Wie der ehemalige Börsenhändler und Bestsellerautor Nassim Taleb bemerkt,[9] finden zum Beispiel Analysten immer einen Grund, um Kursausschläge zu erklären, egal in welche Richtung diese erfolgt waren. Fakt ist aber, dass viele Ereignisse unvorhersehbar und zufällig sind und die nachträgliche kausale Rechtfertigung eine Illusion darstellt. Journalisten, die ansprechende, sinnvolle Berichte schreiben wollen, sind besonders gefährdet, Zusammenhänge zu erfinden, die intuitiv klingen, aber noch durch keine Analyse gerechtfertigt sind. Wenn man liest: »Googles Erfolg gründet sich darauf, den Mitarbeitern maximalen Freiraum für Kreativität zu lassen«, ist das vielleicht richtig. Jedoch werden viele Unternehmen nach solchen Prinzipien geführt und sind weit weni-

»Der Historiker ist nicht immer ein rückwärts gekehrter Prophet, aber der Journalist ist immer einer, der nachher alles vorher gewusst hat.« – *Karl Kraus*

IV Einfache Entscheidungsheuristiken können sehr erfolgreich sein, wie Gerd Gigerenzer in seinem Buch *Bauchentscheidungen* darstellt.

ger erfolgreich. Der kausale Zusammenhang ist alles andere als erwiesen. Bis heute verwechseln viele Menschen Koinzidenz mit Kausalität, auch weil für die Beurteilung der Ersteren wieder Statistik nötig ist.

Idealerweise ergänzen sich die Denksysteme 1 und 2, wie es zum Beispiel bei der Entdeckung des Gravitationsgesetzes der Fall war. Isaac Newtons geniale, aber vollkommen intuitive Idee war, dass irdische und himmlische Gravitation den gleichen Ursprung haben könnten. Aber erst die zehn Jahre dauernde Tätigkeit seines Systems 2 arbeitete mathematisch korrekt heraus, wie die Gravitationskraft vom Abstand der Himmelskörper abhing. Umgekehrt erweisen sich auch viele intuitive Ideen als unzutreffend – jeder, der einen zunächst begeisternden kreativen Gedanken nach Prüfung verwerfen musste, kennt diese Erfahrung.

Die Mutter aller Filterblasen

Die Selektion bestimmter Ereignisse zur Bestätigung der bestehenden Ansichten nennt man Bestätigungsillusion,[10] und auch hier liefert die Berichterstattung täglich viele Beispiele. Dabei ist die Information selbst nicht falsch, die Verzerrung entsteht lediglich durch die Auswahl der entsprechenden Meldungen, die besser oder schlechter zum Weltbild passen. Unübersehbar werden von den westlichen Medien viele negative Nachrichten über Russland verbreitet, umgekehrt findet man Unvorteilhaftes über die USA bei *Russia Today* in gewisser Breite dargestellt.

Es mag hier manchmal naheliegen, eine Absicht zu vermuten, die Diskussionen darüber hatten wir schon im Kapitel vier angesprochen. Man muss sich aber bewusst machen, dass solche Verzerrungen keineswegs nur von außen kommen. Auch unser eigenes Gehirn arbeitet nicht objektiv, sondern bevorzugt Nachrichten, die mit dem eigenen Weltbild kompatibel sind, und nimmt nur ungern zur Kenntnis, was

»Die Menschen kommen fast nie auf der Grundlage von Beweisen zu ihren Überzeugungen, sondern auf der Grundlage dessen, was sie attraktiv finden.« – *Blaise Pascal*

an demselben kratzen könnte. Rolf Dobelli nennt[11] die Bestätigungsillusion daher die »Mutter aller Missverständnisse«.

Ihr Auftreten hat nicht notwendig mit Unredlichkeit zu tun. Denn das Phänomen ist auch in der Wissenschaft weit verbreitet, obwohl man unvoreingenommene Wahrheitssuche bei den meisten Forschern zu Recht unterstellt. Der Wissenschaftssoziologe Andrew Pickering hat jedoch an vielen Beispielen nachgewiesen,[12] dass Forscher unbewusst jene Ergebnisse unterdrücken, die ihrer Modellvorstellung widersprechen, während sie dazu tendieren, Resultate überzubewerten, die das Modell stützen. Über lange Jahre praktiziert, kann dieser Prozess zu ziemlich absurden Theorien führen. Paradebeispiel ist das bis in die Neuzeit verbreitete Epizyklenmodell der Astronomie,[V] welches die Erde als Zentrum der Welt ansah. Allerdings waren Menschen wie Kopernikus nötig, um diese Denkblockade aufzulösen.

»Wenn wir unkritisch sind, finden wir immer, was wir wollen.« – *Karl Popper*

Wenn aber integre Wissenschaftler derart in die Irre gehen – und die Geschichte kennt hier viele Beispiele –, dann überrascht es nicht mehr zu sehr, wenn man heute auch mit politischen Narrativen konfrontiert wird, die bei näherer Betrachtung absurd sind. Das Erkennen setzt allerdings die Bereitschaft zu einem Perspektivwechsel voraus. Mindestens so entwickelt wie unser Verstand ist unsere Neigung, diesem zu schmeicheln, indem wir seine bestehende Sicht festigen. Der Konsistenz des Weltbildes zuliebe driften wir aber dabei oft ins Irrationale ab. Leider sind bestimmte Mechanismen so tief in der Struktur unseres Gehirns verankert, dass wir uns dessen kaum erwehren können.

V Vergleichbare Komplizierungen einiger aktueller Modelle müssen daher zu denken geben.

Das Bild als Schein der Wirklichkeit[VI]

Eine besondere Form der Bestätigungsillusion sind optische Täuschungen, bei denen man das Gegenteil von dem erwartet, als dann bestätigt wird. Manche Illusionen[13] sind so hartnäckig, dass man sich zum Beispiel von der Gleichheit von Längen in einer Abbildung nur durch Anlegen eines Lineals überzeugt, aber der intuitive Teil des Gehirns sofort wieder das Gegenteil behauptet, sobald man dieses entfernt. Manche Fehleinschätzungen rühren daher, dass wir an die dreidimensionale Realität angepasst sind und Längen in unterschiedlichem Sehabstand entsprechend korrigieren, während das tatsächliche Bild zweidimensional ist. Optische Täuschungen hängen auch damit zusammen, dass das Gehirn auf Kontrastwahrnehmung spezialisiert ist, sich aber bei absoluten Farben, Helligkeiten und Längen oft irrt. Diese Eigenschaft ist bei der Wahrnehmung von Bildern besonders präsent, durchzieht unser gesamtes Denken. Auch bei abstrakten Themen sind wir sehr sensibel für Kontraste, während die Würdigung des Gesamtbildes leicht verloren geht.

»Nichts ist so schwer, als sich nicht zu betrügen.« – *Ludwig Wittgenstein*

Bildliche Information, die wir im Laufe der Evolution bevorzugten, führte zur Entwicklung der menschlichen Intelligenz. Gleichsam als deren Spätfolge nehmen wir heute durch Fernsehen und Internet bewegte Bilder aus der ganzen Welt in Echtzeit in unser Gehirn auf. Was dies für langfristige Rückwirkungen auf unser Gedächtnis haben wird, ist noch ungeklärt. Allein schon wegen ihrer überwältigenden Wirkung auf das Gehirn ist jedoch bildliche Information mit einer gewissen Vorsicht zu genießen. Dies gilt umso mehr in einer Zeit, in der sowohl raffinierte Inszenierungen als auch technische Bildmanipulationen möglich sind. Darauf unvorbereitet zu treffen, sollte man tunlichst vermeiden und grundsätzlich daran denken, ob ein Bild authentisch ist.

VI Dies ist der Titel einer systematischen Abhandlung über optische Täuschungen, die mein Doktorvater als Co-Autor herausgegeben hatte. Ich hätte nie gedacht, dass er einmal eine so passende Beschreibung abgeben würde für das, was die Massenmedien über die Welt berichten.

Das Bildgedächtnis nimmt eine überragende Rolle in der menschlichen Kognition ein. Leider hat dies auch die Kehrseite, das Weltgeschehen nach Bildern zu beurteilen, woraus sich schwerwiegende Verzerrungen ergeben können. Der authentische Eindruck und die hohe Informationsdichte eines Bildes führt leicht zu einem schnellen Urteil des intuitiven Systems 1. In Kombination mit emotionaler Aufladung – man denke an im Krieg verletzte Kinder[VII] – sind Bilder wie kein anderes Mittel geeignet, ein Weltbild zu formen. In Kenntnis der Mechanismen, mit denen unser Gehirn Reize verarbeitet, müssen wir hier besonders aufmerksam sein, ob das Bild die Wirklichkeit zeigt oder nur einen Schein davon. Das System 2, zuständig für die rationale, wenn auch mühevolle Überprüfung von Information, ist hier besonders gefordert. Der Verstand, der mit der Bildverarbeitung eigentlich schon genug zu tun hat, muss sich zusätzlich in Selbstreflexion üben, die uns vor zu dreisten Beeinflussungen schützt. Gerade wenn Emotionen hervorgerufen werden, ist es stets sinnvoll nachzudenken, ob vielleicht gerade dies beabsichtigt war.

Die Illusion rationalen Handelns

Bevor man sich zu sicher fühlt, dass man bei der Verarbeitung von Informationen den Verstand in objektiver Weise einsetzt, sollte man noch eine ernüchternde Selbsttäuschung kennen, der man sich oft ohne den geringsten Zweifel hingibt: die Illusion der Logik und Rationalität unserer Handlungen. Daniel Kahnemann hat den zahlreichen Experimenten irrationales Verhalten nachgewiesen, etwa bei der Einschätzung von Wahrscheinlichkeiten.[14] Sowohl Nassim Taleb als auch Rolf Dobelli haben beschrieben, wie dies in Politik und Wirtschaft zu gravierenden Fehlentscheidungen führen

VII Eines der Dinge, die die Tätigkeit der sog. Weißhelme besonders suspekt machen, ist, dass fast ausschließlich Kinder bei den Rettungsaktionen zu sehen sind – in einem Fall war sogar das gleiche Kind in drei verschiedenen Szenen zu sehen.

kann. Bevor man zu heftig die dort Handelnden kritisiert, tut man gut daran, die im eigenen Denken vorhandenen Irrationalitäten aufzuspüren. Die Illusion der Rationalität ist wiederum nur eine Spielart zahlreicher Selbstüberschätzungen, die ebenfalls durch Studien nachgewiesen sind. Besonders originell dabei ist ein Art Metastudie über Entscheidungsverhalten.

Stellen Sie sich vor, Sie sollen die Tageseinnahmen eines Supermarktes schätzen, sodass Sie zumindest mit 80-prozentiger Sicherheit sagen können, richtig zu liegen. Sie können als Antwort ein beliebig großes Intervall angeben, etwa von 1000 Euro bis 50000 Euro. Obwohl diese Spanne beliebig gewählt werden konnte, gaben die meisten Menschen ein zu kleines Intervall an. Sie schätzten also nicht nur die Einnahmen falsch ein, sondern auch die eigene Fähigkeit, diese zu ermessen. Man kann diese Ergebnisse getrost so verallgemeinern, dass wir uns viel zu oft einbilden, Dinge zutreffend zu bewerten. Denn die Welt ist noch wesentlich komplizierter als ein Supermarkt. Bei aller Kritik am Verhalten einer globalen Machtelite, die verantwortungslos mit dem Planeten umgeht, muss man wohl auch die Überforderung anerkennen, in einer entsprechenden Rolle richtig zu handeln. Wahrscheinlich übersteigt es die Fähigkeiten von Individuen, global relevante Entscheidungen vorausschauend zu treffen. Ebenso überschätzen wir wahrscheinlich die Möglichkeiten von Individuen in verantwortlichen Positionen, weitreichende Veränderungen herbeiführen zu können.

Erkennen heißt nicht Entwarnung

Die vielen Mechanismen, die zur Täuschung unserer kognitiven Fähigkeiten beitragen, müssen uns höchst misstrauisch machen gegenüber dem eigenen Weltbild. Dieses regiert im Bewusstsein, welches aber nur eine dünne Oberfläche auf einem Ozean unbewusster Gedächtnisinhalte darstellt, deren Tiefe wir nicht annähernd ermessen können. Wir nehmen Informationen auf, die auf vielfältige Weise fehlerhaft sein können. Nicht nur diese formen unsere Ansichten, sondern auch unsere Vorgeschichte, Persönlichkeit, Interessen und Ängste. Wenn man ehrlich ist, kann man schlecht leugnen, dass die persönliche Lebenssituation einen wesentlichen Einfluss hat auf unsere Wertvorstellungen – und obwohl sie nur vermeintlich objektiv sind, verteidigen wir sie mit Vehemenz.

Nicht zuletzt legt man großen Wert darauf, in seinem Bild konsistent zu bleiben, nicht brechen zu müssen mit dem, was wir uns mit Mühe als vermeintlich gesichertes Wissen erschlossen haben. Wir fürchten geradezu, widersprechenden Ansichten in unserem Bewusstsein Raum zu geben, weil wir dies als Bruch mit der Selbstidentifikation empfinden. Nach den Ergebnissen der kognitiven Psychologie ist aber sogar die Vorstellung einer über Jahre hinweg konstanten Persönlichkeit eine Illusion.[15]

»Die gewöhnlichste Lüge ist die, mit der man sich selbst belügt; das Belügen andrer ist relativ der Ausnahmefall.« – *Friedrich Nietzsche*

Konsequenz dieser Überlegungen kann nur sein, eigenen Überzeugungen skeptisch, ja misstrauisch zu begegnen, bereit zu sein, bestehende Weltbilder permanent zu hinterfragen, sich mit angemessener Bescheidenheit seiner begrenzten Auffassungsgabe bewusst zu sein und die Hindernisse zu kennen, die unser evolutionäres Erbe der Vernunft in den Weg legt. Der Verstand hat einiges zu tun, sich davon zu befreien.

Eigensinn gegen Massenunsinn – Wie man dem Gruppendenken entgeht

Neben den im vorigen Kapitel besprochenen kognitiven Illusionen, die unserem Inneren das Urteil schwer machen, wird der Verstand auch durch äußere Einflüsse erheblich behindert, seine Schlussfolgerungen nach Logik und Objektivität zu ziehen. Dies wird offensichtlich, wenn man die Menschheitsgeschichte betrachtet, in der sich die Wertvorstellungen geradezu unglaublich wandelten. Kannibalismus war etwa in der Frühgeschichte selbstverständlich – es wäre ja Verschwendung und pure Grausamkeit, einen getöteten Feind nicht wenigstens zu essen! Noch im 19. Jahrhundert galt es als normal, dass in den europäischen Kolonien Sklaven die Felder bewirtschafteten. Nicht skrupellose Ausbeuter, sondern hochgeachtete Mitglieder der Gesellschaft hätten die Frage gestellt: Wie soll sonst der Zucker in den Tee kommen? In Anbetracht dessen, dass sich der Mensch genetisch seither nicht verändert hat, also über keine andere moralische »Hardware« verfügt, sind diese Unterschiede irritierend.

»Die Massen urteilen gar nicht oder falsch. Die Urteile, die die Massen annehmen, sind nur aufgedrängte, niemals geprüfte Urteile.« – *Gustave Le Bon*

Kaum weniger variieren die Moralvorstellungen in der Gegenwart über verschiedene Länder hinweg. Obwohl sich die Gesellschaften durch globale technische Entwicklungen angleichen, droht in manchen Ländern die Todesstrafe für Verhalten, welches anderswo offen praktiziert wird. Auch dieses Wertegefälle verdiente eine nähere Reflexion, wenn man über die Zukunft der Menschheit nachdenkt. Jedenfalls sind Moralvorstellungen viel mehr von der sozialen Umgebung bestimmt, als man sich dies eingesteht. Mit Blick auf unser evolutionäres Erbe ist das nicht sehr überraschend, denn die frühen Menschenarten konnten es sich meistens nicht leisten, Einzelgänger zu sein. Wer sich absonderte, hatte geringe Überlebenschancen, wir sind Nachkommen jener, die mit der Mehrheit konform waren. Bis heute lebt diese Strategie im Unbewussten fort, jedenfalls wird der Wunsch nach Konsens mehr praktiziert, als es sinnvoll ist. Individuen mit inkompatiblen Meinungen gelten als verrückt, Parteien ohne Konsens als zerstritten, uneinige Wissenschaftler bekommen keine Förderung.

Wie stark diese Mechanismen sind, bewies der amerikanische Psychologe Solomon Ash 1953 in einem berühmten Experiment.[16] Er zeigte einer Versuchsperson drei Balken unterschiedlicher Länge, die diese mit einem weiteren Balken vergleichen musste. Allerdings wurde die Versuchsperson inmitten einer Gruppe von instruierten Schauspielern getestet, welche ab einem festgelegten Zeitpunkt vorsätzlich falsche Antworten gaben. Die allermeisten Versuchspersonen folgten, als die Reihe an sie kam, den vorausgegangenen falschen Antworten, offenbar auch wider besseres Wissen. Das Experiment wurde seitdem vielfach wiederholt, eine komische Variante davon in der Fernsehserie »Versteckte Kamera«. Eine Versuchsperson betritt dort einen Aufzug, in dem mehrere Schauspieler koordiniert in eine Richtung blicken. Zum großen Amüsement der Fernsehzuschauer folgten die arglosen Testpersonen »unauffällig« der verabredeten Blickrichtung der Schauspieler.[17]

»Wenn alle das Gleiche denken, denkt keiner sehr viel.« – *Walter Lippmann*

»Damit der Mensch sich irre, muss er schon mit der Menschheit konform urteilen.« – *Ludwig Wittgenstein*

Freiwilliger Wahn

Eine verstörende Erscheinungsform von Ashs Erkenntnissen offenbarte sich dagegen in den Forschungen zum Hamburger Reserve-Polizeibataillon 101, das während des Holocaust an Massenexekutionen beteiligt war.[18] Vor dem berüchtigten Massaker in der polnischen Stadt Józefów fragte der Kommandant, ob es jemanden gebe, der sich nicht in der Lage sehe, an den Erschießungen teilzunehmen. Diese sollten vortreten und würden von der Aufgabe be freit, ohne dass ihnen eine Strafe drohe. Aber nur wenige gingen auf das Angebot des Majors ein. Was als wichtiges historisches Beispiel des Fehlens eines Befehlsnotstands gilt, wurde durch einen anderen psychologischen Effekt verstärkt: Menschen bevorzugen bei Entscheidungen weitaus öfter die Passivität.[19] Hätte der Major gefragt, wer zur Teilnahme an der Erschießung hervortreten möge, wären wohl viel weniger zu Mördern geworden. So haben sich viele bereits bei geringem sozialem Druck an den schlimmsten Verbrechen beteiligt.

Ist der Druck größer und wird er von einer Autoritätsperson ausgeübt, verhalten sich Menschen ebenfalls höchst unmoralisch, wie das Milgram-Experiment in erschreckender Weise zeigte, das 1961 an der Universität New Haven ausgeführt wurde.[20] Dort war eine Mehrheit der Teilnehmer bereit, anderen Versuchspersonen potenziell tödliche Stromstöße zu verabreichen, wenn sie von dem Leiter eines vermeintlichen Lernexperimentes dazu aufgefordert wurden. Die Lenkbarkeit von Menschen gegen elementare humanitäre Prinzipien ist ein beängstigendes Element der menschlichen Psyche.

Bekanntlich bediente sich der Nationalsozialismus in perfider Weise der Massenpsychologie. Wie kamen im Februar 1943 Tausende im Berliner Sportpalast dazu, Joseph Goebbels auf die Frage »Wollt ihr den totalen Krieg?« ein hysterisches »Jaaaah!« entgegenzuschreien? Dieses Beispiel ist berüchtigt, aber auch schon lange vorher hatten Massenveranstaltungen mit ihrer unheilvollen euphorisierenden Wirkung zum Aufstieg des Führerkultes beigetragen.[I] Offenbar wirkt das Aufgehen in einer gleichgesinnten Menschenmasse ähnlich wie eine Droge. Überflüssig zu sagen, dass der Verstand dabei ausgeschaltet wird. Insofern ist auch das Phänomen von Menschenmassen in der Politik selbst bei positiven Intentionen immer zweischneidig.

I Thematisiert auch im Film *Die Welle* von Dennis Gansel (2008).

Schwarmdemokratie

Es gibt relativ wenig wissenschaftliche Forschung zur historischen Relevanz von politischen Demonstrationen. Angesichts der unvermeidlichen emotionalen Aufladung und der entsprechenden Unterdrückung rationalen Denkens muss man Demonstrationen durchaus kritisch sehen. Die Leipziger Montagskundgebungen im Herbst 1989 erwiesen sich als erfolgreich, aber vielleicht war auch ein Stück Glück dabei. Wer konnte mit Bestimmtheit sagen, dass sie nicht wie jene am Tian'anmen-Platz, wenige Monate vorher, enden würden?

»Massen werden zu einem Körper, zu einer Emotion und zu einem Geist.« – *Elias Canetti*

Natürlich handelt es sich bei Demonstrationen um ein Bürgerrecht, das in seinem Wesensgehalt nur in totalitären Ländern eingeschränkt ist: Wie mit Demonstranten umgegangen wird, sagt einiges über einen Staat aus. Andererseits sind Demonstrationen oft mehr ein Zeichen eines dysfunktionalen Systems als einer lebendigen Demokratie. Sie können Ventil politischen Unmuts sein und so den Mächtigen als Warnung dienen, konstruktive Konsequenzen sind aber eher selten. Gerade die jüngere Geschichte zeigt, dass Demonstrationen auch oft inszeniert und manipuliert sind und dann (mithilfe medialer Begleitung) mehr Kräften im Hintergrund dienen als dem genuinen Volkswillen.

Aber auch regelmäßige Veranstaltungen wie Parteitage, Konferenzen oder Sitzungen entfalten eine Dynamik, in der man die Ergebnisse von Ashs Experiment oft wiedererkennen kann. Wenn der Konformitätsdruck aber trotz besseren Wissens so stark ist, wie beeinflussbar muss der Einzelne erst sein, wenn er sich seiner Sache *nicht* sicher ist und einen komplizierten Sachverhalt bewerten muss? Kann man einen neu hinzugekommenen Redakteur tadeln, dass er sich der Meinung der erfahrenen Kollegen anschließt, ob einer Meldung Glauben zu schenken ist? Kann ein junger Wissenschaftler, der für sein Projekt Mittel beantragt, den Kanon des gesichert geltenden Wissens verlassen? (Aus vielen Gesprächen weiß ich: nein.) Wo genau

»Verbunden werden auch die Schwachen mächtig, der Starke ist am mächtigsten allein.« – *Friedrich Schiller*

liegt in diesen Beispielen die Grenze vom Unbewussten zum Bewussten, ab der der Verstand erst das Kommando übernehmen kann? Niemand kann behaupten, gänzlich unbeeinflusst von dem zu sein, was andere neben ihm denken.

Immanuel Kants Forderung, seinen Verstand ohne Anleitung anderer zu gebrauchen, trifft hier auf ein großes Hindernis. Können wir es mit starkem Willen einfach überwinden, indem wir uns als aufgeklärte Wesen um die Meinung anderer nichts scheren? Leider nein, denn auch für rationales Handeln brauchen wir die Meinung unserer Mitmenschen. Denn wir können nicht alle Erkenntnisse allein gewinnen, was ganz offensichtlich wird, wenn man die Situation in der Forschung betrachtet. Bei der Suche nach der Wahrheit hält der Soziologe Harry Collins Wissenschaftler für redlicher und verantwortungsvoller als andere und will ihnen gar eine gesellschaftliche Führungsrolle zukommen lassen.[21] Dennoch gibt er zu bedenken:[22]

> *»Fast alles, was Sie wissen, wissen Sie vom Hörensagen. Selbst auf Ihrem Fachgebiet, selbst wenn Sie Experte sind, ist doch das allermeiste, worauf Sie Ihre Überzeugungen gründen, Hörensagen.«*

Dilemma der Wahrheitssucher

Natürlich ist der Grund dafür nicht Leichtgläubigkeit, sondern Collins' Beobachtung zeigt nur ein allgemeines Dilemma von komplexen Sachverhalten auf. Würden wir jede Erkenntnis, jedes Ergebnis und jedes Experiment in der Geschichte der Wissenschaft selbst überprüfen wollen, so könnten wir überhaupt nur einen Bruchteil des Weltwissens aufnehmen und uns mit nichts Neuem beschäftigen.

Auch Wissenschaftler sind also gezwungen, Meinungen anderer zu übernehmen. Sie vertrauen dabei auf Autoritäten, was durchaus seine Risiken birgt. Es wäre naiv zu meinen, die Wissenschaft würde durch Experimente immer nur Fakten zutage fördern. So gab es um 1900 zahlreiche Veröffentlichungen zu sogenannten N-Strahlen, von denen insgesamt über hundert Forscher berichtet hatten. Später stellte sich die »Beobachtung« als eine kollektive Selbsttäuschung heraus, es gab keine N-Strahlen. Die Wahrheitssuche ist also wie von Skylla und Charybdis bedroht: Verlassen wir uns zu sehr auf andere, verschwenden wir möglicherweise Zeit und Energie auf ein falsches Weltbild, wollen wir jedoch alles selbst überprüfen, scheitern wir ganz sicher an der zu großen Aufgabe. Es bleibt nichts anderes, als sich zum Teil auf die Erkenntnisse anderer zu verlassen und dabei auf das Funktionieren von Kontroll- und Korrekturmechanismen zu vertrauen, die natürlich auch versagen können. Den Wahrheitsgehalt von Informationen einzuschätzen, bleibt eine komplexe Aufgabe.

Nicht anders als Wissenschaftlern ergeht es dem Konsumenten von Nachrichten, der sich ein Bild von der Welt machen will. Eigene Wahrnehmungen machen nur einen winzigen Bruchteil aus, weil dies in einer globalisierten Welt gar nicht anders möglich ist. Fast alles, was wir wissen, wissen wir über die Medien. Hierzu ist ebenfalls Vertrauen in die Korrekturmechanismen nötig, ein Vertrauen, dass hinsichtlich der politischen Nachrichten in den letzten Jahren gelitten hat. Nach wie vor vermeiden Menschen aber Brüche mit den Wertvorstellungen ihrer sozialen Umgebung. Informationen unabhängig von dieser zu bewerten, erfordert gleichermaßen Verstand und Standvermögen.

»Irrtum in Meinungen kann toleriert werden, solange der Verstand noch die Freiheit besitzt, ihn zu bekämpfen.« – *Thomas Jefferson*

Hinsichtlich der Rolle von Autorität und ihrem Einfluss auf die Meinungsbildung zeigen sich erstaunliche Parallelen zwischen Gesellschaft und Wissenschaft. Beispiele aus einem Bereich können dabei helfen, das analoge Geschehen im jeweils anderen besser zu verstehen. Die gleichen Fragen stellen sich: Inwieweit können wir uns dem Trend der Zeit entziehen? Haben wir den Mut zu hinterfragen, wovon alle überzeugt sind? Trauen wir uns zum Beispiel noch zu denken, das Thema einer Debatte, eines Parteitags oder einer Konferenz sei sinnlos? Jedes individuelle Ausscheren erzeugt ein unangenehmes Gefühl, eine soziale Isolation in der jeweiligen

Umgebung, die dem verdrängen Vorschub leistet. Es ist klar, dass die Meinungsbildung des Einzelnen mehr ein psychologischer Prozess ist, als objektiven Kriterien folgt.

Herdenwissenschaft und Rudeljournalismus

In der Wissenschaft unterliegt gemeinsames Arbeiten in Arbeitsgruppen, Komitees, Forschungskollaborationen, ja in ganzen Gebieten einer erheblichen Gruppendynamik, derer sich die Forscher nicht immer bewusst sind. Die führenden Vertreter der Geologie hielten beispielsweise Alfred Wegeners Hypothese der Kontinentaldrift für eine Marotte eines Außenseiters. Ein Geologe, Rollin Thomas Chamberlin, äußerte im Jahr 1928: »Wenn wir uns Wegeners Hypothese anschließen wollten, müssten wir alles vergessen, was wir in den letzten siebzig Jahren gelernt haben, und völlig von vorne anfangen.« Um 1960, nachdem Wegeners Theorie durch das Auseinanderdriften des Meeresbodens bestätigt worden war, stand dann die Geologie tatsächlich vor einem Neuanfang.

Wenige sind imstande, von den Vorurteilen der Umgebung abweichende Meinungen gelassen auszusprechen; die Meisten sind sogar unfähig, überhaupt zu solchen Meinungen zu gelangen.« – *Albert Einstein*

Wie sehr Gruppendenken den Fortschritt behindert, hat der Astrophysiker Thomas Gold besonders pointiert formuliert. Gold hatte als Erster die Entdeckung von regelmäßigen Radioquellen, sogenannten Pulsaren, richtig als rotierende Neutronensterne interpretiert.[II] Dennoch war Golds Hypothese 1960 verlacht worden, nur um dann wenige Jahre später als einzig denkbare Interpretation zu gelten. Seine Erfahrungen mit der wissenschaftlichen Meinungsbildung fasst Gold wie folgt zusammen:[23]

II Eine unvorstellbar dichte Form von Materie, bei der sich ein Stern auf die Größe von etwa zehn Kilometern zusammenzieht. Der Inder Subramanyan Chandrasekhar, der 1935 Neutronensterne vorhergesagt hatte, erhielt 1983 dafür den Nobelpreis.

»… eine Motivation … die ich brutal als Herdentrieb bezeichnen muss. Es ist ein menschlicher Instinkt … Sicherlich hat er als Sozialverhalten großen Nutzen …, aber in der Wissenschaft ist der Herdentrieb eine Katastrophe. Dort bräuchte man Meinungsvielfalt – verschiedene Wege, die man verfolgt. Wenn alle auf einem unterwegs sind, schließen sie oft andere aus, und keineswegs immer die richtigen … Wenn ein Großteil der Wissenschaftsgemeinde dem Herdentrieb folgt, dann können Sie nicht mehr die Sichtweise wechseln, weil Sie sich nicht vorstellen können, wie die ganze Herde wendet. Selbst wenn jeder Einzelne wollte, müsste er befürchten, plötzlich außerhalb der Herde zu stehen, sobald er sich umorientiert.«

Es fällt nicht schwer, hier die Parallelen zur Meinungsbildung in gesellschaftlichen Gruppierungen zu erkennen, wo auch die Überzeugung weniger Meinungsführer genügt, ein bestimmtes Weltbild aufrechtzuerhalten. Tatsächlich ist es schwierig, einem lange gepflegten Narrativ eine andere Richtung zu geben, umso mehr, wenn man als Einzelner befürchten muss, plötzlich allein dazustehen. Warum sollte es Parteimitgliedern, Vereinsmitgliedern oder Arbeitskollegen anders ergehen? Auch etablierte Journalisten, obwohl untereinander in gewisser Konkurrenz, verbindet ein starkes Bewusstsein einer Gruppenzugehörigkeit. Einige Medienwissenschaftler sind schon der Frage nachgegangen, warum die mediale Berichterstattung in den letzten Jahren so einseitig geworden ist. Sicherlich spielt dabei ein unbewusster Grundkonsens unter Journalisten des gleichen Milieus eine große Rolle.

Die Entsprechung zum Herdentrieb der Wissenschaftler scheint tatsächlich das Phänomen zu sein, dass als Rudeljournalismus bezeichnet wird: [24] eine systematische und gewohnheitsmäßige Betriebsblindheit, bei der sich eine Einheitsmeinung ausbildet. Journalisten kommunizieren miteinander und vertrauen einander, sodass es für den einzelnen tatsächlich schwer ist, aus dem Rudel auszuscheren. Wahrscheinlich hat mit der Digitalisierung diese gegenseitige Vernetzung, die das Gruppendenken befördert, in den letzten Jahren zugenommen, sodass Unabhängigkeit immer schwerer zu bewerkstelligen ist. So sind selbst diejenigen Journalisten, deren manipulatives Gebaren offensichtlich ist, in der Regel eher Mitläufer als Überzeugungstäter.

Die langsame Reise nach Absurdistan

Die Gefahren des Herdentriebs für die Meinung sind umso größer, je homogener eine Gruppe ist und je mehr sie sich gegen fremde Ansichten abschottet. Markenzeichen dafür ist oft ein elitärer Dünkel, der sich sowohl bei Journalisten als auch bei Wissenschaftlern beobachten lässt. Obwohl eine erhebliche Qualifikation für den Beruf sicher Voraussetzung ist, führt ein Abkoppeln von der Meinungsvielfalt in eine sich selbst bestätigende Filterblase. In dieser kann das Weltbild so reibungslos in eine Richtung gleiten, dass auch das Überschreiten der Grenze zum Absurden nicht mehr wahrgenommen wird. Dazu nur zwei Beispiele.

»Selbst verschuldet ist die Unmündigkeit, wenn die Ursache derselben nicht am Mangel des Verstandes, sondern der Entschließung und des Muthes liegt, sich seiner ohne Leitung eines anderen zu bedienen.« – *Immanuel Kant*

Obwohl beispielsweise Einstein überzeugt war, dass auch nur eine einzige unerklärte Zahl eine physikalische Theorie unglaubwürdig macht,[25] führen heute am CERN Zehntausende von Teilchenphysikern Forschungen aufgrund eines Modells durch, dass auf Dutzenden solcher unerklärten Parameter basiert. Es ist also völlig klar, dass die Generation der Physiker um 1920 die heutigen theoretischen Ansätze für absurd halten würde. Was heute als Grundlagenphysik gilt, hat buchstäblich nichts mehr mit der Wissenschaft ihrer Gründerväter zu tun.

Vor 75 Jahren kämpften amerikanische Soldaten dafür, ein menschenverachtendes, totalitäres Regime in Deutschland zu stürzen. Mit amerikanischer Hilfe wurde im ehemaligen Feindesland ein demokratischer Rechtsstaat aufgebaut. Heute treten die gleichen USA im Namen von Demokratie die Menschenrechte mit Füßen, stürzen Länder ins Chaos und exekutieren in aller Welt Menschen nach Belieben. Es ist also geradezu abwegig, weiterhin von einer westlichen Wertegemeinschaft zu sprechen, wie dies Politiker und Journalisten unablässig tun. Angesichts der heutigen Zustände würden sich wahrscheinlich George Washington, Thomas Jefferson, aber auch Franklin D. Roosevelt im Grab umdrehen, genauso wie man das als Wissenschaftshistoriker für Albert Einstein, Paul Dirac und Erwin Schrödinger vermuten muss.

»Ich kann mir keine einheitliche und vernünftige Theorie vorstellen, die eine explizite Zahl enthält, welche die Laune des Schöpfers ebenso gut anders hätte wählen können.« – *Albert Einstein*

Wikipedia total

Das unmerkliche Abdriften von hehren Ansprüchen in ihr Gegenteil ist ein besonders irritierendes Phänomen langjährigen Gruppendenkens. So kritisierte die Bewegung der Skeptiker anfangs Dinge wie Astrologie, Homöopathie oder andere Pseudowissenschaft, obwohl man dies auch dem Verstand als Hausaufgabe hätte überlassen können. In Anbiederung an die konventionelle Wissenschaft geben Skeptiker inzwischen aber vieles unkritisch wieder,[III] was irgendwie den Anschein der Wissenschaftlichkeit erweckt. Es sind solche verbissenen Initiativen, die aus der Wissenschaft eine neue Religion machen. Ebenso sind manche selbsternannten Antifaschisten in ihrer militanten Intoleranz der von ihnen bekämpften Ideologie ziemlich ähnlich geworden.

Wikipedia ist ebenfalls fast ein Schulbeispiel der moralischen und intellektuellen Erosion von Gruppen. Das einstige Ideal einer freien Wissensgesellschaft ist inzwischen leider zu einer Art von orwellschem Wahrheitsministerium geworden, was verschiedene Ursachen hat.[26] Wikipedia praktiziert das Mehrheitsprinzip ohne

»Religiöser Glaube hat sich transformiert in Leichtgläubigkeit gegenüber allem, was sich irgendwie als Wissenschaft ausgibt.« – *Nassim Taleb*

III Dazu zählen Konzepte wie Extradimensionen oder Parallelwelten, für die es nicht die geringste Evidenz gibt.

den notwendigen Schutz von Minderheiten; legitime Gegenansichten, wie sie früher oft noch in Artikeln enthalten waren, werden heute meist von einem digitalen Menschenauflauf, der ein paar Regelakronyme in die Diskussion wirft, als »nicht relevant« erklärt.

Dabei repräsentieren die »Wikipedianer«, die sich immer mehr als »Gemeinde« begreifen,[27] bei vielen Themen gar nicht mehr die Mehrheit, denn der Anteil derer, die den Mainstream kritisch sehen, nimmt stetig zu. Wenn die Kritiker aber systematisch aus Wikipedia herausgedrängt werden, bleibt irgendwann nur mehr eine Minderheit von Gläubigen der Orthodoxie zurück. Teilweise handelt es sich um vorsätzlich handelnde Manipulatoren, teils um Mitläufer, die unfähig sind, abstrakte Regeln in sinnvoller Neutralität anzuwenden. Anonymität wurde dabei zum Täterschutz.[IV]

»Stimmenmehrheit ist nicht des Rechtes Probe.« – *Friedrich Schiller*

Wikipedia ist auch ein Beispiel, wie Macht korrumpiert. Aufstiegsmöglichkeiten als Belohnung für administrative Kleinarbeit beförderten nicht unbedingt die Fähigsten nach oben. Welcher intelligente Mensch, der etwas zu tun hat im Leben, wird seine Zeit für fundierte Beiträge aufwenden, nur um diese nach ein paar polemischen Anwürfen im Archiv verschwinden zu sehen? Auch bei Wikipedia ereignete sich eine schleichende Transformation, welche inzwischen die ursprünglichen Ziele konterkariert. All den genannten Degenerationen der Meinungsfreiheit ist gemein, dass das anfängliche konstruktive Erschaffen von Wissen einem destruktiven Wunsch nach Reinigung und Ausmerzung gewichen ist.

»Unterschätze nie die Macht dummer Leute, die einer Meinung sind.« – *Kurt Tucholsky*

IV Dies ist nach Enttarnung des Benutzers »Feliks« im September 2018 durch Markus Fiedler klar. Wikipedia-intern gibt es für die Gruppe dieser Aktivisten den Spitznamen »Politbüro«. Die Seite pluspedia.org führt eine Liste besonders manipulativer Nutzer.

Inzestuöses Denken

Gruppen scheinen häufig einer Erosion des gesunden Menschenverstandes zu unterliegen, egal wie intelligent oder kreativ sie bei ihrer Gründung sein mochten. Besonders problematisch wird dies, wenn diese oft als Experten geltenden Gruppen Richtungsentscheidungen der Gesellschaft bestimmen. Das Abschirmen gegen andere Meinungen geschieht oft mit Mitteln der Fachsprache, die oft als elitäres Erkennungszeichen verwendet wird. Kein geringerer als Erwin Schrödinger, einer der Begründer der Quantenmechanik, kritisierte dies heftig:[V]

> *»Eine theoretische Wissenschaft, die ihre Begriffe nicht in für die Gebildeten verständlichen Worte fasst, um so zu einem Bestandteil des allgemeinen Weltbildes zu werden – eine solche Wissenschaft, in der die Eingeweihten einander Ausdrücke zuzuraunen, die bestenfalls von einer kleinen Gruppe von Partnern verstanden werden, wird zwangsläufig von der übrigen Kulturgemeinschaft abgeschnitten sein; auf lange Sicht wird sie verkümmern und erstarren, so lebhaft das esoterische Geschwätz innerhalb ihrer fröhlich isolierten Expertenzirkel auch weitergehen mag.«*

Soziale Gruppen, die sich von divergierenden Meinungen abschotten, können trotz hoher Intelligenz sich in bizarren Annahmen verlaufen. Stringtheoretiker suchen zum Beispiel die Weltformel in winzigsten, unsichtbaren Strukturen, die niemals dem Experiment zugänglich sein werden. Manche Physiker haben dies mit mittelalterlichen Theologen vergleichen, die darüber diskutierten, wie viele Engel auf einer Nadelspitze Platz finden können. So äußerte der Nobelpreisträger Richard Feynman über die Stringtheorie: [28]

> *»Ich bin der Meinung, dass dies alles Unsinn ist! Es gefällt mir nicht, dass sie ihre Ideen überhaupt nicht durch Berechnungen*

V Sinnerhaltend gekürzt.

überprüfen. Es gefällt mir nicht, dass sie für alles, was nicht mit dem Experiment übereinstimmt, eine Erklärung aus dem Hut zaubern, womit sie dann sagen können: ›Ja, aber es könnte trotzdem richtig sein‹.«

Trotzdem gelten die »Strings« unter den theoretischen Physikern als »the only game in town« – alternativlos sozusagen.

Ein weiteres Beispiel von Gruppendenken sind die Wirtschaftswissenschaften.[29] Dass sich auch diese Elite kollektiv verlaufen kann, ist spätestens seit den Blasen vor dem Jahr 2008 und dem nachfolgenden Crash klar. Der schleichende Übergang zum Absurden zeigt sich in der Zunahme der Geldmenge auf dem Globus: die *täglichen* Devisenumsätze sind heute in der Größenordnung von zehn Billionen Dollar, damit könnte man zum derzeitigen Getreidepreis über dreißig *Jahre* lang Nahrung für die gesamte Menschheit kaufen. Dies ist evident verrückt, aber mit der Logik des Wirtschaftssystems kompatibel.[VI] Der Grad der erreichten Absurdität eines Wertesystems hängt offenbar mehr von dem Ausmaß von Autorität, Hierarchie und sozialem Druck in der Gruppe ab als von der individuellen Fachqualifikation der Mitglieder.

»Wenn Dummheit uns in diesen Schlamassel geführt hat, kann sie uns nicht auch herausführen?« – *Will Rogers*

»Probleme kann man niemals mit derselben Denkweise lösen, durch die sie entstanden sind.« – *Albert Einstein*

Die Schweigespirale

Manchmal kann aber auch eine Gruppe ohne besondere Qualifikation die öffentliche Meinung verschieben, wenn sie besonders laut und aggressiv auftritt. Die Wirkung gründet sich dennoch auf sozialpsychologisches Gruppendenken, dass in diesem Fall nur vermutet ist. Dieses Phänomen wurde als *silent majority* oder auch

VI Letztlich ist es dieses Missverhältnis, das die Spekulation mit Nahrungsmitteln ermöglicht.

Schweigespirale bekannt. Solomon Aschs Experiment und andere Ergebnisse der Konformitätsforschung beweisen: Fast alle Menschen fürchten soziale Isolation und beobachten deswegen ständig das Verhalten anderer, um einzuschätzen, was öffentliche Zustimmung oder Ablehnung findet. Gleichzeitig vermeiden diese Menschen Äußerungen, die von der öffentlichen Meinung missbilligt werden. Jemand, der sich nicht sicher ist, ob er mit der vorherrschenden Meinung übereinstimmt, wird sich also eher zurückhalten, während andere, die öffentliche Unterstützung spüren, ihre Meinung laut und deutlich äußern werden.

Weitere Voraussetzung für diese Schweigespirale ist eine Emotionalisierung des Themas, welche die andere Meinung nicht als rational *falsch*, sondern als moralisch *schlecht* erscheinen lässt. Natürlich war auch in der Flüchtlings- beziehungsweise Migrationskrise 2015 die Bewertung der Ereignisse mehr von den Kategorien moralisch und unmoralisch geprägt als von rationaler Analyse. Die moralische Argumentation kann dabei im Gehirn auf die schnelle Bewertung des intuitiven Systems 1 zugreifen, während eine rationale Analyse durch das System 2 mehr Ressourcen verlangt. Offenbar arbeitet die Massenpsychologie besser mit dem System 1 zusammen.

Ein digitales Massenphänomen, das emotional-moralisch hoch aufgeladen wurde, war bei der #MeToo-Debatte zu beobachten. Der für viele Prominente auch gut zutreffende Hashtag #IDidItForMyCareer hätte nicht ganz die gleiche moralische Wertung transportiert. Medien, deren Spezialität es ist, emotionale, laute und verkürzte Botschaften in die Welt hinauszuposaunen, befinden sich oft in einer ungesunden Symbiose mit jenen Gruppen.

»Hunderte tägliche Morde im Kinderprogramm sind okay, aber sobald nur eine Brustwarze zu sehen ist, gibt es monatelang Aufschreie. Bomben auf Kinder sind nicht der Aufregung wert, aber wenn eine Hand angeblich den Po irgendeines C-Starlets berühren will, gibt es jahrlange Kampagnen.« – *Kommentar im telepolis-Forum*

Sogar Kriegseinsätze werden in der öffentlichen Wahrnehmung zustimmungsfähig, wenn sie moralisch gerechtfertigt werden. Rationale Überlegungen, gerade was die Fakten betrifft, haben dann meist das Nachsehen, sobald die Massen sich erregen. Der Ruf nach Aufrüstung und militärischer Stärke sowie eine gestiegene Interventionsbereitschaft trifft gleichzeitig auf eine repressivere Einstellung der Gesellschaft gegenüber der Sexualität. Dies scheint kein Zufall zu sein. Beide Phänomene gründen sich auf Empörung der Massen.

Lieber auf nichts verlassen

In Zeiten, in denen überlegtes Handeln gegenüber den Emotionalisierungen in der Defensive ist, geraten auch Errungenschaften des Verstandes in Gefahr, die sich in seit Jahrzehnten bewährten Gesetzen niederschlagen. Lebt man seit Langem in einem Staat in geordneten demokratischen Verhältnissen, meint man vielleicht, diese Kontinuität sei durch Verfassungen wie das Grundgesetz garantiert. Es ist aber eine gefährliche Illusion zu glauben, dass dieses nicht unserer ständigen Aufmerksamkeit bedürfe. Alle Gesetze, auch Verfassungsrecht, leben von der stillschweigenden Übereinkunft der Gesellschaft, sie auch anzuwenden. Diese Übereinkunft kann durch plötzliche Ereignisse, aber auch durch eine langsame Verschiebung der Wertvorstellungen verschwinden. Wie die Enthüllungen von Edward Snowden belegen, ist die ursprünglich sehr freiheitliche US-Verfassung, was Bürgerrechte und Privatsphäre betrifft, faktisch außer Kraft, ohne dass es dagegen noch juristisch wirksame Maßnahmen gäbe.[VII] Dieser Zustand wurde inzwischen von der Gesellschaft, den Medien und der politischen Klasse völlig normalisiert: eine sozial akzeptierte Demontage grundlegender Werte – letztlich durch eine passive Form von Gruppendenken.

Unser Rechtssystem ist keineswegs immun gegen solche Entwicklungen. Gerade im Hinblick auf Überwachung haben sich schon viele vormals illegale Praktiken ausgebildet.[30] Kodifiziertes Recht wird durch Verdrehung, Umdeutung oder schlichte Nichtanwendung irrelevant, sobald sich eine solche Praxis erst einmal un-

---

VII Dies drängst sich bei der Lektüre von Goodman (2006) und Greenwald (2014) auf.

widersprochen etabliert hat. Auch Richter sind nur Menschen, die unter politischen Erwartungen und im entsprechenden Umfeld ihre objektiven Maßstäbe aus den Augen verlieren können. Auch hierzulande sind die über die Jahre hinweg zahmer gewordenen Entscheidungen des Bundesverfassungsgerichts ein Indiz, dass es keine Garantie gegen eine schleichende Erosion der Verfassung gibt. Befördert werden solche Beschneidungen der Freiheit in Gesellschaften mit wenig Toleranz für abweichende Ansichten. Offene Gesellschaften leben aber davon, dass andere Menschen Überzeugungen vertreten, die von der eigenen stark abweichen. Die Verengung des Meinungsspektrums, die in Deutschland in den letzten Jahren zu beobachten ist, gibt dabei zu denken.

»Ich habe das Gefühl: Der Meinungskorridor war schon mal breiter.« – *Frank-Walter Steinmeier*

In der Wissenschaft formen sich Ansichten ebenfalls oft durch Mehrheitsmeinungen, die wenig tolerant sind. Jedoch funktioniert Wissenschaft auf lange Sicht nicht »demokratisch«, insbesondere hat sie unblutige Mechanismen, mit denen sich in wissenschaftlichen »Revolutionen« (im Sinne von Thomas Kuhn) neue Denkweisen etablieren können. Der Philosoph Paul Feyerabend sprach in seinem Werk *Against Method* sogar von »anarchischer« Wissenschaft – was man im Staatswesen lieber nicht haben will.

In der Demokratie hingegen hat die vorherrschende Meinung durch das Mehrheitsprinzip bei der Abstimmung eine starke Stellung, die durch Meinungspluralität, Minderheitenschutz und starke Individualrechte kompensiert werden muss. Es ist daher gefährlich, wenn die Mehrheit sich im gesellschaftlichen Diskurs anmaßt, schon im Vorfeld die Zulässigkeit von kreativen Ideen zu kontrollieren.

»Die Tatsache, dass eine Meinung weit verbreitet ist, ist kein Beweis dafür, dass sie nicht komplett absurd ist.« – *Bertrand Russell*

Individueller Menschenverstand statt kollektiver Meinung

Für das individuelle Denken, dessen Voraussetzungen wir hier betrachten, kann die Konsequenz nur lauten, sich von der sogenannten öffentlichen Meinung, der Mehrheitsmeinung und überhaupt jeglicher präsentierten Meinung tunlichst fernzuhalten. Man muss verhindern, dass die Massenpsychologie zu viel Einfluss auf den Geist ausübt, insbesondere wenn sie dabei Empörung, Ängste und Tabus gebraucht, die Gegenspieler des Verstandes.

»Eine Voraussetzung für geistige Gesundheit ist, mit der britischen Öffentlichkeit uneins zu sein.« – *Oscar Wilde*

Die Änderung der Wertvorstellungen im Laufe der Menschheitsgeschichte und die noch schnelleren Schwankungen des sogenannten Zeitgeistes zeigen, dass die Ansichten unserer Mitmenschen sich langfristig weder als moralischer noch intellektueller Kompass eignen. Immanuel Kants Forderung, sich seines Verstandes ohne die Anleitung anderer zu bedienen, betrifft auch jene versteckten Hinweise, die unser Unbewusstes aus der Haltung unserer Umgebung entnimmt. Der Verstand ist zum Gebrauch für das Individuum gedacht.

Enthaltsamkeit gegenüber den Vorstellungen der Umgebung führte in der Wissenschaft zu den größten Entdeckungen: Kepler verabschiedete sich von dem Dogma, dass Planetenbahnen Kreise sein mussten, aber auch Einstein war ein Eigenbrötler, was seine Forschungsarbeit betraf. Wahrscheinlich wären auch in Politik und Gesellschaft Reflexionen von Visionären in Abgeschiedenheit nützlich, die sich nicht von dem mäandernden öffentlichen Diskurs betören lassen. Denn auch in Politik und Gesellschaft benötigt die Zukunft ungewöhnliche, neue und kreative Ideen.

»Jeder wahre Mann muss lernen, in der Mitte von allen anderen allein zu sein, und notfalls gegen alle anderen.« – *Romain Rolland, Literaturnobelpreisträger 1915*

Das gilt umso mehr, als wir langfristig eine Anpassung unserer Wertvorstellungen an neue Technologien nicht werden vermeiden können. In der Menschheitsgeschichte folgten Gesetze, Vorschriften und Moral immer dem Möglichen, nie umgekehrt. Zudem sieht es so aus, als dass diese Entwicklungen in immer schnellerem Takt stattfinden und anders als früher nicht von mehreren Generationen »verdaut« werden können. Ohne eine Vielfalt von Meinungen, kontroverse Ansichten und auch zunächst verrückt erscheinenden Ideen, mit denen sich der Verstand auseinandersetzen muss, wird die heutige Zivilisation ihre Herausforderungen nicht meistern.

»Ich bin nicht geeignet für Tandem- oder Teamarbeit ... Solche Isolation ist manchmal bitter ..., aber ich fühle mich dafür kompensiert, da ich damit unabhängig sein kann von den Gebräuchen, Meinungen und Vorurteilen anderer, und versuche nicht, den Frieden meines Geistes auf solch schwankenden Fundamenten ruhen zu lassen.« – *Albert Einstein*

Denken im Fokus der Gegenwart – Die unsägliche Irrelevanz des Aktuellen

Nachdem wir gesehen haben, wie sehr der eigene Verstand täuschen kann, und im letzten Kapitel den enormen Einfluss der sozialen Umgebung auf unsere Meinungen analysiert haben, kommen wir nun zu einem kognitionspsychologischen Phänomen, dass die Wahrnehmung noch viel dramatischer verzerrt: die Fokussierungsillusion. Daniel Kahnemann widmet diesem Phänomen mehrere Kapitel[31] und beschreibt es mit dem Akronym WYSIATI (für *What You See Is All There Is*), also etwa »was du siehst, ist alles, was da ist«. Dies soll ausdrücken, dass die Gedächtnisinhalte, die sich im Fokus unserer Aufmerksamkeit befinden, in unserem Denken stark überrepräsentiert sind und entsprechend wichtig genommen werden. Dies lässt unsere Eigenwahrnehmung als rationale Individuen geradezu als eine Farce erscheinen.

Tatsächlich fördert ein wenig Selbstreflexion schnell zutage, wie unwesentlich im Rückblick viele Ereignisse in unserem Leben waren, die zur Zeit ihres Geschehens unsere volle Aufmerksamkeit beansprucht haben. Man denke an widerfahrende Diebstähle, Gerichtsverfahren, adoleszenten Liebeskummer, Streitigkeiten mit Unbekannten, Nachbarn und Partnern. Es ist völlig klar, dass diese »historische« Einordnung, manchmal schon nach wenigen Tagen, viel mehr der Forderung nach rationalem Denken genügt als die zeitnahe Beschäftigung mit diesen Themen. Nicht umsonst haben viele Lebensweisheiten (»Beantworte keinen Brief im Ärger!«, »nichts überstürzen!«, »eine Nacht darüber schlafen«) dies aufgegriffen. Von Rolf Dobelli, dem Autor von *Die Kunst des guten Lebens*, stammt daher auch der Begriff Fokussierungsillusion, die er als eines der großen Hindernisse zu einem ausgeglichenen Gemütszustand ausmacht.

Nullrelevanz

Die Anwendung dieser Erkenntnis auf Zeitgeschichte und Politik, bei der wir täglich mit Nachrichten überflutet werden, ist offensichtlich: Aktuelle Ereignisse, Tagesnachrichten, aber oft auch sogenannte »Breaking News« werden unter der Lupe der Gegenwart unermesslich vergrößert, obwohl ihre Bedeutung auf lange Sicht gesehen gleich null ist. Die Wichtigkeit, die wir aufgrund der Fokussierungsillusion dem aktuellen Geschehen beimessen, ist für vernunftbegabte Wesen geradezu absurd.

Kahnemanns Forschungen zeigen, dass dies nicht nur eine lebensphilosophische Betrachtung, sondern ein durch experimentelle Ergebnisse belegtes Phänomen ist. Zur Veranschaulichung der Unwichtigkeit der Gegenwart hole man gelegentlich alte Zeitungen oder Jahresrückblicke aus vergangener Zeit hervor, welche ja schon die vermeintlich allerwichtigsten Nachrichten zusammenfassen. Die alten Artikel sind praktisch sämtlich irrelevant, allenfalls spürt man das Gefühl der Melancholie gegenüber der Naivität des Schreibenden. Offenbar handelt es sich bei tagesaktuellen Ereignissen um eine exponentiell zerfallende Substanz mit ziemlich kurzer Halbwertszeit.

Betrachten wir umgekehrt aus der Perspektive eines Historikers die wichtigsten Ereignisse einer Epoche, so fällt auf, dass diese höchst unregelmäßig verteilt sind, wobei zeitlich nahe beieinander liegende Ereignisse sich oft um Größenordnungen in ihrer Relevanz unterscheiden. Der Finanzmathematiker Nassim Taleb hat dies mit fraktalen Mustern, einem mathematischen Teilgebiet der Forschung zu komplexen Systemen, in Verbindung gebracht. Beispielhaft gesprochen, wäre etwa ein Ereignis in der Weltgeschichte wichtiger als alle anderen in tausend Jahren, wobei es in jedem Jahrhundert wieder durchschnittlich ein Ereignis gibt, dass alle anderen gleichermaßen überragt und so weiter. Man kann zu Recht darüber diskutieren, ob einschneidende Veränderungen der Zivilisation in den letzten hundert oder auch in den letzten zwanzig Jahren zugenommen haben. Jedenfalls ist aber eine täglich gleichmäßige Beschäftigung mit Nachrichten, wie sie auch von vie len Angehörigen der Bildungsschicht praktiziert wird, im Grunde irrational. Die Gegenwart ist im mathematischen Sinne eine sogenannte Nullmenge, das heißt abgesehen von ganz seltenen Fällen unwichtig.

Wozu eigentlich Gegenwart?

Man kann in diesem Zusammenhang auch über die Erkenntnis berühmter Soziologen reflektieren, dass es die Aufgabe der Massenmedien sei, eine »Gegenwart herzustellen«. Man fragt sich, was für einen historischen Nutzen, abgesehen von der Ablenkung der Menschheit von Wichtigerem, diese »Gegenwart« eigentlich hat. Die Kritik an den Massenmedien ist nicht neu und kommt in diesem Buch auch nicht zu kurz. Aber auch viele der alternativen Medien, die im Hinblick auf Wahrhaftigkeit, Sorgfalt und Ausgewogenheit gute Arbeit leisten, fallen nicht selten der Fokussierungsillusion zum Opfer. Inkorrekte Berichterstattung und Verdrehungen vorzuführen, ist lobenswert und auch wichtig; allerdings wird das Thema dadurch noch immer nicht relevant. Der Bürgerrechtsanwalt Glenn Greenwald leitete einen originellen Vortrag[32] mit der Bemerkung ein, er sehe sich außerstande, die Präsidentschaft Trumps mit ihren täglichen erratischen Volten zu kommentieren. Die Aufregung darüber sei so, als würde man einer wild gewordenen Ratte ständig hinterherlaufen; stattdessen wolle er über längerfristige Entwicklungen referieren. Er hatte die Fokussierungsillusion verstanden.

Für einen im allgemeinen Sinne politisch interessierten Menschen, das heißt, wem der Fortgang der Zivilisation nicht gleichgültig ist, ist es leider schwierig, sich den Tagesnachrichten mit ihrer Kaprizierung auf die Gegenwart zu entziehen – die Unwichtigkeiten sind im wahrsten Sinne des Wortes allgegenwärtig. Dies liegt daran, dass die aus aller Welt dargebotenen Ereignisse ja tatsächlich wichtig *wären*, wenn sie uns in der realen Gegenwart, hier und jetzt, widerfahren *würden*. Bei einem vor fünftausend Jahren in Kleingruppen lebenden Exemplar von Homo sapiens kam dies aber extrem selten vor.

Die vielen Nachrichten, die uns aus aller Welt in Echtzeit erreichen, kann man aber nur als gigantische Verschwendung unserer wichtigsten Ressource bezeichnen: der Aufmerksamkeit. In den letzten Jahren haben sich diese Lautsprecher der Gegenwart noch dramatisch verstärkt: Facebook, Twitter und Co. haben uns noch näher an den Puls der Zeit gebracht, der in Wirklichkeit eine Droge der Ablenkung ist.

Flüchtiges Gerede, Denken auf Standby

Man hat oft den Eindruck, dass tagespolitische Debatten sich in ihrer Entwicklung auf immer unwichtigere Details konzentrieren, während dahinterstehende Sachfragen, die weniger Aufregungspotenzial haben, in Vergessenheit geraten. Die Akteure scheinen dabei der Fokussierungsillusion manchmal kollektiv zu verfallen. Leider verstärken die Medien häufig diese irrationale Art des Diskurses. Die immer größere Rolle von Talkshows in der gesellschaftlichen Willensbildung führt sicher nicht dazu, die Politik mit Verstand zu unterstützen.

Diese und ähnliche Sendungen haben meist gar nicht den Anspruch, Probleme zu erörtern, die über den zeitlichen Horizont von wenigen Wochen hinausgehen – abgesehen davon, dass die Gäste oft nach Sekunden unterbrochen werden. Die dominierenden Themen haben in der heutigen Gesellschaft eine Lebensdauer, die von einem Tag bis zu wenigen Wochen reicht, und selbst diese Zeitspanne wird meistens nur durch kriegerische Konflikte erreicht, in denen Bomben oder Anschläge einen aktuellen Anlass liefern. Für die Fähigkeiten des menschlichen Langzeitgedächtnisses ist dies eigentlich beschämend und erst recht für eine Kultur, die auf jahrhundertealten Erkenntnissen beruht.

»Ein Narr kann an einem Tag mehr Unsinn reden, als sieben Weise in einem Jahr widerlegen können.« – *Chinesisches Sprichwort*

»Gesegnet seien jene, die nichts zu sagen haben und den Mund halten.« – *Oscar Wilde*

Die Kombination von Aktualität und Unwichtigkeit wird zur Spitze getrieben von Live-Tickern, von deren Konsum man nur jedem denkenden Menschen abraten kann. Sie beleuchten aber, wie die Medien heute um die Gunst der Zuschauer buhlen: Wichtig ist Aktualität, der Erste zu sein. Schnelligkeit zählt mehr als Fundiertheit und oft sogar mehr als Wahrheit.

Breaking Science ersetzt Great Science

Leider hat diese Praxis schon seit Längerem auch die Wissenschaft erreicht. Bei Forschungsartikeln ist die Priorität der Veröffentlichung entscheidend, manchmal sogar für Nobelpreise. Unterstützt von solchen falschen Anreizen, zählt Aktualität in der Forschung viel zu stark. Auch in der Wissenschaft herrscht die Fokussierungsillusion. Was oben über die zeitliche Verteilung der Wichtigkeit von Ereignissen gesagt wurde, gilt in gleichem Maße für wissenschaftliche Entdeckungen. Grundlegende Durchbrüche gibt es sehr selten, sie sind im Abstand von Jahrzehnten oder gar Jahrhunderten zu finden, auch wenn sogenannte Jahrhundertentdeckungen fast im jährlichen Rhythmus vermeldet werden. Nur wenige ältere Forscher schätzen noch hinreichend nüchtern ein, was als sensationsheischende Nachricht durch die Journale geht.[33] Der Wunsch, schneller zu sein oder genauer zu messen, ist im Grunde Gift für die Wissenschaft. Er verdirbt den Geist einer gemeinsamen Entdeckungsreise zu den Rätseln der Natur, der zum Beispiel unter Physikern vor etwa hundert Jahren herrschte.

»Vor den Bäumen der Forschungsergebnisse sieht der Forscher nicht mehr den Wald der Wirklichkeit.« – *Viktor E. Frankl*

Wissenschaftlich-technische Entwicklungen umfassen noch längere Zeitskalen[I] als politische. Daher wären wissenschaftliche Institutionen gut beraten, sich nicht nur auf das Aktuelle zu konzentrieren, sondern eine historische Perspektive einzunehmen, jedenfalls was grundlegende Naturgesetze betrifft. Das gilt umso mehr, als es

I Der Technikvisionär Ray Kurzweil stellt in seinen Büchern die These auf, dass sich die Entwicklung der Technologie immer mehr beschleunigt, was dem aber nicht widerspricht.

in der Wissenschaft oft lange andauernde Irrwege gab. Ein falsches Paradigma der Kernphysik vor 1938 dauerte beispielsweise fünf Jahre, die Theorie der Landbrücken (im Gegensatz zur Alfred Wegeners Kontinentalverschiebung) hielt sich etwa fünfzig Jahre, an die Phlogistontheorie (im Gegensatz zur Oxidation) glaubte man fast hundert Jahre, und das Geozentrische Weltbild überlebte 1500 Jahre. Während dieser Zeiträume waren die theoretischen Modelle in dem jeweiligen Fachgebiet eigentlich irrelevant, und man hätte besser daran getan, Grundlegendes zu reflektieren. Im Bestreben, das Tagesgeschäft der Gegenwart weiterzuführen, wurde dies aber vernachlässigt. In der Wissenschaft fördert die Fokussierungsillusion Aktuelles statt Nachhaltiges, Gigantomanie statt Kreativität, Ehrgeiz statt Neugier.

»Na, Argelander, was gibt's Neues am Himmel?« – »Kennen Majestät schon das Alte?« – *König Friedrich Wilhelm IV. von Preußen zu seinem Hofastronomen und dessen Antwort*

Offene Geheimnisse nur in der Vergangenheit

Für die aktuellen Lebensverhältnisse haben zwar Nachrichten eine gewisse Relevanz. Um politische Entwicklungen zu beurteilen, ist jedoch eine historische Sichtweise nützlicher als die Beschäftigung mit der Gegenwart. Wendet man die gleiche Zeit für das Studium der Nachkriegsgeschichte auf wie beispielsweise für die weltpolitischen Ereignisse der letzten vier Wochen, so wird man im Durchschnitt etwa tausendfach relevantere Dinge erfahren. Die Geschichte ist aber nicht nur ein Filter, der das Unwichtige ausblendet, sondern sie profitiert auch noch davon, dass sich im Laufe der Zeit Quellen öffnen, die der Tagesberichterstattung verschlossen waren.

Das Studium der Geschichte ist ein kräftiges Mittel gegen zeitgenössische Arroganz.« – *Paul Johnson*

Oft tun sich schon nach wenigen Jahren, etwa wenn eine Generation von Politikern sich zurückzieht, ganz neue Aspekte des Geschehens auf, welche eine Neubewertung des bisher Bekannten erfordern. Weltpolitische Ereignisse der Gegenwart unterliegen

»Unwissend über die Vergangenheit zu sein, bedeutet, ein Kind zu bleiben.« – *Cicero* aber aus offenkundigen Gründen meist der Geheimhaltung, die, wenn man von Wikileaks absieht, es dem Normalbürger unmöglich macht, sich eine komplette Meinung zu bilden. Diese Geheimhaltung ist wohl auch der Grund, warum die Großmächte diese Ereignisse so unterschiedlich bewerten. Regierungen wissen fast immer mehr, Maxime für die Herausgabe von Information ist aber natürlich nicht Wahrheitsliebe, sondern Machtinteressen. In Ermangelung von wirklichen Informationen blähen die Medien oft Nebensächlichkeiten zu Meldungen auf, wie beispielsweise die Berichterstattung über Handschläge, Kleidung und Essgewohnheiten bei Staatsbesuchen zeigt.

Löst sich ein Staat auf, wie zum Beispiel die Sowjetunion 1991, stehen oft plötzlich Dokumente zur Verfügung, die für Historiker unschätzbaren Wert haben. Aber auch bei fortbestehenden Staatsstrukturen gibt es in der Regel Fristen, nach deren Ablauf geheime Dokumente normalerweise freigegeben werden. Vieles ist dann doch nicht mehr so wichtig, und die Regierungen beenden die ihnen eigene Art der Fokussierungsillusion. Für jeden am politischen Leben Teilhabenden offenbart so eine Freigabe der Archive hochinteressante Dokumente, insbesondere wenn man selbst oder ein Familienmitglied die entsprechende Zeit noch erlebt hat.

Historische Dokumente lassen die langfristigen Muster der Politik viel deutlicher hervortreten. Das Fehlen tagespolitischer Unwichtigkeiten gleicht dem Herausfiltern eines Rauschens, das verschleiert hatte, aus welchen Interessen heraus Weltpolitik wirklich gestaltet wird. Dies befriedigt nicht nur historische Neugier, sondern hilft auch, den aktuellen Zustand der Welt besser zu verstehen, der sich ohne Kenntnis der Vergangenheit oft nicht erschließt. Der Schweizer Soziologe und Menschenrechtler Jean Ziegler hat in seinem Buch *Der Hass auf den Westen* die Zusammenhänge zwischen Kolonialzeit und Gegenwart dargestellt. Nicht zu Unrecht vergleicht er das Verhältnis von Tagespolitik zu Geschichte mit jenem von Bewusstem und Unbewusstem. So wie das Vernachlässigen des Unbewussten hindert uns die Fokussierung auf die Gegenwart daran, ein Problem in seiner Gesamtheit zu verstehen. Umgekehrt kann man mit gesichertem Wissen über die Vergangenheit bekannte Muster in der Gegenwart wiedererkennen. Dies ist oft aufschlussreicher als die aktuellen, unsicheren Fakten, die im Falle eines Informationskrieges sowieso verzerrt werden und – das ist die Lehre aus der Geschichte – sich praktisch nie als vollständig richtig herausstellen.

Einschneidender als dramatische Ereignisse sind aber oft schleichende Entwicklungen, die die Zivilisation langsam und unauffällig verändern, unbemerkt von dem vermeintlich wichtigeren Rauschen der Gegenwart. Das Vermeiden der Fokussierungsillusion hilft, diese langfristigen Trends klarer zu erkennen. Die sich aus den letzten Jahrzehnten ergebende Frage ist wohl, welche Abhängigkeiten und Gefahren die Evolutionsschritte Computer und Internet für die Zivilisation mit sich bringen. Die künstliche Intelligenz, die sich im Moment rasant entwickelt, wird gleichermaßen Möglichkeiten und Risiken eröffnen.

»Der Prophet sieht nicht mehr als alle anderen, aber es gelingt ihm, dass Unwesentliche auszublenden.« – *Nassim Taleb*

Positiver und negativer Fokus

Diese Fortschritte der Menschheit zeigen eine positive Seite der Fokussierung. Individuen, die durch ihre Ideen Revolutionen in der Menschheitsgeschichte auslösten, haben es immer verstanden, ihre mentalen Kräfte frei von Ablenkungen auf ein bestimmtes Projekt zu konzentrieren und dabei genau die Eigenschaft des Gehirns zum Positiven gewendet, die sonst oft unsere Wahrnehmung verzerrt. Der Motivationsforscher Mihály Csíkszentmihályi hat diesen Zustand als *Flow* bezeichnet. Unzweifelhaft liegt er den größten Leistungen der Menschheit zugrunde, ohne ihn wären wohl weder Keplers Planetengesetze noch Einsteins Relativitätstheorie denkbar. Flow ist jedoch ein individueller Zustand. Sach- und projektbezogene Fokussierungen, bei der eine Vielzahl von Forschern beteiligt ist, führen eher zur Überschätzung der Gegenwart.

Wie im Fall der Nachkriegspolitik, so kann man auch in der Wissenschaft durch das Studium der Geschichte wesentlich mehr lernen als durch aktuelle Veröffentlichungen. Das Buch *Constructing*

Quarks des Teilchenphysikers Andrew Pickering erinnert zum Beispiel daran, wie viele Phänomene die physikalische Grundlagenforschung beschäftigten, obwohl sie sich später als völlig irrelevant erwiesen haben. *Constructing Quarks* liest sich wie ein Nachrichtenrückblick der 1950er- und 60er-Jahre, ebenso wie das Buch *The Dark Matter Problem* des Radioastronomen Robert Sanders über Galaxiendynamik. Diese Beispiele von historisch orientierten Texten zeigen,[II] dass Institutionen dazu tendieren, Fokussierungsillusionen zu generieren, die oft in skurrile Modelle abdriften, weil sie den Blick für das Ganze verlieren. Hochenergiephysiker zum Beispiel wollen inzwischen Dutzende von Teilchen entdeckt haben, interessieren sich aber gleichzeitig gar nicht mehr dafür, wie man die Masse der seit hundert Jahren bekannten Protonen und Elektronen berechnen könnte – ein ungelöstes Problem, mit dem sich Paul Dirac über Jahrzehnte beschäftigt hat.[34]

Auch gelegentliche Sensationsmeldungen können nicht darüber hinwegtäuschen, dass es keine einzige Technologie gibt, deren naturgesetzliche Grundlagen in der Nachkriegszeit entdeckt wurden. Atomkraftwerke, Digitalkameras, ja auch Laser funktionieren mit der Quantenmechanik aus den 1920er- und 1930er-Jahren, GPS-Geräte mit der allgemeinen Relativitätstheorie von 1915 und Mobiltelefone gar mit den 1888 entdeckten elektromagnetischen Wellen. Zumindest was die Physik betrifft, könnte in einem Rückblick der Wissenschaftsgeschichte von den letzten hundert Jahren nicht viel übrig bleiben. Wis-

»Man wird uns zur Physikergeneration zählen …, die so wesentliche Probleme wie die Selbstenergie des Elektrons ungelöst zurückließ. Allmählich gewöhne ich mich an den Gedanken, einen wirklichen Fortschritt nicht mehr zu erleben.« – *Wolfgang Pauli, Nobelpreisträger 1945»*

Da scheint mir die Teilchenphysik der Bereich mit den größten ungelösten intellektuellen Problemen zu sein. Einige davon sind schon fast hundert Jahre alt, und da ihre Lösung noch nicht in Sicht ist, neigen die Physiker dazu, sie zu vergessen …« Emilio Segrè, Nobelpreisträger 1959

II Noch weiter in der Vergangenheit spielt *Big Bang* von Simon Singh über die Geschichte der Astronomie.

senschaftliche Tagesnachrichten, ja sogar Nobelpreise vernebeln diese unangenehme Tatsache. Trotzdem bieten auch die bekannten Naturgesetze so viel technologische Anwendungsmöglichkeiten, dass dort der Fortschritt ziemlich ungebremst erscheint.

Lieber Rüsten des Verstandes

Ein wacher Verstand muss sich der Gefahren der Fokussierungsillusion bewusst sein. Die heutige Zeit bietet neben aller Ablenkung auch Möglichkeiten, die übermäßige Konzentration auf die Gegenwart zu vermeiden. So ist etwa YouTube, ja das Internet als solches ein beachtliches Archiv einer schon nicht mehr so kurzen Vergangenheit. Es könnte nicht nur helfen, die wichtigsten Informationen eines längeren Zeitraumes auszuwählen, sondern dokumentiert auch Aussagen, an denen sich Politiker, Journalisten und auch Wissenschaftler in Zukunft messen lassen müssen – was peinlich werden kann.

Leider wird jedoch auf die dauerhafte Verfügbarkeit von Inhalten im Internet, ein wirksames Mittel gegen Fokussierung, immer noch viel zu wenig Wert gelegt. YouTube und Google nehmen leider die Aktualität in ihre Relevanzkriterien auf, obwohl diese darin nichts zu suchen hat. Sie unterminieren damit den positiven Effekt, den das Internet bei der Überwindung der Fokussierungsillusion spielen könnte, während Facebook und Twitter sie sowieso befördern. Es ist ernüchternd, bei *Google Trends* Begriffe wie Mozart, Schopenhauer oder Kant einzugeben. Neben einem jahreszeitlichen Rhythmus akademischer Aktivität sieht man hier den Niedergang der Geisteskultur als mathematische Funktion auf dem Bildschirm. Im Moment trägt das Internet wohl noch zur unheilvollen Fokussierung auf die Gegenwart bei.

Dennoch leben wir in einem außergewöhnlichen Zeitfenster, in dem diese Technologie, wer sie zu nutzen weiß, ein Schlaraffenland von Wissen darbietet. Dabei der Fokussierungsillusion nicht zu verfallen, bleibt eine individuelle Herausforderung. Letztlich ist auch sie eine Konsequenz der ausgeprägten Kontrastwahrnehmung unseres Gehirns, das die absoluten Maßstäbe oft ungenügend berücksichtigt. In der zeitlichen Entwicklung diese Maßstäbe nicht zu verlieren, bedeutet, die Fokussierungsillusion zu kontrollieren. Zuletzt sollte man sich klarmachen, dass alles Wissen um diese Illusion nicht davor schützt, auf sie hereinzufallen. Wir müssen viel Selbstdisziplin aufwenden, um den evolutionären Programmen, die heute keinen Vorteil mehr erbringen, zu entrinnen. Konsequenz daraus kann nur sein, die Gegenwart und den Fokus einer momentanen mentalen Beschäftigung weniger wichtig zu nehmen. Überzeugungen, Planungen und Entscheidungen sollte man grundsätzlich über längere Zeiträume konsolidieren, um dem Verstand genügend Raum zur Entfaltung zu geben.

Evidenz statt Inszenierung – Über Transparenz, Quellen und Rohdaten

Terroranschläge, Flugzeugabstürze, Giftgasangriffe – die Medien sind heute erstaunlich schnell in der Lage, Hintergründe zu klären und Verantwortliche zu benennen. Wer dem Gebrauch des Verstandes eine gebührende Rolle einräumen will, benötigt dafür wohl etwas länger. Die Geschichte hat verfrühte Urteile oft als falsch entlarvt; man sollte daher lieber skeptisch bleiben und jeder Information zunächst einen wahrscheinlichen Wahrheitsgehalt zuordnen. Leider erweisen sich auch Nachrichten über vermeintlich reine Tatsachen heutzutage nicht immer als richtig. Dahinter muss nicht notwendig böse Absicht stecken; manchmal sind die zur Verfügung stehenden Informationen schlicht nicht ausreichend.

»Um jemand von der Wahrheit zu überzeugen, genügt es nicht, diese auszusprechen. Man muss auch den Weg finden, der vom Irrtum zur Wahrheit führt.« – *Ludwig Wittgenstein*

Informationstheoretisch gesprochen, handelt es sich bei der Frage, wie aus Wahrnehmung Erkenntnis wird, um ein unterdeterminiertes System. Das bedeutet, die Daten sind so unvollständig, dass sich daraus kein eindeutiger Ablauf rekonstruieren lässt, sondern verschiedene Szenarien möglich bleiben. Erst recht gilt dies, wenn sich Widersprüche finden. Wie können wir uns trotzdem ein zutreffendes Bild der Realität verschaffen? Können wir die mangelhaften Informationen, die wir aufgenommen haben, durch Nachbearbeitung verbessern? Wie kann bei unvollständigem Sehen das Denken helfen?

Die in den vorigen Kapiteln angesprochenen Eigenheiten unseres Denkens machen es schwer genug, Informationen objektiv zu verarbeiten. Als rationale Wesen müssen wir daher umso mehr nach Evidenz suchen, das bedeutet, uns möglichst auf unmittelbare Be-

»I believe in evidence.« – *Isaac Asimov*

obachtungen verlassen. Was bedeutet das? Die allerwenigsten Ereignisse erfahren wir ja durch direktes Miterleben. In der gleichen Lage befindet sich die Wissenschaft. Auch dort sind die wenigsten Naturgesetze der unmittelbaren Erfahrung zugänglich.

Die richtige Methode

Es lohnt sich hier, die Überlegungen des Philosophen Karl Popper zur Wissenschaftsmethodik zu betrachten. Eine Beobachtung kann dort als *Beleg* für eine bestimmte Theorie gelten, wissenschaftliche Theorien sind jedoch prinzipiell nicht »beweisbar«. Dies klingt vielleicht überraschend, ist aber tief durchdacht. Theorien können nach Popper nur *widerlegbar* sein. Nur solche falsifizierbaren, das heißt durch Beobachtungen im Prinzip widerlegbaren Theorien gelten als wissenschaftlich. Dies entspricht auch dem, was wir von einem vernünftigen Gesprächspartner erwarten: dass seine Hypothesen überprüfbar sind und er so fair ist, gegebenenfalls ein Scheitern an dieser Überprüfung einzugestehen. Wer dagegen unabhängig von Evidenz meint, die Wahrheit gepachtet zu haben, argumentiert nach Popper ideologisch.

Bei manchen heute von den Medien verbreiteten Narrativen ist es schon interessant, die Frage nach der Falsifizierbarkeit zu stellen. Welche Evidenz könnte zum Beispiel ein Land überhaupt vorbringen *gegen* die Behauptung, aus seinem Territorium heraus seien Computerattacken erfolgt? Der Beweis der Unschuld ist hier ziemlich schwer zu führen.

Aus Poppers Überlegungen in *Logik der Forschung* folgt natürlich auch, dass eine Beobachtung, die einer Theorie widerspricht, deren Glaubwürdigkeit erschüttert. Dies kann auch nicht durch positive Evidenz an anderer Stelle geheilt werden. Deswegen sind klare Widersprüche in einer Darstellung stets ernst zu nehmen.

Autorität ist keine Lösung

Aber auch die wissenschaftliche Methodik löst noch nicht das Problem, sich der Fakten zu vergewissern. Niemand hat die Ressourcen, jede Evidenz im Einzelnen nachzuprüfen; selbst an einem kleinen Teil der auf uns einströmenden Information würden wir dabei scheitern. Umgekehrt kann es fatal sein, auf falsche Informationen zu vertrauen. Wie wir im Kapitel über das Gruppendenken gesehen haben, ist dieses Dilemma gar nicht anders zu lösen, als sich auf andere zu verlassen. Entscheidend ist, dass Kontrolle und Korrektur möglich ist – eben im Sinne von Poppers Falsifizierbarkeit. Viele vertrauen in diesem Dilemma auf Autoritäten. Als solche gelten »angesehene Zeitschriften« oder »Leitmedien« – leider schützt dies aber nicht vor fatalen Irrtümern. Sich auf solche »etablierten« Ansichten zu berufen, ist eine verbreitete Strategie, die sozialverträglich ist. Ein unabhängiger Verstand wird sich aber nie vollständig auf die Einschätzung der Umgebung verlassen.

»Angewöhnung geistiger Grundsätze ohne Gründe nennt man Glauben.« – *Friedrich Nietzsche*

Hellhörig sollte man sein, wenn die Autorität von den Betreffenden als Argument verwendet wird – etwa, man habe »einen Ruf zu verlieren«, oder man sei ein »renommiertes Institut«. Noch verdächtiger ist die Abwertung einer Nachricht durch den Hinweis auf die »Unseriosität« der Quelle. Letztlich handelt es sich um eine sachfremde, polemische Argumentation. Sie beraubt uns der Basis einer rationalen Betrachtung – denn auch zweifelhafte Nachrichten sind zunächst Evidenzen, die man kritisch bewerten muss. Zu fordern, Nachrichtenquellen nach »Seriosität« auszuwählen, ist daher ein Angriff auf den Verstand. Wer darüber hinaus regulieren will, was als Tatsache zu gelten hat, oder gar das Verbreiten von sogenannten »Fake News« bestrafen will, steht mit der Wahrheitsfindung grundsätzlich auf Kriegsfuß. Denn falsche Nachrichten kann man nur durch *Aufdeckung* entkräften, nicht durch Verbote.

»Die Wahrheit ist das Kind der Zeit, nicht der Autorität.« – *Bertolt Brecht*

Wo aber stehen wir, wenn wir uns von Autoritäten unabhängig machen und Informationen beziehen, woher wir wollen? Diese werden ja dadurch noch nicht besser. Doch gibt es ein gutes Kriterium für Verlässlichkeit: Je näher man an den Rohdaten ist, desto zuverlässiger die Information. Denn mit jedem Aufbereiten, Bearbeiten oder Übertragen steigt das Risiko von bewussten oder unbewussten Fehlern. Erlebe ich – als einfaches Beispiel – selbst eine Protestkundgebung, habe ich natürlich den besten Eindruck. Auch Aufzeichnungen können ziemlich authentisch sein. Werden diese stark geschnitten oder aus dem Kontext gerissen, kann allerdings die Aussage ins Gegenteil verkehrt werden, ebenso wenn Beobachter von der Kundgebung berichten oder nur aus zweiter Hand ihren Kommentar dazu abgeben.

»In den frühen Tagen der Wissenschaft wurde aus dem Kampf gegen die Autoritäten unsere Freiheit zu zweifeln geboren.« – *Richard Feynman*

Die Datenrevolution: Freiheit, Offenheit, Reproduzierbarkeit

Der Gesichtspunkt der Rohdaten und ihrer Verarbeitung verdient näher betrachtet zu werden. Hochgradig bearbeitete Information findet man zum Beispiel bei der Vorstellung von Untersuchungsberichten oder bei Pressekonferenzen von Forschungskollaborationen. Was ist aber daran schlecht? Schließlich müssen die vielen Details zu einem Gesamtergebnis zusammengefasst werden. Das Problem dabei ist aber nicht nur die manchmal fehlende Transparenz, sondern auch die Hierarchien in der untersuchenden Institution, etwa beim Untersuchungsbericht zum Flugzeugabsturz MH 17. In diesen »vertikalen« Strukturen geschieht die Bearbeitung, angefangen von den technischen Details bis hin zur wertenden Schlussfolgerung, unter einer zentralen Leitung. Ähnliches gilt für Untersuchungsausschüsse oder auch zum Beispiel für die Datenauswertung am europäischen Kernforschungszentrum CERN. Der Wunsch nach einem eindeutigen, griffigen Ergebnis steht oft im Widerspruch dazu, Inkonsistenzen und Unklarheiten näher zu beleuchten.

Der Transparenz zuträglich wäre eine »horizontale« Datenbearbeitung, wie sie etwa bei dem Projekt *Sloan Digital Sky Survey* praktiziert wird, eine Himmelsdurchmusterung mit einem automatisierten Teleskop. Eine Gruppe von Wissenschaftlern ist nur damit beschäftigt, die elektronischen Signale der CCD-Kameras auszulesen. Die Rohdaten stehen frei zur Verfügung und dienen als Grundlage für alles Weitere. Eine zweite Arbeitsgruppe etwa kümmert sich um Farb- und Sichtkorrekturen der astronomischen Objekte, eine dritte klassifiziert vielleicht die Lichtsignale nach Sternen und Galaxien. Ganz am Ende kann eine Gruppe von Theoretikern daran verschiedene kosmologische Modelle testen. Solche Projekte sind ein Geschenk für die Welt. Jedermann kann zum Beispiel mit wenig Aufwand selbst nachprüfen, ob das Licht entfernter Galaxien tatsächlich ins Rote verschoben ist – die vielleicht wichtigste Erkenntnis der Kosmologie. Eine solche horizontale Auswertung mit flachen Hierarchien ist nicht nur transparenter, sondern auch glaubwürdiger, weil es unmöglich ist, ein bestimmtes Endergebnis durch Anpassung der vorausgehenden Arbeitsschritte zu bevorzugen.

Wie müsste also eine »ideale« Untersuchung am Beispiel MH 17 aussehen? Jeweils verschiedene Expertengruppen müssten sich der unterschiedlichen Bereiche annehmen und dazu separat publizieren, etwa: Fotodokumentation aller Teile, Auflistung der Fundorte, chemische Untersuchung des Metallabriebs an den Löchern des Rumpfs, Analyse von deren Form, Modellierung des Flugs und des Absturzes, Auswertung des Funkverkehrs mit Publikation der Sprachdaten, Rohdaten des Radars, Auswertung dazu, Zeugenbefragungen mit Videodokumentation, Untersuchung der infrage kommenden Waffensysteme und der entsprechenden Geschosse und so weiter. Die Ergebnisse könnten dann auf internationalen Konferenzen diskutiert werden, und jedem stünde es frei, in den auf dem Internet verfügbaren Rohdaten vielleicht ein wichtiges Detail zu finden und eine Schlussfolgerung zu publizieren … Die Realität sieht anders aus. Man kann vermuten, dass diese Art von Transparenz nicht überall erwünscht ist.

Du sollst dir schon ein Bildnis machen

Die Überlegenheit der »horizontalen« Methode gegenüber der »vertikalen« hat offenbar nichts damit zu tun, dass man zur Auswertung Experten benötigt oder dass die Sache an sich schwierig ist. Denn auch wissenschaftliche Detailfragen lassen sich durchaus allgemein verständlich darstellen. Umgekehrt sollte jede Expertenmeinung, die vorgibt, etwas sei zu kompliziert und mit einfachen Worten nicht zu erklären, den Zuhörer zur Vorsicht mahnen. Die Versicherung allein, Experten hätten etwas gründlich geprüft, deutet eher darauf hin, dass mehr Offenheit nötig ist – sei es beim transatlantischen Handelsabkommen TTIP oder auch bei den Daten großer Wissenschaftskollaborationen. Transparenz auf allen Ebenen und die Bereitschaft, sowohl alle Rohdaten als auch Bearbeitungen bereitzustellen, muss zum Standard werden. Außerdem müssen die Daten dauerhaft gesichert werden, um langfristig eine Reproduzierbarkeit zu gewährleisten.

In Einzelfällen kann es natürlich Gründe geben, Details nicht öffentlich zu machen, etwa Persönlichkeitsrechte oder Ermittlungstaktik bei Kriminalfällen. Werden dagegen Rohdaten und Untersuchungen von weltpolitischen Ereignissen längere Zeit zurückgehalten, wirkt dies nicht vertrauenerweckend. Bis heute sind US-Satellitendaten und Sprachaufnahmen zum Flugzeugabsturz MH 17 nicht öffentlich. Entsprechendes gilt für die Terroranschläge vom 11. September, obwohl eine Rechtfertigung der Geheimhaltung kaum ersichtlich ist. Sogar beim lange zurückliegenden Oktoberfest-Attentat von 1980 sind die Namen von V-Leuten bis heute unter Verschluss, NSU-Akten teilweise mit unverständlich langen Sperrfristen versehen.

Daraus allein kann natürlich nicht ein bestimmter Ablauf der Ereignisse gefolgert werden. Aber es bleibt ein Faktum auf methodischer Ebene, dass wesentliche Informationen nicht öffentlich sind, welches verhindert, Vertrauen in jedwedes Szenario zu entwickeln. Zur Rechtfertigung werden oft Gründe der Staatsraison und Sicherheitsbedenken angeführt. Worin diese Gründe genau bestehen, erschließt sich jedoch dem politisch interessierten Zeitgenossen nicht.

Outgesourcte Glaubwürdigkeit

Sicherheitsinteressen werden routinemäßig dann vorgebracht, wenn es sich um Geheimdienstinformationen handelt. Was bedeutet überhaupt Geheimdienst? Der Sinn dieser Institutionen wird diskutiert; praktisch gedacht, liegt für Regierungen allerdings die Versuchung nahe, sich diskret Informationen zu beschaffen, wenn dies die technischen Mittel erlauben. In den meisten Fällen wird es von Vorteil sein, die Erkenntnisse für sich zu behalten und den Wissensvorsprung im Stillen zu nutzen. Diese Dienste sind also konstruiert, effizient und lautlos zu arbeiten. Demgegenüber beobachtet man in den letzten Jahren ein auffälliges Mitteilungsbedürfnis, mit dem deren Vertreter der Öffentlichkeit ihre Ansichten kundtun. Der Eindruck kommt auf, dass Geheimdienste sich von ihrer ursprünglichen Aufgabe entfernen und zum Dienstleister werden für Glaubwürdigkeit, welche die Regierungen verloren haben. Eigentlich ist die öffentliche Verwendung von Geheimdienstinformationen schon ein Widerspruch in sich. Glaubhaft und nützlich wäre eine umgekehrte Arbeitsweise: darüber schweigen, wer die Information beschafft hat, diese aber durch Dokumente belegen.

Oft liegen nicht nur die Quellen und Dokumente im Dunkeln, sondern auch die Logik der Schlussfolgerungen. Das selbstbewusste Auftreten einer Informationselite hat eine originelle Parallele in der Wissenschaft, die bereits erwähnten Stringtheoretiker. Sie liefern ebenfalls keine Evidenz, sondern leiten ihre Argumente, genauso wie die geheimdienstliche Technikelite, aus Fähigkeiten her, die dem Normalsterblichen nicht zugänglich sind. Überzeugen soll allein die Eigenschaft der Intelligenz – so wie sich CIA, NSA und FBI ja auch als »Intelligence« bezeichnen. In beiden Fällen wird die Öffentlichkeit – in ganz direkter Weise – für dumm verkauft. Politisch interessierte Menschen mögen vielleicht den ersteren Fall für nicht so schlimm halten. Wenn sich die Zivilisation aber über lange Zeit einem falschen Weltbild hingibt, kann dies gravierendere Folgen haben als einige Jahre politische Desinformation.

Nobelpreis für Geheimwissenschaft

Nach diesen Betrachtungen ist klar, dass der Verstand grundsätzlich Evidenz einfordern muss, bevor er Behauptungen in sein Weltbild integriert. Seriöser Informationswille setzt die Bereitschaft voraus, alle Daten transparent zu machen, sei es in der Politik oder in der Wissenschaft. Leider ist es eine Tatsache, dass auch dort Rohdaten oft nicht veröffentlicht werden, so zum Beispiel bei der Kamiokande-Kollaboration, für deren Resultate 2015 der Nobelpreis für Physik verliehen wurde.[35] Allein aus diesen methodischen Gründen heraus ist es legitim, an Konzepten wie »Neutrino-Oszillationen«, aber auch an »Dunkler Energie«, »Higgs-Teilchen« oder »Quarks« zu zweifeln, die eine Vielzahl nicht transparenter Annahmen enthalten.[36] Manchmal wird eine öffentlich verfügbare Datenauswertung als zu aufwendig erachtet oder für gänzlich überflüssig erklärt. Gerade um die angesprochenen soziologischen Effekte auszuschließen, gibt es aber keine Alternative zur Offenlegung, wenn die Ergebnisse als überprüfbar gelten sollen.

Sowohl in der Wissenschaft als auch in der Zeitgeschichte führt also kein Weg an einer vollständigen Veröffentlichung der Rohdaten vorbei; ebenso müssen die weitere Verarbeitung und jeder Teilbereich der Argumentation dargestellt werden. In der Wissenschaft wären dies die Computerprogramme, welche die Rohdaten auswerten, in der Politik die Details des Gesetzgebungsverfahrens oder der Vertragsverhandlungen. Geheimhaltungsklauseln in öffentlichen Angelegenheiten wie bei TTIP und CETA sind strukturell undemokratisch, geheime Daten unwissenschaftlich. Mit dem Niedergang der Piratenpartei ist es um die Idee der Transparenz von Gesetzgebungsverfahren wieder still geworden; man kann jedoch davon ausgehen, dass sie von einer breiten Mehrheit der Bevölkerung unterstützt wird.

»Glaube denen, die die Wahrheit suchen, und zweifle an denen, die sie gefunden haben.« – *André Gide*

Am Anfang war das Wort

Nahe an den Rohdaten zu sein, bedeutet für die Berichterstattung in der Regel, sich am Ort des Geschehens zu befinden. Insofern genügen Berichte über Syrien, wenn sie aus Kairo oder gar aus Großbritannien[37] kommen, etwas weniger dem Anspruch nach Authentizität als jene von Journalisten, die das Land besucht hatten. Während des Syrien-Konfliktes waren dies zum Beispiel nicht viele.[I]

Versucht man das Konzept der Rohdaten allgemein auf politische Nachrichten anzuwenden, so betrifft dies auch Äußerungen von Entscheidungsträgern. Dabei werden zwar vielleicht schon Fakten in deren Kopf »bearbeitet«, ein Interview ist jedoch immer noch ungleich authentischer als ein Bericht darüber. Solche Aufzeichnungen sind im Internet in voller Länge zu finden, sogar die Sprachbarriere fällt im Zeitalter automatisierter Übersetzungen – übrigens ein wesentlicher Beitrag zur Völkerverständigung, den Technologie vielleicht bald leisten kann. Das direkte Zuhören ist etwas zeitaufwendiger, aber auch näher an der Objektivität. Denn allein durch Zusammenschneiden kann die Aussage entstellt werden, wie es zum Beispiel schon 2008 in einem Interview von Tagesthemen-Moderator Thomas Roth mit Wladimir Putin geschah. Die Kürzungen wurden den Zuschauern damals verschwiegen.[38]

Wer wem überhaupt Interviews gibt, ist eine interessante Frage. Dass sich der russische Präsident harten, teils auch aggressiven Fragen von Journalisten stellt, kann man nicht bestreiten, egal wie man den Inhalt seiner Aussagen beurteilt. Es gibt derzeit wohl kaum einen westlichen Regierungspolitiker, der sich in gleicher Weise mit kritischen Gesprächspartnern auseinandersetzt.[II]

I Unter anderem Jürgen Todenhöfer, die Kanadierin Eva Bartlett und Vanessa Beeley.

II Man denke zum Beispiel an die amerikanischen Starjournalisten Fareed Zakaria und Megan Kelly auf dem Petersburger Forum 2016 und 2017 oder an die jährlich stattfindende mehrstündige Fragestunde, in der es zu Wortwechseln mit dem BBC-Journalisten John Simpson und der Regierungskritikerin Xenija Sobtschak kam.

Politikern auf YouTube zuzuhören und selbst Logik und Glaubwürdigkeit sich widersprechender Ansichten zu bewerten, ist eine gute Methode, sich eine unabhängige Meinung zu bilden. Dabei kommt es darauf an, wie sehr sich der Argumentierende darum bemüht, weitere Quellen anzugeben, bei Bedarf ins Detail zu gehen, und plausible Erklärungen für seine Thesen anbietet. Die Beobachtung, wer in welchen Medien zu Wort kommt und wer nicht, ist zusätzlich eine aufschlussreiche Metainformation.

Der Kampf um die Echtheit

Die vielleicht wichtigste Form von Rohdaten für weltpolitische Ereignisse wurde noch nicht besprochen: Bilder. Wenn man sich bewusst ist, wie stark sie auf uns wirken, und auf die Auswahl achtet, so sind Fotos und Videos eine authentische Informationsquelle. Jeder schätzt sein Smartphone als allgegenwärtiges Dokumentationswerkzeug im privaten und beruflichen Bereich. Die immer schneller werdenden Übertragungsraten könnten dazu beitragen, die Menschen direkt mit Informationen zu versorgen. Bilder von Katastrophen (unter dem Vorbehalt von Unglücksvoyeurismus), Krisen oder Demonstrationen sind authentischer als jeder Bericht. Durch Ausschnitte und aus dem Kontext Reißen von einzelnen Szenen ist allerdings, wie bei Texten auch, eine Verzerrung des Inhalts möglich.

Der technische Fortschritt auf diesem Gebiet bringt allerdings ein schwerwiegendes Problem mit sich. Digitale Bilder sind durch Bearbeitungsprogramme heute schon weitestgehend manipulierbar, und die immer raffinierteren Methoden der Fälscher konkurrieren mit einer sich entwickelnden Bildforensik; digitale Zertifikate, die die Echtheit von Bilddateien belegen, werden in Zukunft wohl immer wichtiger. Künstliche Intelligenz wird es aber in Zukunft möglich machen, Sprach-, ja sogar Videodateien mit beliebigen Ton- und Bildinhalten herzustellen,[III] sobald Beispielmaterial

---

III Ein kleiner Vorgeschmack war die satirische Bearbeitung eines Videos von Jannis Varoufakis durch ein Fernsehteam um Jan Böhmermann.

der entsprechenden Person zur Verfügung steht. Solche Montagen wären von Originalen kaum zu unterscheiden und stellen ein gefährliches Potenzial dar.

Das beste Bild der Wirklichkeit

Der technologische Kampf zwischen Fälschern und Ermittlern wird hier sicher noch intensiver werden. In Zukunft wird man noch sehr viel mehr bewegte Bilder aus aller Welt empfangen, diesen aber nicht vorbehaltlos vertrauen dürfen. Wie die Entwicklung der Technik, sei es in der Bildverarbeitung, Materialwissenschaft, Nanotechnologie oder auch in der Biologie, überhaupt noch eine gesicherte Dokumentation der Vergangenheit ermöglichen wird, ist eine allgemeine, fast schon philosophische Frage. Eine Welt ohne Evidenz für Vergangenes ist schwer vorstellbar.

Aus den auf uns einströmenden Informationen ein zuverlässiges Abbild der Realität zu gewinnen, wird immer schwieriger. Es hilft, sich die eigenen subjektiven Verzerrungen und die objektive Unvollständigkeit und Unsicherheit der Daten klarzumachen. Danach kann man versuchen, die Evidenz logisch zu interpretieren. Transparenz bei allen Bearbeitungen der Rohdaten ist dabei unabdingbar. Dennoch wird sich in vielen Fällen der Ablauf der Ereignisse nicht eindeutig ermitteln lassen, ebenso wie es in der Wissenschaft manchmal verschiedene Modelle gibt, die mit den Daten kompatibel sind. Die Einsicht, die sich nach rationaler Beschäftigung mit der Welt ergibt, lautet also: Es gibt oft keine eindeutige Wahrheit. Öfter als vom intuitiven Ich erwünscht, muss man mit der verbleibenden Unsicherheit umgehen.

»Wer die Vergangenheit beherrscht, beherrscht die Zukunft. Wer die Gegenwart beherrscht, beherrscht die Vergangenheit.« – *George Orwell*

Logische Konsequenz kann nur sein, für verschiedene Hypothesen offenzubleiben und diese erst bei ganz eindeutiger Evidenz auszuschließen. Wird eine Hypothese widerlegt, ist dadurch noch keine der Alternativen bewiesen. Inkonsistenzen können dagegen darauf hindeuten, dass *alle* bisher erwogenen Szenarien oder

Theorien falsch sind und die Wahrheit noch nicht entdeckt ist. Diese Erkenntnis muss man öfter als erwartet gegen den Wunsch verteidigen, Fakten passend in sein Weltbild einzufügen. Erwin Schrödinger bemerkte hierzu weise: »Das echte wissenschaftliche Denken zieht es vor, sich mit einer Lücke abzufinden, statt sie mit Vermutungen zu schließen.«

Cui Bono? – Über Logik, Theorien und Verschwörungen

»Daher schien eine derartige Sicht nicht hinreichend abgeschlossen und auch nicht mit der Vernunft in hinreichender Übereinstimmung.« – *Nikolaus Kopernikus*

In ganz Westeuropa gibt es Geheimarmeen, die über riesige versteckte Waffenlager verfügen? Ohne jegliche demokratische Kontrolle? Sie veranstalten konspirative Treffen und sind an Terroranschlägen beteiligt? Klingt nach einer Verschwörungstheorie. Allerdings hat sie sich in diesem Fall als zutreffend herausgestellt. Der ehemalige italienische Ministerpräsident Andreotti räumte 1990 die Existenz dieses sogenannten *Gladio*-Netzwerkes ausdrücklich ein,[39] und der ehemalige Staatspräsident Cossiga rühmte sich sogar dafür, dass man es so lange hatte geheim halten können.[40] Der Schweizer Historiker Daniele Ganser hat in seiner Doktorarbeit die Existenz dieser sogenannten *Stay-behind*-Armeen der NATO in praktisch allen westeuropäischen Ländern nachgewiesen. Seine Ergebnisse sind deswegen besonders brisant, weil sie die Verstrickung dieser Netzwerke an terroristischen Anschlägen belegen. Einen konkreten Fall hatte 1984 der Ermittlungsrichter Felice Casson aufgedeckt. 1972 waren bei einem Autobombenanschlag in Peteano drei Polizisten ermordet worden, für den man die linksgerichtete Untergrundorganisation Rote Brigaden verantwortlich gemacht hatte. Die öffentliche Empörung schadete der politischen Linken erheblich. Letztlich war die Aufdeckung dieser Zusammenhänge jedoch Zufall; ohne einen engagierten Ermittler wie Casson wüsste vielleicht die Welt heute noch nichts von *Gladio* und ähnlichen Organisatio nen.

Anschläge auszuführen, um diese dem Gegner in die Schuhe zu schieben, bezeichnet man als »false flag« (unter falscher Flagge). Wenn Gewaltanwendung aus machtpolitischen Motiven heraus der

Bevölkerung nicht zu vermitteln ist, haben Regierungen nicht selten zu diesem Instrument gegriffen. Nicht ausgeführt, aber durch Dokumente belegt, ist die sogenannte Operation Northwoods. 1962 hatte der Oberkommandierende der US-Streitkräfte, General Lemnitzer, vorgeschlagen, ein amerikanisches Kriegsschiff in die Luft zu jagen, um einen Vorwand für einen Angriff auf Kuba zu schaffen. Der damalige Präsident John F. Kennedy verwarf den Plan. Dies alles sind nur einige der inzwischen bekannten historischen Tatsachen.

Was ist eigentlich eine Verschwörungstheorie?

Versetzt man sich in die entsprechende Zeit zurück, hätte man in Ermangelung von Evidenz die Hintergründe dieser Ereignisse auch als »Verschwörungstheorien« abtun können. Dieser Begriff ist heute in aller Munde, sodass er eine nähere Analyse verdient. Was ist eine Verschwörung? Im direkten Sinne zunächst gemeinsames, meist illegales Handeln im Verborgenen.[I] Menschen haben immer schon gemeinsame Ziele konspirativ verfolgt, etwa auch bei der organisierten Kriminalität. Insofern ist das Attribut »Verschwörung« ziemlich banal. In ihm liegt auch der irreführende Gebrauch des Wortes: Nicht das konspirative Handeln soll betont werden, sondern »Verschwörungstheorie« impliziert heute meist eine nicht näher begründete Herabsetzung der Glaubwürdigkeit.

Die Geschichte zeigt, dass sich schon viele Verschwörungstheorien als wahr herausgestellt haben, man könnte von einer »Verschwörungspraxis« sprechen. Woher kommt also die negative Bedeutung des Begriffs? Sie ist dann berechtigt, wenn eine Verschwörungstheorie schon als gesicherte Tatsache propagiert wird, obwohl die Beweislage noch unklar oder widersprüchlich ist. Die Argumente dafür geben dann oft eine monokausale, stereotype Sicht der Dinge wieder, die es sich *zu einfach* macht, manchmal mit den immer gleichen Feindbildern. Diese Definition von Verschwö-

---

I Verschwörer können im Übrigen auch mutig und verantwortungsvoll sein, wie zum Beispiel die am 20. Juli 1944 Beteiligten.

rungstheorie passt aber gerade *nicht* für den Fall, in dem eine offizielle Version eines Ereignisses hinterfragt und Widersprüche thematisiert werden. Vielmehr machen es sich dann diejenigen zu einfach, die jedwede Skepsis als »Verschwörungstheorie« bezeichnen.

Die unglaubwürdige Verschwörungstheorie kennzeichnet, dass der Kreis der im Verborgenen tätigen Personen nicht mehr genau definiert ist oder beliebig erweitert werden kann. Dazu wären die Verschwiegenheit einer unüberschaubaren Anzahl von Teilnehmern und flächendeckende geheime Informationskanäle nötig. Gegenargumente werden mit »unsichtbaren« Mechanismen erklärt, die die ursprüngliche Theorie mit willkürlichen Annahmen erweitern. Die Tatsache, dass es *keine* Berichte über ein Ereignis gibt, wird als Beleg für die Richtigkeit gewertet, also Nicht-Evidenz in Evidenz verwandelt. Derartige Verschwörungstheorien machen sich selbst gegen neue Fakten immun, man kann sie als *Flucht aus der Evidenz* bezeichnen. Zu Recht gelten sie daher als unglaubhaft.

»Zweifel ist keine angenehme Voraussetzung, aber Gewissheit ist eine absurde.« – *Voltaire*

Verschwörungswissenschaft und nicht mehr widerlegbare Geschichten

Naturwissenschaftler werden sich hier an obskure Behauptungen in ihrer Disziplin erinnert fühlen, ähnlich wie sie der Astronom Carl Sagan[41] mit der Theorie »Dinosaurier leben noch« parodiert hat. Warum sieht niemand die Dinosaurier? Sie leben in abgelegenen Gebieten in Afrika! Warum sind sie nicht auf Satellitenbildern sichtbar? Sie leben in Höhlen! Wie kommen sie dann an Nahrung? Sie gehen nur nachts hinaus! Warum findet man keine Knochen? Diese verrotten besonders schnell! Warum hört man von keinen Forschungen über diese Theorie? Die etablierten Biologen verhindern diese! Dieses nicht ganz ernst gemeinte Beispiel zeigt, dass es gar nicht so einfach ist, »Verschwörungstheorien« zu widerlegen, aber auch, dass die Glaubwürdigkeit mit der Anzahl der benötigten Hilfsannahmen sinkt.

Sie werden hier vielleicht das Kriterium der mangelnden Falsifizierbarkeit des Wissenschaftsphilosophen Karl Popper wiedererkennen – wenn eine These durch nichts mehr widerlegt werden kann, ist sie nicht viel wert und wird zur Ideologie. Insofern entspricht die nicht falsifizierbare Theorie mit ihren Ausflüchten, ihrer Flucht aus der Evidenz der (unglaubwürdigen) Verschwörungstheorie; das Element der Konspiration, obwohl in der direkten Bedeutung enthalten, ist sekundär und eigentlich irrelevant.

Offenbar ist die Anzahl der Hilfsannahmen ein graduelles Kriterium für die Glaubwürdigkeit. So kann auch eine anfangs plausible Hypothese nach und nach zu einem wissenschaftstheoretischen Problemfall werden, wie es zum Beispiel derzeit mit der »Dunklen Materie« der Fall ist. Diese wurde in den Außenbereichen von Galaxien postuliert,[II] um die unverständlich hohen Rotationsgeschwindigkeiten zu erklären. Die jahrzehntelange Suche nach der Dunklen Materie war jedoch erfolglos, sodass die Vorhersagen zu ihrer Natur immer wieder angepasst werden mussten. Der Radioastronom Robert Sanders zog ein ernüchterndes Fazit:[42] »Das Problem ist, dass dunkle Materie nicht falsifizierbar ist. Die Fantasie der theoretischen Physiker kann jede astronomische Nicht-Detektion durch das Postulat neuer Teilchen erklären.«[III] Niemand käme jedoch auf den Gedanken, die ursprüngliche Idee von Dunkler Materie als »Verschwörungstheorie« zu bezeichnen.

Verkannte Visionäre

Vielmehr ist es Teil der wissenschaftlichen Methode, dass alternative Hypothesen zur Erklärung eines Sachverhalts erwogen werden, auch wenn diese von der Sicht der Mehrheit abweichen. Der

---

II Originellerweise wird eine unerklärte Beobachtung in der Galaxiendynamik, die der Dunklen Materie widerspricht, dort ironisch als »disc-halo conspiracy« (Scheibe-Halo-Verschwörung) bezeichnet.

III Ähnlich kritisch äußerte sich der Physiker Richard Feynman über »supersymmetrische« Teilchen.

Mediziner Ignaz Semmelweis, der Mitte des 19. Jahrhunderts auf einer Entbindungsstation in Wien arbeitete, vermutete, dass die häufigen Todesfälle der Wöchnerinnen mit den Berührungen der untersuchenden Ärzte zu tun hatten, welche sich damals nicht die Hände wuschen. Obwohl es deutliche Anzeichen dafür gab, dass er recht hatte, wurde Semmelweis verlacht und endete schließlich unter tragischen Umständen im Irrenhaus.

Heute würde man Semmelweis vielleicht vorwerfen, er würde aus zufälligen Koinzidenzen abwegige Schlüsse ziehen, und ihn als Verschwörungstheoretiker bezeichnen. Damals hielt man jedenfalls den Gedanken für verrückt, die Krankheit werde durch winzige unsichtbare (!) Erreger übertragen, bis der berühmte Mikrobiologe Louis Pasteur diese unter dem Mikroskop entdeckte und vor der Akademie der Wissenschaften in Paris präsentierte. Aus diesem Beispiel geht auch hervor, dass das momentane Fehlen von Evidenz (unsichtbare Erreger) noch nicht gegen eine Hypothese spricht, solange die Beobachtung prinzipiell möglich ist.

Semmelweis war als Spinner bezeichnet worden, Kopernikus als ein Narr, und sogar Einstein hätte dieses Schicksal treffen können, hätte nicht der berühmte Max Planck dem Außenseiter eine Fachpublikation ermöglicht. Aber diese Geschichten, ebenso wie Alfred Wegeners Kontinentaldrift, die ein halbes Jahrhundert lang verspottet worden war, können nur mahnen, alternative Erklärungen ernst zu nehmen, auch wenn sie der Mehrheitsmeinung widersprechen. Dies gilt insbesondere, wenn sich die Situation widersprüchlich darstellt oder die akzeptierte Theorie noch keine befriedigende Erklärung liefert. Ohne die kreative Suche nach alternativen Erklärungen wären weder Lichtquanten noch die Gravitationstheorie entdeckt worden, wahrscheinlich befände sich die Menschheit noch in der Steinzeit. Die Wissenschaft lebt geradezu von exzentrischen Ideen und den Persönlichkeiten, die den Mut

»Leute, die große Entdeckungen machen, schaffen es irgendwie, sich von konventionellem Denken zu befreien.« – *Anthony Leggett, Nobelpreisträger 2003*

»Alle großen Wahrheiten begannen als Blasphemien.« – *George Bernard Shaw*

haben, diese zu verfolgen und dabei die Grenzen der akzeptierten Vorstellungen zu überschreiten.

Am produktivsten war die Wissenschaft dann, wenn die kreativen Visionäre mit konservativen Forschern zusammenarbeiteten, die die neuen Ideen sorgfältig prüften. Die Fähigkeit, Muster ohne zunächst kausalen Zusammenhang auf verschiedenen Gebieten wahrzunehmen, überraschende Assoziationen zu bilden, ist ein wesentliches, vielleicht das wichtigste Merkmal menschlicher Intelligenz. Selbstverständlich sind diese Fähigkeiten auch in der Kriminalistik, Zeitgeschichte und Politik nützlich. Jeden neuen Gedanken von vorneherein als »Verschwörungstheorie« zu diffamieren, stellt eine intellektuelle Kastration dar, deren Ziel es scheint, den Verstand am Arbeiten zu hindern. Wer mit dem Begriff Verschwörungstheorie um sich wirft, zeigt, dass ihm eigenes Denken fremd ist, und wer von Verschwörungstheoretikern spricht, will dies auch anderen verbieten.

Verschwörungen und Märchen in Schwarz-Weiß

Dafür gibt es oft handfeste Interessen, mit denen sich zu befassen es sich mehr lohnt mit dem Vorwurf »Verschwörungstheorie«. Aus dem oben Gesagten folgt eigentlich, dass der Begriff Verschwörungstheorie in der politischen Debatte überhaupt nicht vernünftig, geschweige denn nützlich, definiert werden kann. Sein Gebrauch deutet daher im besten Fall auf Uninformiertheit oder Autoritätsgläubigkeit hin. Es wird aber schwer gelingen, die wenig durchdachte Verwendung des Begriffs, wie etwa bei Wikipedia, wieder zu eliminieren. Eher wird sich die Sprache ihren eigenen Weg bahnen und der Erkenntnis des Philosophen Ludwig Wittgenstein folgen: Die Bedeutung eines Wortes ist sein Gebrauch in der Sprache. Irgendwann wird der Ausdruck »Verschwörungstheorie« mehr über den Argumentierenden aussagen als über die Inhalte. Die Strategie, Hypothesen abzuwerten, wird sich dann als Bumerang erweisen, weil »Verschwörungstheorie«

»Hypothesen sind Netze, nur der wird fangen, der auswirft.« – *Novalis*

nun bedeutet: Hier gibt es etwas Interessantes zu erfahren, was Untersuchung und Nachdenken lohnt – auch wenn es der offiziellen Sicht widerspricht.

Leider entfernt sich eine Diskussion über ungeklärte Ereignisse von jeder Rationalität, sobald der Begriff »Verschwörungstheorie« oder »Verschwörungstheoretiker« in den Raum geworfen wird. Eigentlich muss in diesem Fall die abwertende Konnotation mit gleicher Münze zurückgezahlt werden, um die Diskussion wieder in eine sachliche Balance zu bringen.[IV] Ich schlage daher als Gegenpol zur Verschwörungstheorie den Begriff »Regierungsmärchen« vor. Die Definition wäre denkbar einfach: Alle Ereignisse, zu denen »Verschwörungstheorien« existieren, sind mögliche Regierungsmärchen. Als Pendant zum Verschwörungstheoretiker müsste man jene, die offizielle Informationen unkritisch übernehmen und Aussagen von Regierungssprechern für die reine Wahrheit halten, als »Regierungstrottel« bezeichnen. Zwischen den Extremen der Verschwörungstheoretiker, für die die Welt völlig schwarz ist, und den Regierungstrotteln, denen sie vollkommen weiß erscheint, könnte sich dann wieder eine sachliche Diskussion entfalten, die die Grautöne und Unsicherheiten der realen Welt anerkennt.

»An allem zweifeln oder alles glauben sind gleichermaßen bequeme Lösungen.« – *Henri Poincaré*

Moralkeule auf den Kopf

Auffällig ist, dass sogenannte Verschwörungstheorien selten mit rationalen, wissenschaftlichen Argumenten bekämpft werden, sondern meist auf emotional-moralischer Ebene. Verschwörungstheorie wird als Schlagwort gebraucht, das Unbehagen bereiten soll, sich mit dem Thema überhaupt zu beschäftigen: Pfui! Zeitverschwendung! Der Begriff droht implizit mit der Einordnung ins Ab-

IV Es ist auch nicht unbedingt klug, eine rüpelhaft begonnene Diskussion ohne Reaktion freundlich weiterzuführen. Der intolerante Angriff wird in diesem Fall durch eine sachliche Antwort nur belohnt.

sonderliche, Tabuisierte oder gar politisch Extreme.[43] Wie das Beispiel flache Erde zeigt, ist »Verschwörungstheorie« auch eine Schublade, in die man offensichtlichen Unsinn zusammen mit diskutablen Hypothesen steckt, um diese zu entwerten. Durch die Verklammerung soll ein Gedanke lächerlich gemacht werden, ohne inhaltlich auf ihn einzugehen.

Natürlich haben »Verschwörungstheorien«, nennen wir sie besser Hypothesen, stark unterschiedliche Glaubwürdigkeit, mögen unrichtig, unlogisch oder auch geradezu verrückt sein. Gerade dies sollte aber zu einem entspannten Umgang mit ihnen führen. Kein integrer Wissenschaftler wird sein Fachgebiet durch verrückte Alternativtheorien bedroht sehen, denn Hypothesen ohne Evidenz sterben unter vernünftigen Menschen von selbst aus. Manchmal hört man dagegen, »Verschwörungstheorien« müssten aktiv bekämpft werden. Dies kann höchstens Argwohn hervorrufen, ebenso, wenn behauptet wird, Verschwörungstheorien würden das politische Klima »vergiften« oder gar die »Demokratie gefährden«. Dies ist ebenso albern wie die Behauptung, kosmologische Forschung würde durch Astrologie in Gefahr geraten. Je offenkundiger der Unsinn, desto harmloser ist er auch für die Suche nach Erkenntnis.

Die Terrorindustrie

Nicht harmlos scheint hingegen, was tatsächlich im Verborgenen geschieht und realen Bezug zu Gewaltereignissen hat. Der amerikanische Investigativjournalist Trevor Aaronson hat in seinem Buch *The Terror Factory: Inside the FBI's Manufactured War on Terrorism*[V] zahlreiche Fälle dokumentiert, in dem die Sicherheitsbehörden mental labile Individuen mit extremen Ansichten geradezu zu Anschlägen anleiteten. Dies geschah durch Finanzierung, Planung und sogar Bereitstellung von Waffen, die bei Terrorakten verwen-

V »Die Schreckensfabrik: ein Blick in den fabrizierten Krieg gegen Terror des FBI« (2013).

det wurden. Aaronson bezieht sich auf eine Studie der Universität von Kalifornien, die Hunderte von Ermittlungsakten der amerikanischen Bundespolizei systematisch ausgewertet hatte. Im Jahr 2015 erklärte Aaronson in einem Vortrag[44] wörtlich: »Das FBI ist für mehr Terroranschläge verantwortlich als alle islamistischen Organisationen zusammen.« Das Ergebnis der jahrelangen Recherchen wurde im Übrigen dem FBI mit der Bitte um Überprüfung vorgelegt. Man fand keine Fehler. Aaronson wurde für seine Arbeit mit Preisen ausgezeichnet,[45] die öffentliche Resonanz auf seine Enthüllungen blieb jedoch überschaubar. Nach seinen Recherchen muss man jedoch davon ausgehen, dass sich False-Flag-Operationen und inszenierte Anschläge, wie sie von Daniele Ganser und anderen beschrieben wurden, in der Gegenwart fortsetzen. Die Adressaten solcher Anschläge sind nicht die Opfer selbst, sondern die Öffentlichkeit, die dadurch in Angst versetzt und eher bereit sein wird, Einschränkungen ihrer Rechte hinzunehmen.

»Sie denken, ich hatte Glück, mich hat's nicht erwischt. Doch, genau Sie hat's erwischt.« – *Daniele Ganser*

Sehr defensiv formuliert, gibt es bei vielen Terroranschlägen der letzten Jahre offene Fragen. Das fängt mit der bemerkenswerten Ungeschicklichkeit an, mit der die Täter ihre Ausweise am Tatort zu hinterlassen pflegen, und endet mit der signifikanten Seltenheit, mit der die Attentäter ihre Verhaftung überleben, weil sie trotz ausweglosen Lage einen Schusswechsel mit der Polizei beginnen. Dazu kamen Versäumnisse der Sicherheitsbehörden, die sich im Vorfeld gegenüber den von den Tätern ausgehenden Gefahren geradezu blind zeigten, denen dilettantische Ermittlungspannen unterliefen und die in einzelnen Fällen sogar Beweise fälschten und vernichteten.[46]

Es würde den Rahmen dieses Buches sprengen, den NSU-Komplex, die Attentate in Frankreich 2015 und 2016 oder in Berlin 2016 näher zu besprechen. Im Vergleich zu den Autoren, die diese Fälle mit detailliertem Quellenstudium untersucht haben,[47] fühle ich mich auch nicht qualifiziert. In allen Fällen wurde jedoch der Begriff »Verschwörungstheorie« missbräuchlich eingesetzt, sobald ganz normale Fragen auftauchten, die sich bei Ermittlungen zu

Verbrechen eben stellen. Die Öffentlichkeit reagiert auf diese Emotionalisierung allerdings durchaus mit einem gewissen Widerstreben gegen investigative Berichte.

Tabu ist einfacher als Aufklärung

Dabei gibt es ein wichtiges psychologisches Element. Die bei unvoreingenommenen Ermittlungen denkbare Hypothese, dass Regierungen oder zumindest einzelne Behörden in Verbrechen verwickelt sein könnten, verletzt zutiefst unser Grundvertrauen in den »Vater Staat«, dem eigentlich Wohlergehen und Sicherheit seiner Bürger oberste Handlungsmaxime sein sollten. Die Erfahrung des Gegenteils wäre ein Trauma, vergleichbar dem eines Kindes, das Gewalt vonseiten seiner geliebten Eltern erlebt. In diesem Fall führt der unerträgliche Widerspruch oft zu einer mentalen Abspaltung und Verdrängung des Traumas. Auf ähnliche psychologische Mechanismen ist es wohl zurückzuführen, dass das Erwägen von verbrecherischem (das heißt nicht nur unmoralischem, interessengeleitetem oder korruptem) staatlichen Handeln immer noch als Tabu gilt.

Vermieden werden kann dieses Tabu mit der Vorstellung von extremistischen, unberechenbaren oder gar geistig verwirrten »Einzeltätern«, welche den Terrorakten einen Anstrich von Unvermeidbarkeit verleihen. Es ist auffallend, wie sehr das Narrativ des Einzeltäters die regierungsnahen Darstellungen von Gewaltereignissen dominiert, obwohl dies keineswegs der historische Regelfall ist. Man studiere in diesem Zusammenhang durchaus bei Wikipedia,[40] wie oft (beginnend 680 v. Chr. mit dem assyrischen König Sanherib) Staatsoberhäupter durch »verwirrte Einzeltäter« und wie oft durch tatsächliche Verschwörungen mehrerer Beteiligter zu Tode kamen. Stirbt der Einzeltäter bei seiner Verhaftung oder kurz danach, entfällt die staatliche Verpflichtung zur Ermittlung, was für die an Aufklärung interessierte Öffentlichkeit oft unbefriedigend ist. Fast scheint es so, dass das Narrativ des Einzeltäters heute eine politisch korrekte Alternative zur anrüchigen Verschwörungstheorie geworden ist.

Der unglaubwürdigste Fall einer heute noch offiziell vertretenen Einzeltätertheorie ist wohl die Ermordung John F. Kennedys. Neben allen anderen historischen Details, mit denen James W. Douglass in seinem Buch *JFK and the Unspeakable*[VI] die Täterschaft der CIA belegt, sticht vor allem die Widersinnigkeit der angeblichen Motivation des Einzeltäters Lee Harvey Oswald hervor: Er solle im Interesse der Sowjetunion und Kubas gehandelt haben, zweier Länder, die von der durch Kennedy eingeleiteten Entspannung profitierten.

»Ich werde die CIA in tausend Stücke schlagen und sie in alle Winde zerstreuen.« – *John F. Kennedy*

Phantom statt Evidenz

Ein Ausnahmejournalist, der zum ersten Mal die mögliche Verstrickung von Geheimdiensten bei einem Attentat in Deutschland thematisierte, ist Gerhard Wisnewski. Wohl weil die Ermordung von Alfred Herrhausen 1989 durch die RAF ziemlich unlogisch erschien,[VII] untersuchte er den Fall näher und entdeckte Unerhörtes: Ein vom Verfassungsschutz bedrohter Kronzeuge widerrief sein anfängliches Geständnis vor laufender Kamera, bei der Bombe handelte es sich um ein Hightech-Produkt[49] anstatt einer »Handarbeit«, wie in einem Bekennerbrief zu lesen war, und das Verhalten der Personenschützer am Tattag war geradezu unglaublich nachlässig. Wisnewskis Buch[50] wurde zum Bestseller, der darauf aufbauende Film *Das RAF-Phantom* erhielt 2001 den Grimme-Preis.[VIII] Inzwischen werden Wisnewskis Recherchen ebenfalls als »Verschwö-

VI Wörtlich: »John F. Kennedy und das Unaussprechliche«.

VII Ein wirkliches Motiv ergab sich jedoch aus Herrhausens Verhalten als Banker und Manager. Drei Tage vor seinem Tod hatte er überraschend eine britische Investmentbank übernommen. In Kombination mit seinem Vorschlag eines Schuldenerlasses für arme Länder hatte dies erhebliche Befürchtungen anderer Banken geweckt.

VIII In geradezu orwellscher Geschichtsumschreibung ist dies aus Wisnewskis Wikipedia-Artikel gelöscht worden.

rungstheorie« bezeichnet, denn ein anderer Autor hat die offizielle Version im Rahmen seiner Promotion »wissenschaftlich« bestätigt, betreut übrigens von einem Dozenten der Führungsakademie der Bundeswehr und Oberst der Reserve.

Weniger über das Attentat als über Wikipedia sagt es aus, wie die akademisch geadelte Gegenmeinung dort hochgelobt wird. Ein besonders aktiver Administrator vertritt sogar die Ansicht, sobald »wissenschaftliche« Quellen zur Verfügung stünden, dürften andere gar nicht mehr erwähnt werden. So ist es um die Meinungsvielfalt im Jahr 2019 bestellt.

Manche von Wisnewskis Hypothesen sind tatsächlich angreifbar und klingen absonderlich. Andererseits macht er bis heute die Arbeit, die überforderte oder gar korrupte Polizei- und Justizbehörden nicht mehr leisten – so zum Beispiel im Fall Kirsten Heisig, in dem zumindest ungenügend ermittelt wurde.[51] Obwohl Wisnewskis Bücher Bestseller sind, ist es um seinen »offiziellen« Ruf nicht mehr allzu gut bestellt. Denn nachdem er 2003 zum ersten Mal in einer Fernsehdokumentation[52] des WDR die Anschläge vom 11. September thematisiert hatte, wurde er medial hingerichtet – übrigens vom *Spiegel*, der gleichzeitig sehr authentisch über die Vernehmungen in Guantanamo zu berichten wusste.[53] Das gleiche Schicksal ereilt nun wohl Daniele Ganser, dessen Buch über NATO-Geheimarmeen 2005 im *Spiegel* überaus positiv rezensiert worden war.[54] Seit er aber den 11. September zum Thema macht, wird er ebenfalls in die Verschwörungsecke gedrängt.[55] Dabei behauptet Ganser keinen konkreten Ablauf. Offene Fragen sind aber nun mal da.

»In der Politik geschieht nichts zufällig. Wenn etwas geschieht, kann man sicher sein, dass es auch auf diese Weise geplant war.« – *Franklin D. Roosevelt*

Strategie der Spannung und Taktik der Diffamierung

Es ist nicht Feigheit, dass ich mich zu den in diesem Kapitel erwähnten Ereignissen nicht mit einer Einschätzung positioniere. Andere haben sich jedoch wesentlich gründlicher damit befasst, und mir geht es in erster Linie um die Methodik, wie wir mit unvollständiger und möglicherweise verfälschter Information umgehen. Eine rationale Strategie, die Ereignisse vom 11. September 2001 zu bewerten, ist sicher, an *allen* bestehenden Theorien zu zweifeln, einschließlich der regierungsamtlichen. Wenn Hypothesen über Vorwissen oder Verstrickung der Regierung endgültig widerlegt werden sollen, dann muss dies jedenfalls mit sachlichen Argumenten geschehen, nicht mit Tabuisierung. Leider sind aber wesentliche Informationen, die Aufschluss über die Hintergründe geben könnten, bis heute nicht öffentlich – das ist fast das Einzige, was man ganz sicher weiß. Emotionales Geschrei à la »Verschwörungstheorie«, Empörung, Verbote und Zensur helfen für die Wahrheitsfindung nicht weiter. Nötig wäre eine wissenschaftliche Herangehensweise, die sich in unabhängigen Gruppen im Detail mit der Evidenz beschäftigt, möglichst nahe an den »Rohdaten«. Derzeit scheint das aber in weiter Ferne.

Helmut Schmidt: »Ich habe den Verdacht, dass sich alle Terrorismen, […] in ihrer Menschenverachtung wenig nehmen. Sie werden übertroffen von bestimmten Formen von Staatsterrorismus.« *DIE ZEIT*: »Ist das Ihr Ernst? Wen meinen Sie?« Helmut Schmidt: »Belassen wir es dabei. Aber ich meine wirklich, was ich sage.«[56]

Zu wünschen ist, dass sich der Vorwurf »Verschwörungstheorie« weiter abnutzt und als durchsichtiger Versuch erkannt wird, Fragen zu offiziellen Darstellungen zu unterdrücken, auch wenn sich diese aufdrängen. Im Land von Kant und Schiller ist es besonders traurig, dass die Forderung nach dem Nichtgebrauch des Verstandes eine derartige Konjunktur entfaltet. Noch einen Schritt weiter ist es von der Verschwörungstheorie zum Verschwörungstheoretiker, einer polemischen Abstraktion von der Sache zur Person, die ebenso unfair wie irrational ist.

Es ist ganz normal, dass jemand, der selbst denkt, den einen Sachverhalt zutreffend bewertet, sich bei anderen Gelegenheiten aber irren kann. Dennoch wird oft jemand mit dem Argument diskreditiert, er habe eine falsche Ansicht zu irgendeinem Thema. Mit diesem Einwand könnte man alle physikalischen Theorien von Newton bis Einstein beiseite wischen, denn neben ihren Erkenntnissen unterliefen diesen nicht wenige Irrtümer. Ebenso wie dem visionären Physiker und Philosophen Ernst Mach. Dieser hatte tiefe Einsichten zum Ursprung der Gravitation, bezweifelte aber die Existenz von Atomen.

Unterstützung von der Statistik

Neben Untersuchungen spielen bei der Beurteilung von weltpolitischen Ereignissen auch allgemeine methodische und historische Erwägungen eine wichtige Rolle, die in der öffentlichen Diskussion oft in den Hintergrund treten. Gerade weil wir die Hilfe des Verstandes benötigen, um uns ein zutreffendes Abbild der Realität zu verschaffen, ist es hilfreich, einen Blick auf diese scheinbar trockenen Methoden zu werfen.

Ein wichtiger Begriff hierbei ist die sogenannte *a-priori*-Wahrscheinlichkeit, die nach dem Statistiker Bayes benannt ist. Die Unkenntnis darüber führt oft zu erheblicher Verunsicherung von Patienten, die sich mit der Diagnose einer Krankheit konfrontiert sehen. Wenn zum Beispiel eine seltene Krankheit im Mittel nur bei 10 von 1000 Personen auftritt und diese mit einem Verfahren mit nur 2 Prozent Fehlerwahrscheinlichkeit getestet wird, ergibt sich ein verzerrtes Bild. Denn zu den 10 identifizierten Kranken kommen etwa 20 Menschen, die falsch-positiv getestet wurden. Die Wahrscheinlichkeit, krank zu sein, beträgt daher nur etwa 10 von 30, also ein Drittel, selbst wenn man ein unangenehmes Testresultat erfahren hat. Die meisten Menschen vergessen, dass die a-priori-Wahrscheinlichkeit einer Erkrankung gering war.

Was hat dies nun mit Politik zu tun? Bestimmte Szenarien sind a priori unwahrscheinlich, weil sie nicht der geschichtlichen Erfahrung entsprechen, so wie Einzeltäter bei Attentaten auf Staatsoberhäupter. Ereignisse, die Anlass zu einem Krieg gaben, stellten sich in den seltensten Fällen als wahr heraus. Dies ist keine moralische Antikriegsargumentation, sondern nüchterne historische Evidenz. Es ist daher völlig legitim und für eine Gesamtwürdigung notwendig, sich über a-priori-Wahrscheinlichkeiten (sie entspricht der

Häufigkeit der Krankheit) Gedanken zu machen, ganz gleich wie wahrscheinlich die konkreten Umstände des Hergangs waren (was dem Diagnosetest entspricht). Dies erfordert allerdings ein breiteres historisches und methodisches Wissen.

Entsprechende Unterschiede in der Bewertung von Theorien gibt es daher auch in der »harten« Naturwissenschaft. Hochenergiephysiker sehen zum Beispiel die Existenz von Elementarteilchen als erwiesen an, wenn die Experimente, gleich den Diagnosetests, geringe Fehlerwahrscheinlichkeiten aufweisen. Das derzeitige Standardmodell umfasst daher eine Vielzahl von Teilchen, die entsprechende Tests durchlaufen haben. Historisch und naturphilosophisch orientierte Physiker halten dagegen, dass sich komplizierte Erklärungsmodelle in der Wissenschaftsgeschichte praktisch immer als falsch erwiesen haben. Sie messen daher solchen Modellen eine geringe a-priori-Wahrscheinlichkeit bei und bewerten die Glaubwürdigkeit des Standardmodells geringer.

Anlass zur Kontroverse sowohl in Politik und Wissenschaft ist auch regelmäßig, ob bestimmte Koinzidenzen zufällig sind oder nicht.[IX] Auch hier sollte man nüchtern statistisch argumentieren: Gerade weil das menschliche Gehirn statistische Sachverhalte nicht intuitiv erfasst, sind solche Analysen notwendig.

Teile dieser wahrscheinlichkeitstheoretischen Betrachtung sind natürlich schon unter anderem Namen bekannt, etwa die Frage »Cui Bono?«, die römische Rechtsgelehrte immer schon stellten. Die Frage nach dem Motiv, wem ein Ereignis nutzt und wem nicht, wird bei tagespolitischen Ereignissen viel zu selten aufgeworfen, betrifft aber die a-priori-Wahrscheinlichkeit. Der deutsche Fernsehzuschauer lernt jede Woche beim Verfolgen seines Krimis, dass es keinen Mord ohne Motiv gibt, nur um kurz danach in den Tagesthemen zu erfahren, dass Assad wieder einmal Chemiewaffen oder mindestens Fassbomben aus purer Mordlust auf sein eigenes Volk geworfen hat – und dabei offen-

IX Eine interessante Koinzidenz wurde zum Beispiel von Paul Dirac bemerkt, die auf einen unerklärten Zusammenhang von Kosmologie und Atomphysik hindeutet.

bar jedes Mal weltweite Empörung und Militärschläge gerne in Kauf nimmt …

Please, Engage Your Brain!

Die Details von Gewaltereignissen, die oft der Geheimhaltung unterliegen, unverfälscht zu erfahren, ist für den Normalbürger schwierig. Für die Prüfung, ob die ganze Geschichte einen Sinn ergibt, reicht jedoch oft ein wacher Verstand. Wie würde man sich selbst in der Situation verhalten? Gibt es Widersprüche zu vergangenem Verhalten oder zu den Zielen der Beteiligten? Was folgt unmittelbar aus den unstrittigen Tatsachen? Viel wichtiger als Details ist die Stimmigkeit der Geschichte, denn rationales Handeln der Beteiligten ist nun einmal a priori wahrscheinlicher als irrationales. Viele Narrative, die heute in den Nachrichten präsentiert werden, erfordern wenig Nachdenken, um darin Inkonsistenzen zu entdecken, und scheitern damit an logischen Grundvoraussetzungen.

Problematisch ist, dass bei manch öffentlich verbreiteter Empörung überhaupt nicht mehr der Versuch gemacht wird, eine rationale Debatte zu führen. Beispielsweise setzt die britische Regierung in dem mysteriösen Fall Skripal offenbar darauf, von Zeit zu Zeit laute, punktuelle Beschuldigungen zu erheben, die nicht nur oft nicht nachprüfbar sind, sondern immer neue logische Inkonsistenzen enthalten.[57] Es gibt daher auch kein Interview, keinen Vortrag oder Artikel, der die regierungsoffizielle Ansicht anhand einer nachvollziehbaren Gedankenkette darlegt. Eine sachliche Auseinandersetzung wird schlicht verweigert, ohne dass dies die meisten Medien irgendwie zu stören scheint.

»Ein Philosoph, der sich nicht äußert, ist wie ein Boxer, der nicht in den Ring steigt.« – *Ludwig Wittgenstein*

Umgekehrt kann man erhellende Einsichten haben, wenn man Menschen zuhört, die auf besondere Erfahrungen und Hintergrundwissen zurückgreifen können. Ihre Argumente stützen sich meist auf unstrittige Tatsachen, stellen zwischen diesen aber einen sinnvollen Bezug her. Dies lässt Zusammenhänge erkennen, neben denen die tagespolitischen Kommentare der Journalisten als zu kurz gedacht erscheinen. Ein Beispiel stellt ein BBC-Interview mit dem ehemaligen Botschafter Großbritanniens in Syrien, Peter Ford, dar. Ford betonte, dass es in der siegreichen Situation Assads im April 2018 unsinnig gewesen wäre, die Reste des Widerstandes mit Giftgas anzugreifen.[58] »Aber was sollten die Rebellen für eine Motivation haben?«, entgegnete der Moderator. Peter Ford antwortete,[59] und einen besseren Ratschlag kann man ganz allgemein nicht geben: »Ist das nicht offensichtlich? Wir müssen hier unser Gehirn bemühen!«

Teil 3: Handeln

»An drei Dingen erkennt man den Weisen:
schweigen, wenn Narren reden;
denken, wenn andere glauben,
und handeln, wenn Faule träumen.«
– *Richard von Weizsäcker*

Einkehr – Warum ein wacher Verstand Mediendiät braucht

Im vorigen Teil dieses Buches haben wir uns mit dem Denken befasst. Durch die vielen kognitiven Illusionen und Hindernisse, die den Verstand am Arbeiten abhalten, war es schwer genug, sich ein vernünftiges Abbild der Realität zu verschaffen. Dieses ist alles andere als perfekt, aber das Beste, was möglich war. Was machen wir jetzt damit? Welche Konsequenzen ziehen wir aus dem Weltbild für unsere Handlungen? Wann ist politisches Handeln sinnvoll?

»Selbstdenken ist der höchste Mut. Wer wagt, selbst zu denken, der wird auch selbst handeln.« – *Bettina von Arnim*

Man stelle sich einmal vor, die letzten zwölf Monate keine Nachrichten gehört zu haben. Das ist eine relativ lange Zeit, und viele Menschen würden dies wohl als schwierig empfinden. Aber was hätte man tatsächlich versäumt, und was wüsste man trotzdem noch über die Situation auf dem Planeten? Worüber müsste man sich auch ein Jahr später noch Gedanken machen? Ganz sicher würden einige wichtige Probleme noch da sein: Wie kann man die globale Umweltverschmutzung eindämmen, die Vermüllung der Meere, die Erosion der Böden, die Emission von Treibhausgasen, dem Klimawandel vorbeugen, den Anstieg der Meeresspiegel verhindern? Welche weiteren Gefahren lauern noch in der Natur, wie Virusepidemien, multiresistente Keime, das Aussterben lebenswichtiger Arten? Für welche dieser Gefahren ist unser nicht nachhaltiges, global praktisch unreguliertes Wirtschaftssystem verantwortlich? Ist dieses angesichts weltweit explodierender Vermögen und Schulden überhaupt stabil, und welche Alternativen wären realistisch? Höchstwahrscheinlich werden diese Fragen uns immer noch begleiten, aber es gibt noch vieles andere, was uns existenziell betrifft.

Welche zufälligen Ereignisse mit kleiner Wahrscheinlichkeit könnten unsere technologieabhängige Zivilisation bedrohen? Sind wir genügend vorbereitet auf Meteoriteneinschläge, Sonneneruptionen mit der Folge von globalen Stromausfällen oder Supervulkanausbrüche, die über Jahre hinweg die Sonneneinstrahlung abschirmen können? Sind wir auf einen nuklearen Winter gefasst, dessen Eintritt mit einer bestimmten Wahrscheinlichkeit die Atommächte permanent hinnehmen? Wie begegnet die Menschheit langfristig der Gefahr ihrer Selbstauslöschung durch einen globalen Konflikt, sei es durch Wasserstoffbomben, autonome Waffensysteme oder andere, uns noch nicht bekannte Massenvernichtungswaffen? Kann die Menschheit in ihrer derzeitigen Form des Zusammenlebens als Nationalstaaten diesen Gefahren wirksam begegnen? Inwiefern ist unsere hoch entwickelte Zivilisation verwundbar durch vollkommen unvorhersehbare Ereignisse? Welche Technologien sind heute bereits lebensnotwendig und über welche Ersatztechnologien verfügen wir bei einem Ausfall? Ist künstliche Intelligenz eine Lösung dieser Menschheitsprobleme, oder gefährdet sie gar das Dasein von Homo sapiens?

»Die Nationen der Welt ähneln heute einer Gruppe von Bergsteigern, die durch ein Kletterseil miteinander verbunden sind. Entweder steigen sie zusammen weiter bis zum Gipfel, oder sie stürzen zusammen in einen Abgrund.« – *Michail Gorbatschow*

Wie geht es weiter?

Die oben angesprochenen Gefahren kann man thematisieren, aber sind überhaupt Grundfragen unserer Existenz geklärt? Inwiefern unterliegt unsere eigene Art Homo sapiens noch der Evolution, und ist ihre Herkunft überhaupt zweifelsfrei erforscht? Formten sich primitive Lebewesen aus abiotischen Molekülen auf der Erde, oder ist eine Beeinflussung aus dem Weltall, etwa durch Viren, denkbar?[1] Haben wir neben der Biologie die physikalischen Naturgesetze im Wesentlichen schon verstanden, oder stehen noch Entdeckungen bevor, die unter Umständen neue Technologien generieren?

Der Erfinder und Zukunftsforscher Ray Kurzweil geht davon aus, dass die Menschen in absehbarer Zeit sich selbst zu anderen, möglicherweise mit Computern verbundenen Lebensformen transformieren werden.[2] Wie stellt sich die Menschheit dieser vielleicht unvermeidlichen Perspektive? Der britische Philosoph Nick Bostrom argumentiert in seinem Bestseller *Superintelligenz*, dass die Entwicklung einer Intelligenz, die der menschlichen in jeder Hinsicht überlegen ist, auf lange Sicht nicht zu verhindern ist. Welches Wertesystem könnte man so einer Intelligenz von vorneherein einpflanzen, damit sie die Menschheit nicht vernichtet? Ist das überhaupt möglich? Können wir uns überhaupt als Art Homo sapiens weltweit auf ein allgemeines Wertesystem einigen, nach dem unsere gemeinsame Zukunft auf dem Planeten zu gestalten ist? Wie ist der Humanismus überhaupt mit der Evolution in Einklang zu bringen? Ist er objektivierbar gut oder nur eine artbezogene Ideologie mit begrenzter Geltungsdauer?

Wer die Nachrichten verfolgt, hört praktisch nichts von allen diesen wichtigen Fragen, die die Mächtigen der Welt im Übrigen auch nicht zu interessieren scheinen. Nicht zu Unrecht bezeichnet der Anthropologe Yuval Harari die Menschheit, welche die Natur beherrscht, als »unzufriedene, verantwortungslose Götter, die nicht wissen, was sie wollen«.[3] Tatsächlich ist kein Ziel, vielleicht noch nicht einmal ein Sinn der Menschheit erkennbar. Wenn man von dem Ehrgeiz der Internetkonzerne absieht, die ganze Welt zu vernetzen und möglichst viele Daten zu sammeln, scheint es an Visionen zu fehlen. Neben den unzähligen falschen Propheten gibt es wenige, die sich ernsthaft über den Fortgang der Zivilisation Gedanken machen.

Zwei Planeten treffen sich im Weltall. »Wie geht's dir?« – »Schlecht! Ich habe Homo sapiens.« – »Das vergeht von selbst!«

Eine Rolle spielt dabei die von Harari als Konsumismus bezeichnete Ideologie. Neben Materiellem zählen Erlebnisse als wertvollster Lebensinhalt. Erkenntnisse gelten, anders als in den großen philosophischen Traditionen, nicht mehr als Wert an sich. Wenige Visionäre brechen dennoch aus diesem Muster aus. Was zeichnet sie aus? Welche Eigenschaften haben sie? Keineswegs haben Menschen mit besonderen Fähigkeiten ein biologisch anderes Gehirn, es scheint nur, dass sie es anders gebrauchen – vielleicht auch durch Schonung seiner Ressourcen. Tatsächlich scheint es plausibel, dass ein von der Menge der aufgenommenen Information überfordertes Gehirn in seiner Kreativität eingeschränkt ist.

Gesunde Informationsernährung

Vieles deutet darauf hin, dass der menschliche Geist für größere intellektuelle Leistungen Abgeschiedenheit und Muße benötigt, die in der vernetzten Welt von heute nur noch mit Anstrengung zu realisieren sind. Nicht umsonst zieht sich Harari jedes Jahr wochenlang zur Meditation zurück, ohne dass ihm wirklich Entscheidendes zu entgehen scheint. Sarkastisch merkte er Ende Dezember 2016 an, vom Ausgang der US-Präsidentschaftswahl sechs Wochen später erfahren zu haben, sei kein Nachteil gewesen.

Immer wieder haben sich große Denker freiwillig völlig isoliert, um ihre Theorien zu entwickeln. Kepler, Newton oder auch Einstein konnte dies zu ihrer Zeit vielleicht leichter fallen, aber auch der Mathematiker Andrew Wiles zog sich sieben Jahre lang zurück, ehe er 1994 ein als undurchdringlich geltendes Problem lösen konnte.[I] Dabei darf man davon ausgehen, dass Wiles in seiner Freizeit auch vorher nicht Klatschspalten und Sportnachrichten gelesen, sondern sich mit Mathematik beschäftigt hat. Selbst für auf ihren Bereich konzentrierte Menschen ist offenbar eine weitere Nachrichtendiät sinnvoll. Denn Wiles hatte auch die aktuellen Ergebnisse seines Fachgebietes zur Seite gelegt und Konferenzen gemieden.

»Ich meditiere, um die Realität klarer zu sehen. Es hat nichts mit einer religiösen Übung zu tun, um mit dieser oder jener Kraft in Kontakt zu kommen …« – *Yuval Harari* [4]

Aber auch ohne den Ehrgeiz, wissenschaftliche Jahrhundertprobleme zu lösen, ist man gut beraten, die Informationsaufnahme zu

I Wiles gelang der Beweis des Großen Satzes von Pierre de Fermat, den der französische Mathematiker 1643 formulierte.

reduzieren, wenn man in der schnelllebigen Welt von heute einen klaren Kopf behalten und die richtigen Entscheidungen treffen will. Es gibt übrigens keine Reize, die für unser Gehirn »entspannend« sind, weil es dauernd versucht, die Information sinnvoll zu strukturieren. Unterhaltung durch Fernsehen, Computerspiele, ja sogar Unterhaltungsliteratur sind für das Gehirn das genaue Gegenteil einer Ruhepause. Wenn überhaupt, kann ein Entzug von Sinnesreizen entspannen.

»Selig, wer sich vor der Welt ohne Haß verschließt …« – *Johann Wolfgang von Goethe*

Schließlich ist Schlaf für das Gedächtnis eine unerlässliche Regeneration, daher stellt der Tag für die menschliche Konzentrationsfähigkeit eine besondere Einheit dar,[II] die viel zu oft von Ablenkungen durchtrennt wird. Eine weitere Stufe der Verarbeitung und mentalen Verdauung sind Träume, in denen oft Material der vergangenen Tage zum Vorschein kommt. Die Vermutung liegt also nahe, dass volle Konzentration auf ein Thema eine Anlaufphase von mehreren Tagen benötigt, ehe sie zur vollen Leistungsfähigkeit führen kann.

Will man den Verstand also in einer Weise gebrauchen, dass sich seine Fähigkeiten entfalten können, ist es entscheidend, den Konsum von Information zu reflektieren und zu regulieren. Die Medien haben weder Interesse noch die Fähigkeit, ihr Angebot an den Bedürfnissen eines möglichst leistungsfähigen Gehirns zu orientieren. Sie berichten zwar manchmal durchaus sinnvolle, interessante Dinge, aber oft genug auch emotionalisierte Trivialitäten, die den Verstand benebeln. Die Qualität der von den Massenmedien dargebotenen Informationen hatten wir schon im ersten Kapitel thematisiert. Dennoch gehen die meisten Menschen mit ihrem Denkorgan ähnlich sorglos um wie die Menschheit mit der Natur, als das Thema Umwelt noch unbekannt war. Nüchtern betrachtet, ist der größte Teil der für den menschlichen Konsum bestimmten Information Gehirnverschmutzung.

II Das Aufteilen des täglichen Schlafes in mehrere Abschnitte wurde von einigen besonders kreativen Individuen wie Leonardo da Vinci und Nikola Tesla praktiziert.

Technologie oder Entschleunigung?

Auch das Versagen des Journalismus bei der Auswahl der Information wurde schon angesprochen. Es liegt nahe, zu diesem immer größer werdenden Problem technische Lösungen zu suchen, wie zum Beispiel Nachrichtenbots, die aus der unüberschaubaren Menge die für uns persönlich relevanten Informationen herausfiltern. Weitgehend unbemerkt von der Öffentlichkeit existiert dies schon in Form der Timeline von Facebook, YouTube und anderen Datensammlern. Dabei ist die Maxime natürlich nicht unser eigenes Interesse oder gar unser geistiges Wohlergehen, sondern jenes der Werbepartner oder anderer, noch weniger transparenter Organisationen.

»Die tiefsten Wahrheiten, die nachhaltigsten Erfahrungen, unsere wertvollsten Erinnerungen werden wie ein Tropfen Quellwasser in einem täglichen Strom von Fäkalien weggespült. Wenn Sie begeistert und widerstandslos Massenmedien konsumieren – dann ist es so, als ob Sie mit offenem Mund in einem riesigen Abwasserkanal stehen. » – *Bruce G. Charlton*

Zu diesem Zweck ist die Timeline auch persönlich auf uns zugeschnitten. Die Auswahl erfolgt nicht nach den geäußerten Interessen, sondern nach dem bisherigen Konsum. Man kann diese Timelines mit einem automatischen Nahrungsangebot vergleichen. Ob diese Speisen für uns nicht zu viel sind, ob sie gesund sind, welche Nährstoffe oder Schadstoffe sie enthalten, bleibt dabei unberücksichtigt, aber vor allem intransparent. Normalerweise würde man sich so eine Ernährung nicht zumuten. Dennoch ist dies das Menü, das uns Facebook und YouTube täglich serviert. Der Missstand liegt hierbei in der Intransparenz der Algorithmen, die dem Benutzer keine Kontrolle darüber erlauben, was mit ihm passiert.

Selbst in Kenntnis der Mechanismen der Informationsaufnahme kann der Konsum von Medien zur Sucht werden und entsprechende geistige Degenerationserscheinungen auslösen. Wie bei jedem Suchtverhalten tendiert der Betroffene dazu, dies zu verharmlosen. Ein guter Test, wie gefährdet man ist, stellt wohl die Fähigkeit zur totalen Abstinenz dar. Ebenso wie ein gesunder Mensch zeitweise ohne Bier, Joints oder Schokolade auskommen sollte, gilt dies auch für den Medienkonsum. Selbst für kurze Zeit ist das aber gar nicht so einfach.

»Ein nicht Abhängiger in einer abhängigen Welt von Drogenhändlern und Junkies ist sozial isoliert«, bemerkt der Medienkritiker Bruce Charlton[5] und fährt fort: »Es ist ein gefährlicher Irrglaube, dass man persönlich die Massenmedien filtern könne, ihre Verzerrungen, Selektionen und Lügen durchschauen und darunter die Wahrheit erkennen kann.« [6] Charlton empfiehlt daher, sich in totaler Abstinenz zu üben:

> *»Hier geht es nicht darum, mit allem Recht zu haben, sondern darum […], zu vermeiden, in allen wichtigen Dingen des Lebens absurd und unheilbar falsch zu liegen. […] Natürlich werden Sie in vielen Dingen immer noch Unrecht haben – wahrscheinlich in den meisten Dingen – aber Sie werden nicht mehr an inkohärenten, manipulativen, nihilistischen Unsinn glauben.«*[7]

Dies ist sicherlich eine meinungsstarke Empfehlung und für viele Menschen praktisch nicht zu verwirklichen. Die zeitweise Fähigkeit zur Totalabstinenz ist es aber sicher wert, ausprobiert zu werden, allein um die eigene Reaktion darauf kennenzulernen.

Bücher, die geistigen Tankstellen

Welche Nachrichten brauchen wir überhaupt? Geht uns ohne sie wirklich der Stoff zum Denken aus? Wenn nicht Ablenkung oder gar Sucht, was bringen uns die neuen Informationen wirklich? Versuchen Sie einmal, nach dem Konsum von Nachrichten sich diejenigen bewusst zu machen, die zu neuen Erkenntnissen geführt oder Ihr Handeln verändert haben. Sicher nicht nutzbringend sind Berichte über Suizide, Familiendramen, Anschläge, Unfälle, Kriminalfälle und vieles andere. Über die von diesen Dingen ausgehenden Gefahren informiert man sich am besten aus Statistiken (wenn sie denn nicht verfälscht sind), gut recherchierten Hintergrundberichten oder eben Büchern.[III] Unmittelbar relevante Ereignisse, die das persönliche Umfeld betreffen, kann man am besten aus diesem erfahren. Für den politischen Menschen können aktuelle Nachrichten über Korruption, unethisches oder gesellschaftsschädigendes Verhalten interessant sein, allerdings auch nur unter den Bedingungen, dass es gute Gründe für die sofortige öffentliche Information gibt, der Fall hinreichend relevant ist und zu Konsequenzen durch Gerichte, Behörden oder Verbraucher führt.

Für die meisten Themen, insbesondere für komplexere Sachfragen, sind Bücher die mit Abstand beste Informationsquelle. Recherche und Schreiben benötigen Monate oder sogar Jahre, was die Informationsverarbeitung entschleunigt und die Unwichtigkeiten der Gegenwart herausfiltert. Wichtige Debatten wurden durch Bücher angestoßen, für Politiker kann es ein Zeichen von Qualifikation sein, wenn sie sich auf diese Weise äußern. Sachbuchautoren haben selten einen neutralen Standpunkt. Dies liegt aber in der Natur der Sache, wenn man in ein Thema tiefer eindringt als mit einem tagesaktuellen Artikel. Durch Quellenangaben in Büchern ist die Recherche meist besser überprüfbar. All dies bedeutet nicht, dass es keine schlechten Bücher gäbe. Nicht zuletzt ist aber auf dem Buchmarkt noch am wenigsten von der schleichenden Zensur zu spüren, welche die Massenmedien, aber auch das Internet schon ergriffen hat.

Kehren wir zu der Frage zurück, wie wir die uns zur Verfügung stehenden Informationen in sinnvolles Handeln umsetzen. Auch wenn wir nur Dinge hoher Qualität in unser Gedächtnis aufnehmen, besteht immer noch ein krasses Missverhältnis zwischen der Menge an Information und den Handlungskonsequenzen, die sich daraus ergeben. Wie viel von dem, was wir lesen, verändert wirklich das, was wir tun? Wahrscheinlich ist es sinnvoll, neben den vorher besprochenen »Diäten« auch noch die Informationen

»Aufrichtig zu sein, kann ich versprechen, unparteiisch zu sein, nicht!« – *Johann Wolfgang von Goethe*

III Im Literaturverzeichnis sind finden Sie auch lesenswerte Bücher, auf die der Text nicht direkt Bezug nimmt.

auszufiltern, die zwar glaubwürdig und wichtig sind, aber keinerlei Einfluss auf unser Handeln haben können.

Leben ohne den Meinungsvulkan

Geradezu befreiend kann dazu ein Konzept sein, das von Rolf Dobelli in seinem Buch *Die Kunst des guten Lebens* vorgestellt wird: der »zu kompliziert«-Eimer. Auch wenn es unserer Eitelkeit nicht schmeichelt, haben wir meist keine besondere Sachkenntnis zu komplexen politischen oder gesellschaftlichen Fragen. In Anbetracht dessen ist es erstaunlich, mit welcher Heftigkeit die meisten Menschen Meinungen zu diesen Themen vertreten. Sich die Freiheit zu nehmen, keine Meinung zu haben, kann ungemein beruhigend wirken und Kräfte für Themen freilegen, die uns persönlich wichtig sind.

»Nichts kann mehr zu einer Seelenruhe beitragen, als wenn man gar keine Meinung hat.« – *Georg Christoph Lichtenberg*

Verständlich, aber letztlich unproduktiv ist es etwa, sich als Normalbürger in Kriegs- und Gewaltereignisse zu vertiefen, wenn wesentliche Informationen nicht öffentlich sind.[IV] Das bedeutet natürlich keine Empfehlung, den offiziellen Darstellungen zu glauben, insbesondere wenn diese Widersprüche aufweisen; vielmehr ist Skepsis angebracht, wenn aufgrund eines Ereignisses unpopuläre Maßnahmen getroffen werden sollen.

Gleichzeitig sind wir nicht in der Rolle des Weltpolitikers, der tatsächlich sein Handeln danach ausrichten muss. Neben den Millionen von Menschen, die während der Fußballweltmeisterschaft ihre Qualitäten als Bundestrainer entdecken, scheint es kaum weniger verhinderte Bundeskanzler zu geben, die alles besser gemacht hätten, insbesondere im Nachhinein. Natürlich ist die Möglichkeit der

IV Oft sind es allerdings kluge und engagierte Blogger, die als Privatleute neue Aspekte offenlegen.

Beteiligung an einer Wahl[V] im Abstand von mehreren Jahren nur ein äußerst bescheidenes Instrument der Mitbestimmung. Manchmal scheint es, der Öffentlichkeit soll vor allem das Gefühl von Demokratie vermittelt werden, wie zum Beispiel die Bücher *Fassadendemokratie und tiefer Staat*[8] oder *Die Angst der Eliten*[9] beleuchten.

Wie kann man also politisch handeln? Den größten Einfluss, gerade auch im Sinne der großen Menschheitsprobleme, hat man durch sein Benutzer- und Verbraucherverhalten. Ziemlich viel würde sich auf der Welt zum Positiven wenden, wenn jeder Einzelne sein Konsumverhalten bewusster einsetzen würde. Allerdings lauert auch hier die Falle, dass durch zu viele Informationen jedes Detail des Alltagslebens hinterfragt wird. Viel wäre aber schon gewonnen, wenn mehr Menschen wenigstens in groben Zügen Immanuel Kants kategorischen Imperativ umsetzten: ein Verhalten an den Tag zu legen, das man zur Basis einer allgemeinen Regel machen könnte.

»Die privaten Massenmedien schützen nicht etwa die Demokratie, sondern als aufmerksame Wächter die Privilegiengesellschaft vor der Bedrohung durch öffentliche Einmischung.« – *Noam Chomsky*[10]

Die Welt einfach nicht kaputt machen

Muss man in Ländern Urlaub machen, die Menschenrechte mit Füßen treten? Kann man sich nicht auf Konsum beschränken, der nicht mit der Gesundheit anderer Menschen bezahlt wird? Sicher muss niemand offensichtlich umweltschädliche Produkte kaufen oder Kinderarbeit fördern. Viele haben aber auch nicht die Möglichkeit, den ökologischen Fußabdruck von allen im Umlauf befindlichen Produkten präzise zu bestimmen. In diesem Fall ist die Menge der eingesetzten Mittel auch keine schlechte Orientierung. Geld ist nun mal ein Maß dafür, wie sehr wir auf Kosten anderer

---

V Allerdings hätte die folgenschwere US-Präsidentschaftswahl im Jahr 2000 durch Beteiligung von nur wenigen Hundert Wählern mehr ein anderes Ergebnis haben können.

und des Planeten leben. Der westliche Lebensstandard ist dabei hoch privilegiert. Es gibt wohl wenige Menschen in Deutschland, die nicht für alltägliche Belanglosigkeiten den Gegenwert dessen ausgeben, wofür in anderen Teilen der Welt Menschenleben zu retten wären.[VI] Solange man sich dem Humanismus noch irgendwie verpflichtet fühlt, erwächst aus diesen Privilegien eine Verantwortung für im weitesten Sinne politisches Handeln.[VII]

Was ist also rationale politische Betätigung, und wann ist sie angebracht? Selbst wenn man nur relevante Nachrichten aufnimmt und nur solche, aus denen man Konsequenzen zieht, handeln wir noch nicht unbedingt sinnvoll. Wie in den früheren Kapiteln angesprochen, ist unser Urteilsvermögen durch kognitive Illusionen und die Erwartungen unserer Umgebung beeinträchtigt. Jeder, der sich politisch engagiert, sollte sich daher mit folgender Frage erden: Ist es nicht zu erwarten, dass jemand im gleichen sozialen und kulturellen Umfeld, in ähnlichen finanziellen Verhältnissen ebendiese Meinung vertritt? Nach welchen Dingen streben wir doch nur persönlich, und welche Ansichten ergeben sich daraus? Ist man wirklich bereit, eine Überzeugung unabhängig von der sozialen Umgebung zu wagen und diese in Handeln umzusetzen?

Schließlich – und das passiert sehr oft – hat politisches Handeln, oft auch vonseiten des Gesetzgebers, nicht den gewünschten oder gar den gegenteiligen Effekt. Die Gesellschaft ist ein hochkomplexes System, das sich an Regeln anzupassen vermag. Ganze Berufsgruppen sind damit beschäftigt, wohlgemeinte Gesetze zu umgehen, woraus sich oft schlimmere Ungerechtigkeiten ergeben

VI Die Hilfsorganisation PLAN e.V. unterstützt beispielsweise für 25 Euro monatlich ein Kind in bedürftigen Ländern, oft wird eine ganze Familie von diesem Betrag stabilisiert. Man darf die Frage aufwerfen, ob Migranten, die etwa 5000 Euro für eine Passage nach Europa aufbringen können, typischerweise aus solchen Familien entstammen.

VII Es ist ermutigend, dass sogar die Superreichen offenbar so eine Verantwortung spüren. Bill Gates steckt einen Großteil seines Vermögens in seine humanitäre Stiftung, der Investor Warren Buffet schließt sich ihm sogar ohne eigene Ambitionen an: »Ich mache mir nichts daraus, der Reichste auf dem Friedhof zu sein.«

als vorher. Auch hier gilt es, rational, am besten evidenzbasiert zu agieren. Gut gemeint ist nicht immer gut.

Vorsicht Volk

Dies soll aber niemand abhalten, für die wichtigsten Werte der Gesellschaft zu kämpfen. Insbesondere kann auch politische Betätigung notwendig sein, die nicht sofort als Handlung sichtbar ist. Denn selbst wenn man keinen unmittelbaren Einfluss auf die Regierung nehmen kann, macht es für diese doch einen Unterschied, ob sie mit der Bevölkerung als einer manipulierbaren Masse kalkulieren kann oder einer Gesellschaft von mündigen Bürgern gegenübersteht, die aktiv ihre Interessen verteidigen. Dies kann in Meinungsumfragen, Leserbriefen oder Online-Petitionen sichtbar werden, aber auch in anderen Formen kreativen Protestes. Schöpft man im Krisenfall alle Mittel der Kommunikation aus, könnte sich eine Gesellschaft innerhalb von Stunden solidarisieren, zum Beispiel um eine drohende Kriegsgefahr abzuwenden.

»Der Preis für Gleichgültigkeit gegenüber der Politik ist es, von üblem Pack regiert zu werden.« – *Plato*

Dies ist ein Extremfall, aber auch abgestufte Szenarien sind denkbar. Zum Beispiel kann man sich in angespannten Situationen über die soziale Regel »keine Gespräche über Politik mit Unbekannten« hinwegsetzen. Fortschreitende Irrationalität in der öffentlichen Debatte und das Senken der Hemmschwelle für Kriegseinsätze wären sicher ein guter Grund, dies zu tun. Allgemein gesprochen, ist es nicht schlecht, wenn die Gesellschaft für die Regierenden etwas unberechenbar bleibt. Der politisch interessierte Bürger sollte signalisieren, wenn er grobe Fehlentwicklungen verspürt. Dazu ist es umgekehrt nicht nötig, jedes tagespolitische Ereignis zu kommentieren. Der Balanceakt besteht darin, sich ausreichend aufzuklären, ohne seinen Verstand durch zu viel Information zu trüben.

»Wer in einer Demokratie schläft, wacht in der Diktatur auf.« – *Unbekannt*

Sich gegen den Abbau von Bürgerrechten zu wehren, ist grundsätzlich richtig, auch wenn Regierungshandeln diese Einschränkungen als alternativlos darstellt. Eine gute Faustregel ist, sich gegenüber den tatsächlichen Behauptungen, die die Regierungen als Rechtfertigung vorbringen, agnostisch zu verhalten. Oft hatten diese Nachrichten einen anderen Zweck, als zu informieren. Daher kann man also immer fragen: *Wer* will hier *wem was* mitteilen?

»Warum setzt die Regierung nicht das Volk ab und wählt ein Neues?« – *Bertolt Brecht*

Um das Wesentliche im Blick zu behalten, muss sich rationales politisches Handeln einer Nachrichtendiät unterziehen, um der dominierenden Gegenwart mit ihrer Fokussierungsillusion zu entkommen. Nur so kann der Verstand angstfrei, ruhig und mit der nötigen Übersicht die relevanten Dinge erkennen, um die es zu kämpfen gilt. Was der amerikanische Theologe Reinhold Niebuhr religiös formulierte, kann man durchaus zur Maxime des rationalen politischen Handelns erheben:

> *»Gott, gib mir die Gelassenheit, Dinge hinzunehmen, die ich nicht ändern kann, den Mut, Dinge zu ändern, die ich ändern kann, und die Weisheit, das eine vom anderen zu unterscheiden.«*

Viel Information müssen wir dazu nicht aufnehmen, vor allem nicht aus der Gegenwart, die tendiert, alles zu übertreiben. Nur mit einem stark reduzierten Nachrichtenkonsum kann das Verhältnis von Informationsaufnahme und daraus resultierendem Handeln wieder in eine Balance gebracht werden, die den Ansprüchen des Verstandes genügt.

Recht – Was wir unbedingt verteidigen müssen

Jeff Rosen ist ein politisch engagierter Staatsanwalt im Bezirk Santa Clara in Kalifornien, der sich unter anderem für eine Reform des Strafvollzugs in den USA einsetzt. In einem Vortrag auf der Plattform TED lobt Rosen ausdrücklich das deutsche Grundgesetz und dessen in Artikel 1 verankertes oberstes Prinzip der Menschenwürde.[11] Im Rahmen eines internationalen Erfahrungsaustauschs besuchte Rosen erstmals Deutschland, was ihm nicht leichtgefallen war, denn seine Eltern waren Insassen des Konzentrationslagers Bergen-Belsen gewesen. Wenn heute Nachfahren von Holocaust-Überlebenden sich das Grundgesetz zum Vorbild nehmen, zeigt dies vielleicht mehr als alles andere, dass im vergangenen Dreivierteljahrhundert in Deutschland ein Staat entstanden ist, dessen Rechtssystem es zu bewahren und verteidigen gilt.

Es lohnt sich, sich die Grundbausteine unserer Verfassung immer wieder klarzumachen: die Achtung der Menschenwürde und der Menschenrechte, das Demokratie-, Sozial- und Rechtsstaatsprinzip sowie die Gewaltenteilung. Wie Artikel 79 des Grundgesetzes ausdrücklich festlegt, sind diese Prinzipien selbst vom Verfassungsgeber nicht zu ändern. Trotzdem, aber vielleicht gerade deswegen verdienen sie besondere Wachsamkeit. Der Rechtsstaat, dessen Hüterin eine unabhängige Justiz ist, regelt nicht nur die juristischen Aspekte des gesellschaftlichen Zusammenlebens. Das Bewusstsein, in einem Rechtsstaat zu leben, ist eine unschätzbare Voraussetzung für unser geistiges und seelisches Wohlbefinden. Ohne ein Grundvertrauen in die psychologische Vaterfigur eines gerechten, schützenden Staates wird dieser auf Dauer nicht existieren können. Man muss darauf vertrauen können, dass Recht und nicht Unrecht herrscht. Leider scheint es so, dass dieser Rechtsstaat dunkle Seiten bekommen hat, die im Einzelfall daran zweifeln lassen. Die Instrumente, die vom Staat zum Zweck der Überwachung geschaffen wurden, sind ebenfalls eine der beunruhigenden Entwicklungen der jüngeren Zeit.

Nur getrennte Gewalten sind gute Gewalten

Es ist nicht so, dass das Papier, auf dem die Artikel 1, 20 und 79 des Grundgesetzes gedruckt sind, schon garantiert, dass dieser dort beschriebene Staat immer so erhalten bleibt.[I] Diese Grundlagen des Zusammenlebens dürfen von der Gesellschaft nicht aus den Augen verloren werden und erfordern konstante Aufmerksamkeit. Ein besonders fragiles Element ist dabei die Gewaltenteilung, die Trennung von Exekutive, Gesetzgebung und Justiz. Es ist diese Trennung, die vor Totalitarismus schützt und die 1933 abgeschafft worden war. Gefährlich ist, dass der Wegfall der Gewaltenteilung nicht immer sofort sichtbar wird. Viele Staaten auf der Welt haben keine wirklich unabhängige Justiz. Sehr selten hört man, dass sich ein Verfassungsgericht im Konflikt mit der Regierung durchsetzt, sofern es sich überhaupt damit befassen kann.

Das Bundesverfassungsgericht kann dagegen auf eine Tradition von unabhängigen Entscheidungen zurückblicken, die sich nicht selten dem Regierungswillen widersetzten.[II] Im Fahrwasser dieser starken Judikative konnte sich eine Verwaltungsgerichtsbarkeit entwickeln, die wohl einen weltweit einzigartigen Schutz des Bürgers vor staatlichen Eingriffen in seine Individualrechte bot. Das Bewusstsein dieser von der Judikative beschützten Freiheit hat viel zu der Lebensqualität und Attraktivität beigetragen, die Deutschland sogar innerhalb Europas genießt, einem Kontinent, der in dieser Hinsicht ohnehin schon privilegiert ist. Dies alles ist nicht als Lobeshymne gedacht, sondern als Erinnerung, wie viel wir zu verlieren haben.

I Artikel 20 Absatz 4 des Grundgesetzes räumt ein Recht zum Widerstand gegen die Beseitigung dieser Ordnung ein.

II Leider sind solche selbstbewussten Urteile in den letzten Jahren selten geworden.

Zornesadern

1992 hatte der damalige Bundespräsident Richard von Weizsäcker die bereits angegriffene Realität der Gewaltenteilung kritisiert und auf den Machtmissbrauch durch die politischen Parteien hingewiesen, welche die ihnen im Gesetz vorgesehene Rolle (»die Parteien wirken bei der politischen Willensbildung mit«) längst konterkariert hatten. Sein Ausspruch »dabei kommen dem einen die Tränen der Rührung, und bei anderen schwellen die Zornesadern« löste damals eine politische Debatte aus. Die von der Verfassung nicht vorgesehene Machtkonzentration der Parteien kritisierte von Weizsäcker zu Recht. Inzwischen sind jedoch andere, noch gravierendere Gefahren hinzugekommen. Nicht nur Parteien üben Macht im Staat aus, die von der Verfassung nicht vorgesehen ist. Dies gilt im Übrigen international.

Wenn man beobachtet, wie etwa der Internationale Währungsfonds IWF oder gar Ratingagenturen sich heute in politische Gestaltungsentscheidungen einmischen, wie ganze Staaten sich den sogenannten Märkten unterordnen müssen und dem Diktat einer Finanzelite ausgeliefert sind,[12] ist Zorn eine verständliche Reaktion.[III] Denn nach Artikel 20 Absatz 2 Grundgesetz geht alle Staatsgewalt vom Volke aus, nicht von den Märkten. In vielen Ländern sieht die Realität noch düsterer aus. Protestbewegungen wie *Occupy Wall Street* wurden zum Teil brutal aufgelöst, auch der Essay *Empört euch!* des französischen Diplomaten Stéphane Hessel hatte trotz hoher Auflage noch keine sichtbare Wirkung – selbst wenn man die »Gelbwesten« als dessen Spätfolge ansehen will. Solche Massenphänomene sind oft von sinnloser Gewalt begleitet.

Denn intelligente Formen des Protestes müssen später in überlegtes Handeln übergehen können. Insofern ist es richtig, dass der Publizist Michael Schmidt-Salomon den Aufruf »Empört Euch!« durch »Entblödet Euch!« ersetzt wissen will, welcher im Hinblick auf die Absurditäten des Weltwirtschaftssystems sicher auch nicht

III Im Gegensatz zur Wut steht der Zorn stets unter der Kontrolle des Verstandes.

unpassend ist. Die Auswüchse des globalen Finanzsystems dominierten vor 5 bis 10 Jahren noch die Schlagzeilen. Nun konzentriert sich die Berichterstattung schon seit längerer Zeit vornehmlich auf politisch-militärische Krisen. Die Demokratiedefizite, insbesondere was die Einflussnahme nicht in der Verfassung vorgesehener Kräfte betrifft, sind währenddessen nicht kleiner geworden.

»Die Freiheit einer Demokratie ist nicht sicher, wenn die Menschen das Wachstum privater Macht bis zu dem Punkt tolerieren, da sie stärker wird als der demokratische Staat selbst.« – *Franklin D. Roosevelt*

In der Geschichte war es fast immer die Exekutive, welche die Gewaltenteilung attackierte und die Macht an sich riss. Dies war 1933 so, wurde bei zahllosen Umstürzen in der ganzen Welt so praktiziert, man kann es aber auch oft als schleichenden Prozess beobachten. Die Ursache liegt wohl darin, dass Polizei, Militär und Sicherheitsbehörden der Exekutive direkt unterstellt sind und sie damit unmittelbaren Zugriff auf die Staatsgewalt hat. Es wäre interessant zu untersuchen, ob das auf Locke und Montesquieu zurückgehende Prinzip der Gewaltenteilung verbessert werden kann, um die immer wieder stattfindende Usurpation durch die Exekutive zu verhindern.

Moderne Technologien könnten helfen, in vielen Ländern direktere Formen der Demokratie zu verwirklichen, die früher nicht denkbar waren. Alles, was zu einer wirklichen Demokratie führt, in der die wesentlichen Entscheidungen vom Volk bestimmt sind, wird aber auf erhebliche Widerstände treffen.[IV] Denn die derzeitigen Verhältnisse auf dem Globus gleichen sicher mehr einer Anarchie beziehungsweise einer Oligarchie multinationaler Konzerne als jeder anderen Herrschaftsform. Insofern haben die Nationalstaaten an Macht verloren, und es ist fraglich, ob sich Demokratie oder Gewaltenteilung jemals unter dieser Prämisse durchsetzt. Man mag die Vision wünschenswert finden, dass es vielleicht einmal eine Art von weltweiter Demokratie geben wird, in der eine informierte Weltbevölkerung tatsächlich die Geschicke des Plane-

IV Paul Schreyer hat jüngst in *Die Angst der Eliten* viele Gegenargumente gegen direkte Demokratie entkräftet.

ten lenkt. Es ist aber völlig im Dunkeln, wie der Übergang zu solch einem Zustand aussehen soll. Die forcierte Umsetzung von politischen Utopien hat dagegen in der Geschichte auch schon viele Millionen Menschenleben gefordert. Wichtiger als alles andere ist daher wahrscheinlich die Stabilität im Zusammenleben der Staaten. Bis auf Weiteres gilt es dazu vor allem auch, die funktionstüchtigen Teile des Nationalstaates zu erhalten.

Das juristische Neuland

Ist aber wenigstens das Funktionieren der Judikative in Deutschland in ihrer derzeitigen Form gewährleistet? Hier sind Zweifel angebracht, denn die Gerichtsbarkeit hat ihre Abläufe wenig der Digitalisierung angepasst. Starre Strukturen, wie beispielsweise im Prozessrecht, erschweren Änderungen. Andererseits liegt in undurchdachten Reformen auch eine Gefahr, insbesondere wenn falsche Motive im Spiel sind. Langfristig könnte aber ein Kollaps der Gerichtsbarkeit drohen, wenn Angriffe mit modernen Mitteln erfolgen. So könnten etwa elektronisch generierte Anträge, ähnlich einer DOS-Attacke, eine Justiz lahmlegen, in der für viele Verfahrensabläufe noch gedrucktes Papier verbindlich ist.

»Die Welt des 21. Jahrhunderts wird nur dann ihre Stabilität bewahren können, wenn sie von der Stärke des Rechts und nicht vom Recht des Stärkeren bestimmt wird.« – *Hans-Dietrich Genscher*

Schon jetzt sind Staatsanwaltschaften und Gerichte manchmal so überlastet, dass keine effektive Strafverfolgung mehr garantiert werden kann. Im Zuge der Migrationskrise gelangte dies verstärkt in die öffentliche Debatte, aber auch früher gab es schon erhebliche Vollzugsdefizite von geltendem Recht. Zweifellos hat die Politik hier Fehlentwicklungen zu lange tatenlos zugesehen.[13] Wenn der Staat keinen Schutz mehr vor Straftaten bieten kann oder gar Täter wegen Überlastung der Justiz ihrer Bestrafung entgehen, ist dies in jeder Hinsicht verheerend. Gesetze werden dann sinnlos, wenn der Staat sie nicht mehr durchzusetzen in der Lage ist. Mit verantwortlich für diese Krise des Rechtsstaates ist eine neoliberale

Ideologie mit ihrem Effizienzwahn, aber auch falsch verstandene Toleranz auf der anderen Seite des politischen Spektrums. Die Frustration über einen Staat, der sich gegenüber der Kriminalität schwach zeigt, ist wahrscheinlich auch eine der Ursachen für ungesetzliche Übergriffe vonseiten der Polizei, wobei die Aufklärung zu oft an einer Mauer des Schweigens scheitert. Verlorenes Vertrauen wirkt sich auch hier verhängnisvoll aus.

Ziemlich tiefer Staat

Wahrscheinlich noch größere Gefahren drohen dem Rechtsstaat aber von anderer Seite, und bezeichnenderweise ist hier wieder die Exekutive beteiligt. In den letzten Jahren gibt es immer mehr Anzeichen dafür, dass auch der deutsche Sicherheitsapparat in kriminelle Aktivitäten verstrickt ist. Ein prominentes Beispiel hierfür ist das Versagen der Ermittlungsbehörden bei den NSU-Morden.[14] Die Pannen der Landeskriminalämter oder der inkohärente Sachvortrag[15] der Bundesanwaltschaft sind eines Rechtsstaates unwürdig. Die Aktenvernichtungen, Erinnerungslücken und ostentative Verweigerungshaltung der Ermittler in verschiedenen Untersuchungsausschüssen, unterstützt von hohen Regierungsstellen, lassen aber eine neue Dimension befürchten. Nicht nur scheinen hier Kapitalverbrechen gedeckt zu werden, das reihenweise Sterben junger Zeugen[16] muss vermuten lassen, dass staatliche Behörden sogar in Tötungsdelikte verwickelt sind.

> »Wenn Recht zu Unrecht wird, wird Widerstand zur Pflicht.« – *Johann Wolfgang von Goethe*

Es ist schwer zu entscheiden, ob diese Entwicklung wirklich neu ist. Besonders betroffen hatte mich persönlich vor 20 Jahren der Tod des Leiters der Staatsanwaltschaft Augsburg, Jörg Hillinger, der mich im juristischen Staatsexamen geprüft hatte. Hillinger hatte einen Haftbefehl gegen den CSU-Politiker und Waffenhändler Holger Pfahls[V] erwirkt, welcher dann von dem damaligen Ge-

V Pfahls war von 1987 bis 1992 Staatssekretär und vorher Präsident des Bundesamtes für Verfassungsschutz (!).

neralstaatsanwalt Hermann Froschauer rechtswidrig ausgesetzt wurde.[17] Pfahls konnte dadurch flüchten, Hillinger verunglückte zwei Tage später in einem nagelneuen Dienstwagen, der mit einem manipulierbaren Antiblockiersystem ausgestattet war.[18] Kriminelle Verstrickungen von Politikern, bis hin zu Kapitalverbrechen, hat es offenbar schon gegeben. Die Frage ist jedoch, ob mutige Richter und Staatsanwälte noch die Zuversicht verspüren, die Oberhand zu behalten, oder ob die Institutionen schon so geschwächt sind, dass die Ermittler den Kampf um die Gerechtigkeit aufgeben.

In fast allen solchen Fällen spielten Geheimdienste eine dubiose Rolle, was die grundsätzliche Frage aufwirft, ob diese im Interesse eines demokratischen Rechtsstaates handeln. Die Verbindungen des Verfassungsschutzes zur rechtsextremen Szene kann man nur als einen braunen Sumpf bezeichnen, der wahrscheinlich nur durch Auflösung der Behörde trockenzulegen ist. Während früher Geheimdienste oft in »konventionelle« Kriminalität wie Waffen- oder Drogenhandel verwickelt waren, scheint ihre Tätigkeit zunehmend politischer zu werden.

Die kriminelle Geschichte der CIA[19] zu besprechen, würde diesen Rahmen sprengen; aber auch nur für die jüngste Zeit ist die Beteiligung von US-Geheimdiensten an Terroranschlägen dokumentiert.[20] Aber auch in Europa kann man davon ausgehen, dass bei solchen Ereignissen manchmal staatliche Hände im Spiel waren, zumindest bei der Vertuschung. Dieser Gedanke ist ziemlich verstörend. Wie diese traurige Erosion staatlicher Vertrauenswürdigkeit weltweit entsteht, wäre lohnenswert zu untersuchen; individuelle Charakterlosigkeit kann sicher nicht alles erklären.

Technologie als Ursache der Korruption der Macht?

Möglicherweise liegt der tiefere Grund im Fortschritt der Technologien bei Computern, Kommunikation, aber auch in den Bio- oder Materialwissenschaften. Diese Neuentwicklungen, sofern sie denn den Machtinteressen nützlich sind, stehen zuerst den Geheimdiensten und der Polizei zur Verfügung.[VI] Da die Exekutive diesen am nächsten steht, erlangt sie einen Machtvorsprung gegenüber den anderen Teilen des Staates, korrumpiert sich aber gleichzeitig durch die Wahl ihrer meist illegalen Mittel selbst. Was für eine faktische Macht Geheimdienste heute durch Technologie, insbesondere durch Überwachungs- und Abwehrmethoden ausüben, kann bei näherer Reflexion nur Beklemmung hervorrufen. Mit permanentem Orten und Abhören durch Handys, Belauschen von Wohnungen durch Laser sowie Trojaner in Computern und Smartphones muss man ohnehin rechnen. Hinzu kommt die Überwachung des öffentlichen Raums mit Kameras und Gesichtserkennung. Aber auch technisch raffinierte Tötungen, die dann als Autounfälle, vor die U-Bahn stolpern, Lungenembolie, plötzlicher Diabetesschock oder als Selbstmord dargestellt werden, könnten Geheimdienste weltweit durchführen, ohne dass sie Aufdeckung befürchten müssen.

Es ist naturgemäß schwierig, hierfür konkrete Beispiele kriminologisch nachzuweisen.[21] Aber psychologisch betrachtet, ist durch Ereignisse der oben genannten Art das Vertrauen schon längst erodiert, welches nötig wäre, um sich mit der staatlichen Gemeinschaft voll zu identifizieren. Sobald die Beteiligung des Staates an Verbrechen überhaupt nur entfernt denkbar ist, befindet sich der demokratische Rechtsstaat in einer Krise, in der Artikel 20 Absatz 3 Grundgesetz nicht wie eine Beruhigung, sondern als bittere Naivität wirkt: »Die Gesetzgebung ist an die verfassungsmäßige Ordnung, die vollziehende Gewalt und die Rechtsprechung sind an Gesetz und Recht gebunden.«

Die verborgene Macht der Exekutive hat mit ihren technischen Möglichkeiten ganz sicher einen gefährlichen Einfluss auf den Rechtsstaat. Man versetze sich einmal in die Lage von Staatsanwälten, Ermittlungsrichtern, Abgeordneten in Untersuchungsausschüssen oder auch Verfassungsrichtern, welche mit illegalen oder gar verbrecherischen Machenschaften konfrontiert sind, aber ge-

---

VI Fairerweise muss man sagen, auch Kriminelle sind hier aktiv, denen der Staat tunlichst keinen Vorsprung lassen sollte.

wärtig sein müssen, dass die mutmaßlichen Täter Kenntnisse über ihre Sicherheit, Gesundheit, Familie oder intimste Gewohnheiten haben. Das Bewusstsein des Einzelnen wird hier zur Überlebensfrage des Rechtsstaates.

In analoger Weise gilt dies auch für die »vierte Gewalt« im Staat, die ihre Kontrollfunktion ebenfalls nicht mehr ausüben kann, sobald die Überwachung ihren Schatten auf ihr Handeln legt. Es ist zu beobachten, dass der Rückbau von Freiheit und Rechtsstaatlichkeit, der in letzter Zeit massiv zugenommen hat, in den Medien nicht adäquat thematisiert wird. Auch hier werden die Medien ihrer gesetzlichen Rolle nicht gerecht. Insbesondere investigative Journalisten müssen beim Fehlen von sicheren anonymen Informationskanälen um ihre Sicherheit fürchten, wenn sie an einer wirklich großen Story dran sind.[VII]

Was kann man tun?

Ob der Kampf um den Staat, der den Vätern des Grundgesetzes vorschwebte, überhaupt noch gewonnen werden kann, steht in den Sternen. Sicher ist nur, dass er schon verloren ist, wenn ihn die Gesellschaft nicht mehr führt. In der Geschichte hat es aber auch immer wieder positive Entwicklungen in Staaten gegeben, obwohl dort die Lage hoffnungslos verfahren schien.

Eine Revolution »von oben« in diesem Sinne hat in der Sowjetunion Michail Gorbatschow ausgelöst. Irgendwann glitten ihm die Dinge aus der Hand, und viele Nachfolgestaaten sind alles andere als Vorbilder an Rechtsstaatlichkeit. Letztlich bleibt es aber Gorbatschows Verdienst, dass Hunderte von Millionen von Menschen aus einem totalitären Regime entlassen wurden und die Möglichkeit erhielten, sich in demokratischen Staatsformen zu organisieren.

VII Sehr verdächtig sieht der Unfall des US-Journalisten Michael Hastings aus, dessen Wagen unter mysteriösen Umständen explodierte, während Hastings an einer Enthüllungsstory über CIA-Chef John O. Brennan arbeitete. Kurz vor seinem Tod hatte Hastings mit Wikileaks Kontakt aufgenommen.

Eine andere bemerkenswerte Entwicklung war die Bekämpfung der Mafia und der Korruption in Italien in den 1990er-Jahren, die von der Judikative ausging. Die Richter Giovanni Falcone und Paolo Borsellino starben bei Anschlägen der Mafia, die jedoch aus dieser Zeit empfindlich geschwächt hervorging. Dem Staatsanwalt Antonio di Pietro gelang es jedoch, landesweit Anti-Korruptionsermittlungen loszutreten (*mani pulite*, »saubere Hände«), die die Lage in Italien dramatisch verbesserten.

Am ehesten kann man auf positive Veränderungen hoffen durch Personen, die innerhalb staatlicher Institutionen eine Position erreicht haben, die ihnen Richtungsentscheidungen ermöglicht. Dass solche Leute den Mut zur Veränderung fassen, hängt auch von der Aufklärung ab, die in einer Gesellschaft noch stattfindet. Neben ihrem Wert an sich schafft eine freie Presse daher die Grundlagen, illegale Machenschaften in staatlichen Institutionen aufzulösen, indem sie potenzielle Entscheidungsträger über Fehlentwicklungen informiert.

»Wer Angst hat, stirbt jeden Tag, wer keine Angst hat, stirbt nur einmal.« – *Paolo Borsellino*

Aber wie kann man hier und heute als Normalbürger dazu beitragen, dass Recht, Gesetz und Vernunft an entscheidender Stelle wieder die Oberhand gewinnen? Neben publizistischem Widerstand gibt es auch noch juristische Instrumente unseres Rechtssystems, die man nicht verkümmern lassen sollte. Gerade bei der für Aufklärung äußerst wichtigen »vierten Gewalt« gibt es Handlungsbedarf. Eines der Gesetze, das heute unzureichend befolgt wird, ist der Rundfunkstaatsvertrag,[22] der Objektivität, Unparteilichkeit und Ausgewogenheit garantieren sollte.

Die vierte Gewalt an der Kette

Beispiele von selektiver und verzerrter Berichterstattung zu internationalen Konflikten wurden bereits thematisiert. Sogar der ARD-Programmbeirat rügte die Verletzung dieser Grundsätze in einem internen Papier.[23] Bedauerlich ist aber, dass diese offenkundigen Rechtsverstöße bisher ohne Folgen geblieben sind. Verschiedentlich wurde versucht, unter Hinweis auf die Pflichtverletzung der öffentlich-rechtlichen Medien die Zahlung des Rundfunkbeitrages zu verweigern.[24] Obwohl verständlich, scheint dies rechtssystematisch nicht die passende Lösung.

Wie bereits erwähnt, haben der Verein *Publikumskonferenz der öffentlich-rechtlichen Medien* sowie die Journalisten Friedhelm Klinkhammer, Volker Bräutigam und Norbert Häring etliche wohlbegründete Programmbeschwerden eingereicht. Wenig überraschend ist, dass Intendanten und Rundfunkrat diese Beschwerden ausnahmslos ablehnten. Kann man dagegen vorgehen?

Im Gesetz ist ausdrücklich davon die Rede, dass diese Beschwerden zu ver*bescheid*en sind. Dies deutet darauf hin, dass es sich um eine Behördenentscheidung handelt, welche von Verwaltungsgerichten überprüfbar ist. In Betracht kommt also eine Klage auf die Feststellung, dass eine bestimmte Berichtserstattung verzerrt und damit rechtswidrig war. Allerdings setzt der Verwaltungsrechtsweg eine individuelle Rechtsverletzung[VIII] voraus, was von der Rechtsprechung restriktiv ausgelegt wird. Ähnlich wie viele Umweltverfahren in den 1980er-Jahren, drohen Klagen damit an der Frage der Zulässigkeit zu scheitern, sogar wenn das Anliegen selbst im juristischen Sinne begründet ist.

Denkbar wäre auch, dass ein zivilrechtlicher Unterlassungsanspruch gegen eine verzerrte Berichterstattung besteht, der mit einer Abmahnung begegnet werden könnte. Warum haben Verstöße beispielsweise gegen das Wettbewerbsrecht wirtschaftlich schwere Konsequenzen, die Verstöße gegen die Neutralitätspflicht der öffentlich-rechtlichen Medienanstalten jedoch keine? Allgemein gesprochen, ist es unbefriedigend, dass der Gesetzgeber Regeln aufstellt, die von der Exekutive verletzt werden, dies aber von der Judikative hingenommen werden muss. Das Grundgesetz enthält mit dem Rechtsstaatsprinzip eine allgemeine Rechtsweggarantie,[IX] die sichern soll, dass der Staat sich an seine eigenen Regeln hält. Spätestens dann, wenn eine verzerrte Berichterstattung

VIII Nach § 42 Verwaltungsgerichtsordnung (VwGO).

IX Artikel 19 Absatz 4 Grundgesetz.

Ausmaße annimmt, die die Informationsfreiheit nach Artikel 5 des Grundgesetzes berühren, sollte es möglich sein, sich gegen verzerrte und verfälschte Berichterstattung auch juristisch zu wehren.

Drittwirkung von Grundrechten

Ein wichtiges Einfallstor für die rechtliche Argumentation ist der allgemeine Gleichheitsgrundsatz in Artikel 3 des Grundgesetzes, der auch auf private Rechtsbeziehungen eine sogenannte Drittwirkung ausübt. Das bedeutet unter anderem, dass ein Gast in einer Bar nicht aus willkürlichen, beispielsweise rassistischen Gründen abgewiesen werden darf, obwohl die Geschäftsbeziehung ja privatrechtlich ist.

»Das Recht muss nie der Politik, wohl aber die Politik jederzeit dem Recht angepasst werden.« – *Immanuel Kant*

Wichtig ist dies, weil die Vertragsbeziehung des Einzelnen zu Konzernen wie Google, Facebook oder Amazon zunächst privatrechtlich ist, aber unser verfassungsrechtliches Wertesystem über die Drittwirkung dort trotzdem gilt. Die Praktiken von Google, etwa bei YouTube, sind höchst fragwürdig. Schon seit einiger Zeit wurden dort Videos als »ungeeignet« für die Monetarisierung eingeordnet, wenn sie »umstrittene« Inhalte zeigen. Dieser Begriff kann leider alles Interessante umfassen, gerade Kommentare zu Krisen, Anschlägen, Kriegen, Terrorereignissen und die Diskussion über entsprechende Ermittlungen. Schon diese Praxis von YouTube steht in einem Spannungsverhältnis mit dem Grundrecht auf freie Meinungsäußerung.

Weit gravierender als die De-Monetarisierung ist die Löschung von Inhalten, ja sogar die Sperrung des gesamten Kanals bei behaupteten Urheberrechtsverletzungen durch Dritte. Während die vorübergehende Sperrung beanstandeter Videos diskutiert werden kann, ist die Sperrung des ganzen Kanals offensichtlich ein schwerwiegender Eingriff in das Grundrecht der freien Meinungsäußerung, der nicht im Geringsten gesetzlich legitimiert ist. Im Jahr 2018 scheinen hier Dämme gebrochen zu sein, momentan werden immer mehr Kanäle mit der Begründung »Verletzung von Inhaltsregeln« geschlossen.[X] Wie tendenziös oder falsch der Inhalt auch immer sein mag, eine formelmäßige Einschränkung der Meinungsfreiheit ist nichts anderes als eine Form von Zensur, die den Grundwerten unseres Rechtssystems unvereinbar ist. Die faktische Monopolstellung der Videoplattform macht es eigentlich unabdingbar, die Grundrechte dort durchzusetzen.

Der Meinung des Grundgesetzes Gehör verschaffen

Die Löschung von Inhalten bei Facebook wurde dagegen breit in der Öffentlichkeit diskutiert, nachdem das Netzwerkdurchsetzungsgesetz die Plattform unter Androhung von hohen Bußgeldern verpflichtete, behauptete rechtswidrige Inhalte zu entfernen.[25] Dass das Ganze außerhalb jeglicher richterlicher Kontrolle erfolgen sollte und fragwürdigen Privatfirmen als Aufgabe übertragen wurde, ist für sich ein unhaltbarer Zustand. Nach einigen ermutigenden Urteilen[26] steht dringend eine höchstrichterliche Grundsatzentscheidung an, die Meinungsäußerungen bei Facebook unter dem Aspekt der vom Grundgesetz garantierten Meinungsfreiheit würdigt.

Ebenfalls im Grundgesetz, nämlich in Artikel 5, ist das Recht garantiert, sich aus allgemein zugänglichen Quellen zu informieren. Dazu zählt offenkundig das Internet als solches. Eine interessante Frage ist jedoch, ob nicht auch die Gesamtheit der Postings bei Facebook als »allgemein zugängliche Quelle« anzusehen ist. Einschränkungen wären dann nicht mehr so einfach. Man kann durchaus darüber nachdenken, ob die geheimen Algorithmen, nach denen die Timeline von Facebook, die Vorschläge von YouTube oder sogar die Suchergebnisse von Google erstellt werden, angesichts deren Monopolstellung noch legal sind. Denn Artikel 5

X Internationale Wellen schlugen vor allem die Fälle Alex Jones und teleSUR; man darf annehmen, dass viele andere Kanäle ebenfalls gelöscht wurden.

des Grundgesetzes – und an seiner Anwendbarkeit kann kein Zweifel bestehen – gewährt dem Einzelnen den Zugang zu allgemein verfügbaren Informationsquellen und steht im Konflikt mit solchen Einschränkungen. Dies wäre auch ein einklagbares Individualrecht.

Eine Methode, Meinungsäußerungen und deren Verbreitung einzuschränken, ist der von Twitter praktizierte Schattenbann, also die Praxis, Tweets einfach niemandem zu zeigen. Da Artikel 5 die Meinungsäußerung schützt, die hier faktisch unterbunden wird, widerspricht der Schattenbann ähnlich wie die oben genannten Praktiken dem Sinn des Grundgesetzes. Der praktischen Durchsetzbarkeit des Anspruchs stehen natürlich eine Unzahl von möglichen Ausreden entgegen. Wer will sich schon mit einer Armada von US-Anwälten gerichtlich auseinandersetzen?

Die Manipulationen bei Wikipedia, die kürzlich aufgedeckt wurden,[27] widersprechen natürlich ebenfalls unserem Rechtssystem ganz grundsätzlich. Hier kommen sogar drei Bereiche zusammen: der individuelle Schutz gegen Diffamierungen, das Recht, seine Meinung in eigenen Beiträgen frei zu äußern, aber auch das Recht, sich aus allgemein zugänglichen Quellen zu informieren. Letzteres könnte dadurch verletzt sein, wenn eine Benutzerdiskussion, also eine frei zugängliche Informationsquelle, durch manipulative Administratoren ins Archiv verschoben wird. Willkürliche Löschungen oder gar Benutzersperrungen, die ja sogar gegen die eigenen Regeln von Wikipedia verstoßen, sind natürlich ebenfalls eklatant rechtswidrig.

Unrecht vor die Kulissen zerren

Die größten praktischen Probleme bei der Durchsetzung von Rechtsansprüchen gegen diese Internetgiganten liegen im Prozessrecht. Schon die Identifizierung des Klagegegners und die internationale Zustellung sind schwierig, insbesondere bei Wikipedia. Dies erschwert einen wirksamen Rechtsschutz, sodass diese Monopolisten der deutschen Verfassung gegenüber weiterhin eine arrogante Nichtachtung an den Tag legen können. Es verbleibt allerdings die Möglichkeit, besonders manipulative Benutzer zu identifizieren und zu verklagen.

Die Globalisierung, welche Unternehmensinteressen oft über das Recht von Staaten stellt, hat sicher zu dieser Situation beigetragen. Das einzig international wirklich noch geltende Recht des Stärkeren muss wieder in einer Ordnung gebändigt werden, welche wir für unser Zusammenleben als elementar erachten. Es liegt in den Händen der Gesellschaft und des Staates, dies zu ändern. Allgemein gilt es, die Meinungsfreiheit im Internet zu verteidigen, vielleicht gibt es dazu auch noch kreative technische Ideen. Wenn man juristische Instrumente anwendet, muss man dies aber im richtigen Zeitfenster tun, denn selbst bei formaler Fortdauer der Meinungsfreiheit kann diese durch allgemeinen Nichtgebrauch so sozial unüblich werden, dass Gerichte sie nicht mehr durchsetzen.

Auch hier könnte unter Umständen eine Verfassungsklage Erfolg versprechen, wenn sie denn noch rechtzeitig erfolgt. Es wäre sicher mit dem Grundgesetz unvereinbar, wenn in Deutschland – wie es in den USA, Großbritannien oder auch Frankreich diskutiert wird – einzelnen Fernsehsendern wegen »Verbreitung von Desinformation« die Lizenz entzogen würde.[28] Bisher hatte man noch nicht den Mut, dies zu wagen. Der öffentliche Widerstand gegen jedwede Einschränkung von Rechten ist insgesamt jedoch schwach geworden – was wahrscheinlich daran liegt, dass solche Initiativen wenig mediale Resonanz finden.

Die Gesellschaft muss sich gegen die Gefahren, die dem Rechtsstaat zweifellos drohen, entschieden wehren. Dazu müssen Gerichte, aber auch Individuen den Mut aufbringen, alle juristischen Möglichkeiten auszuschöpfen, um diese wichtigen Freiheitsrechte zu verteidigen. Andernfalls wird es schwer, den Rechtsstaat Bundesrepublik Deutschland so zu erhalten, wie er vom Grundgesetz vorgesehen war. Er wäre es wert.

Frieden – Das höchste Gut in Gefahr

Am 10. August 1939 wurde in Princeton im US-Bundesstaat New Jersey ein kleiner Junge von einem verirrten Autofahrer gefragt, ob er denn den Weg zum Haus von Albert Einstein wisse. Es war einer jener Momente, in denen die Weltgeschichte von zufälligen Ereignissen beeinflusst wurde, diesmal in tragischer Weise. Im Auto saß Leó Szilárd, ein ungarischer Kernphysiker, der einen Brief an Präsident Roosevelt bei sich hatte. Darin wurde vor den Gefahren einer völlig neuartigen Waffe gewarnt und empfohlen, diese selbst schnellstmöglich zu entwickeln. Szilárd schaffte es, Einstein davon zu überzeugen, den Brief zu unterzeichnen. Ein unbekannter Ausländer hätte den US-Präsidenten kaum zu solch einem Vorhaben überredet, als dieser jedoch Einsteins Unterschrift sah, gab er umgehend den Befehl zum Beginn des sogenannten *Manhattan Project*, der Entwicklung der Atombombe durch die USA.

Einstein hatte nach der Entdeckung der Kernspaltung die alarmierende Möglichkeit einer Kettenreaktion, von der ihn Szilárd unterrichtete, sofort erkannt. Tragisch bleibt, dass der überzeugte Pazifist Einstein, der sich zeitlebens für Völkerverständigung und Frieden eingesetzt hatte, den Anstoß zum Bau der schrecklichsten Waffe gab, die die Menschheit je entwickelt hat. Die drohende Alternative, dass Hitler zuerst in Besitz der Kernwaffe gelangt wäre, möchte man sich jedoch nicht ausmalen.

Wie der Historiker Robert Jungk in seinem Buch *Heller als Tausend Sonnen* schildert, ging während des geheimen Großprojektes in der Wüstenstadt Los Alamos die Macht über die Bombe allmählich in die Hände der Militärs über. Gegen den Willen der Physiker[I]

I Diese hatten sich mehrheitlich dafür ausgesprochen, eine Demonstration über unbewohntem Gebiet durchzuführen. Fast überflüssig zu sagen, dass

und entgegen einer zwingenden militärischen Notwendigkeit kam die Bombe zum Einsatz. Die schrecklichen Folgen in Hiroshima und Nagasaki sind bekannt.

Spaltung und Fusion

Otto Hahn, auf dessen Forschungen zur Kernspaltung die Entwicklung der Atombombe letztlich zurückging, erfuhr im englischen Internierungslager Farm Hall von den furchtbaren Folgen seiner Arbeit. Er war so niedergeschlagen, dass seine Physikerkollegen einen Selbstmord befürchteten.[29] Lise Meitner, die an den theoretischen Aspekten der Kernspaltung maßgeblich beteiligt war, aber eine Mitarbeit am *Manhattan Project* abgelehnt hatte, reagierte in ihrem Exil in Schweden verstört auf die Nachricht. Leider führte der Einsatz der Atombombe zu einem weiteren Rüstungswettlauf. Sowjetische Kernphysiker entwickelten ebenfalls die Bombe,[II] während der ungarische Physiker Edward Teller ein Projekt vorantrieb, welches die logische Folge aus den neuen Erkenntnissen war: die Entwicklung der Wasserstoffbombe. Die Fusion von Wasserstoff zu Helium, die dabei abläuft, setzt noch wesentlich mehr Energie frei als die Kernspaltung, weswegen eine tausendmal höhere Sprengkraft möglich wird als bei der Hiroshima-Bombe »Little Boy«, die einer Energie von 13 Kilotonnen TNT entspricht. Die stärkste Bombe, die jemals gezündet wurde, im Jahr 1961 von der Sowjetunion über der Insel Nowaja Semlja im Polarmeer, hatte eine Sprengkraft von 50 Megatonnen TNT, also etwa 4 000 Mal so viel wie »Little Boy«.

»Herr, die Noth ist groß! Die ich rief, die Geister, Werd' ich nun nicht los.« – *Johann Wolfgang von Goethe*

Die Öffentlichkeit, die immer nur von »Atomkrieg« spricht, macht sich selten klar, dass die Zerstörungskraft von Wasserstoff-

---

Einstein nicht nur gegen den Einsatz der Atombombe war, sondern ihn auch laut kritisierte. Den Abwurf über Hiroshima bezeichnete er als Fehler, den über Nagasaki als Grausamkeit.

II Mit Unterstützung des deutschen Spions Klaus Fuchs.

bomben jene von Spaltbomben ähnlich in den Schatten stellt wie eine Atombombe konventionelle Waffen. Millionenstädte mit ihrer ganzen Umgebung könnten von einem einzigen Sprengkopf ausgelöscht werden, wobei eine besonders abscheuliche Variation der Wasserstoffbombe noch nie eingesetzt wurde, bei der eine Ummantelung mit Uran 238 für Verdoppelung der Sprengkraft und Vervielfachung der radioaktiven Verseuchung sorgt.

»Ich bin nicht sicher, mit welchen Waffen der dritte Weltkrieg ausgetragen wird, aber im vierten Weltkrieg werden sie mit Stöcken und Steinen kämpfen.« – *Albert Einstein*

Zorn kann einen überkommen angesichts der Verantwortungslosigkeit der Mächtigen, die dieser Bedrohung keine wirksamen Sicherheiten entgegensetzen. Hysterische Medien diskutieren Kriegsszenarien in Europa, haben aber vergessen, was die Sprengkraft von fünfzigtausend Hiroshima-Bomben bedeutet, die heute von US-Strategen als »Mini-Nukes« bezeichnet werden.[30] Das nukleare Vernichtungspotenzial in der heutigen Welt hat absurde Ausmaße angenommen. Laut dem Friedensforschungsinstitut SIPRI[31] verfügen die Atommächte derzeit über circa 14 000 Sprengköpfe,[III] die Gesamtsprengkraft wird auf 5000 Megatonnen TNT geschätzt, was etwa hundert großen Wasserstoffbomben entspricht. Wohl fast alle Millionen- und Großstädte der Welt könnten damit ausgelöscht werden, aber das wäre, wenn man sich dieser Apokalypse überhaupt mit der Alltagssprache nähern will, noch nicht das Schlimmste. Die Explosionen und nachfolgenden Brände würden eine so gewaltige Menge von Staub in die Atmosphäre transportieren, dass sich nach Modellrechnungen die Durchschnittstemperatur über Jahre hinweg um 10 bis 20 Grad abkühlen würde.[32] Die katastrophalen Folgen schließen die Möglichkeit des Untergangs der Art Homo sapiens als Ganzes ein.

III Die reine Anzahl hat damit seit dem Kalten Krieg abgenommen. Dennoch geben Grafiken wie https://de.wikipedia.org/wiki/Overkill die tatsächliche Bedrohung nicht wieder, die wesentlich von der Einsatzfähigkeit abhängt.

Einige Male knapp entkommen

Nehmen Sie sich bitte einen Moment Zeit, über diesen Irrsinn nachzudenken. Tatsächlich sind wir also nach Millionen Jahren von Evolution mit unserer Intelligenz an einen Punkt gelangt, an dem die dadurch gemachten Entdeckungen unsere Art auslöschen könnten. Sollte die Menschheit im Universum einzigartig sein, wäre dies von einer geradezu unbeschreiblichen Tragik. Sollten andere intelligente Zivilisationen einmal von uns Kenntnis erhalten (was gar nicht so unwahrscheinlich ist), würden wir dagegen wohl als Paradebeispiel kollektiven Wahnsinns gelten. Genau genommen, trifft dies jetzt bereits zu, denn wie inzwischen historisch belegt ist, befand sich die Welt bereits mehrmals an der Schwelle eines Atomkriegs.

»Der Wahn allein war Herr in diesem Land. In Leichenfeldern schließt sein stolzer Lauf, und Elend, unermessbar, steigt herauf.« – *Albrecht Haushofer, NS-Widerstandskämpfer*

Im Jahr 1983, während der US-Präsidentschaft von Ronald Reagan, einem aggressiv auftretenden kalten Krieger, hatte sich die NATO besonders drohend gebärdet. Das Manöver *Able Archer* schien der sowjetischen Führung eine verdeckte Erstschlagvorbereitung.[33] Sie war derart beunruhigt, dass zu Zeiten der höchsten Alarmstufe ein Missverständnis durchaus eine nukleare Konfrontation hätte auslösen können. Im Rückblick war es vielleicht sogar segensreich, dass damals im NATO-Hauptquartier ein Spion saß, der aus erster Hand die sowjetischen Befürchtungen beruhigen konnte.[IV] Starke Nerven besaß 1983 auch der russische Oberstleutnant Stanislaw Petrow, der auf einen Computerfehlalarm, der den Anflug amerikanischer Interkontinentalraketen meldete, besonnen reagierte. Noch näher am Atomkrieg war die Welt während der Kubakrise im Oktober 1962, als die USA drohten, sowjetische Militärbasen auf Kuba anzugreifen, auf denen Raketen mit Atomsprengköpfen stationiert waren. Bei einem militärischen Zwischenfall

---

IV Rainer Rupp, genannt »Topas«. Nach der Wende saß Rupp dafür zwölf Jahre im Gefängnis. Heute betätigt er sich publizistisch mit beachtlichem Hintergrundwissen.

hing der Weltfrieden an einem seidenen Faden: Nur durch die Weigerung des U-Boot-Flottenkommandanten Wassili Archipow unterblieb der Abschuss eines atomaren Torpedos.[34]

Aber auch politisch konnte die Krise nur durch die gemeinsame Besonnenheit von John F. Kennedy und seines Gegenspielers Nikita Chruschtschow abgewendet werden. Die dramatischen Hintergründe wurden erst viel später bekannt. Kennedy hatte nichts weniger getan, als Chruschtschows Einlenken mit der Begründung zu erbitten, er befürchte andernfalls einen Putsch vonseiten des Pentagon.[35] Die hoch angespannte Situation war damals auch deshalb so gefährlich, weil der Einsatz der Atomwaffen keiner zentralen Leitung unterlag. Jeder Kommandeur, ja sogar einzelne Piloten, hätten mit einem eigenmächtigen Bombenabwurf damals einen Weltkrieg auslösen können. Die Notwendigkeit einer persönlichen Order durch den Präsidenten wurde erst später durch Kennedys Verteidigungsminister Robert McNamara eingeführt.

Stand also die Welt durch militärische Zuspitzungen bereits am Abgrund, gab es über längere Zeit hinweg eine politische Situation, die die Zivilisation in ein nukleares Chaos hätte stützen können. Kennedys militärische Berater, insbesondere der berüchtigte General Curtis Le May (später in der Figur des Dr. Strangelove von Stanley Kubik verewigt), aber auch andere, versuchten Kennedy mehrmals zu überreden, einen nuklearen Erstschlag gegen die Sowjetunion auszuführen. Die Gelegenheit, eine nukleare Überlegenheit auszunutzen, so die Argumentation, gehe sonst vorüber. Die erste Diskussion dieser Art hatte Kennedy mit dem wütenden Ausruf »Und so etwas nennt sich die menschliche Rasse!« verlassen, aber 1963 kamen die Generäle allen Ernstes darauf zurück. Wir wissen heute nur deswegen davon, weil Kennedy die Gespräche im Oval Office heimlich mit einem Tonband mitschnitt. Man diskutierte in diesem Kreis darüber, ob beispielsweise ein Verlust von zwanzig Millionen Menschenleben in den USA noch »hinnehmbar« sei. Die Opfer des Erstschlags wurden dabei natürlich nicht gerechnet.[V]

V Zu den Hintergründen und der historischen Entwicklung dieser Staatsmacht parallel zum Präsidenten sind auch die Ansprachen von Dwight

Verantwortungslose Gegenwart

Diese Ereignisse sind befremdlich, vor allem wenn man sich klarmacht, wozu die Mächtigen der Welt im Ernstfall fähig sind. Gleichzeitig wissen wir nichts davon, was in fünfzig Jahren in den Geschichtsbüchern über die Gegenwart zu lesen sein wird – oder auch nicht mehr. Realistisch ist vielleicht eine Wahrscheinlichkeit eines globalen Nuklearkrieges von ein bis zwei Prozent pro Jahr. Manche Gefahren mögen zwar geringer geworden sein, die stark verkürzten Vorwarnzeiten durch schnellere Raketen machen die Situation jedoch auch instabiler. Ein Oberst Petrow hätte im heutigen Zeitalter der Hyperschalltechnologie keine Gelegenheit mehr gehabt, seine Besonnenheit einzubringen.

»Es gab noch nie einen guten Krieg oder einen schlechten Frieden.« – *Benjamin Franklin*

Grundsätzlich tendieren wir dazu, kleine Wahrscheinlichkeiten zu unterschätzen, ein Phänomen, dem Nassim Taleb sein Buch *Der schwarze Schwan* widmete. Immer wieder wurde der Lauf der Welt von solchen nicht vorhersehbaren Ereignissen beeinflusst.[VI] Allein durch die Existenz und Einsatzbereitschaft dieser Waffen können unvorhersehbare Auslöser eine nukleare Apokalypse herbeiführen. Ob man die Auseinandersetzung zwischen Kim Jong Un und Donald Trump im Jahr 2018 ganz ernst nehmen muss, ist eine andere Frage. Aber bei allen Menschen, die Befehlsgewalt über Atomwaffen haben, Intelligenz und Verantwortungsbewusstsein vorauszusetzen, wäre wohl naiv.

Eine große Gefahr, die die Geschichte immer wieder vor Augen geführt hat, sind Kriege, die aus Anlass eines drohenden Staatsbankrotts begonnen werden. Die Krankheit des internationalen Finanzsystems, die derzeit von fast allen führenden Wirtschaftsna-

---

D. Eisenhower zum militärisch-industriellen Komplex und die Ansprache Kennedys zu den *secret societies* aufschlussreich (auf YouTube).

VI Ein wichtiges Beispiel und für Taleb persönlich einschneidend war der völlig unerwartete Ausbruch des Bürgerkriegs im Libanon 1975.

tionen durch Gelddrucken übertüncht wird,[VII] ist alarmierend. Es gilt daher, sowohl dieses Problem zu lösen, als auch den gefährlichen Zusammenhang mit dem Weltfrieden zu erkennen. Letztlich kann man nur hoffen, dass die derzeit instabile Situation nicht in eine Apokalypse mündet.

Die internationale Vereinigung von Juristen gegen den Atomkrieg, IALANA, setzt sich seit Langem für eine nukleare Abrüstung ein. Dass ihr Anliegen nicht die Aufmerksamkeit erfährt, die es verdient, hat wohl vielfältige Gründe. Einer davon ist sicher das erwähnte psychologische Dilemma, aus dem heraus Menschen das Dringliche vor das Wichtige stellen: Man beobachtet es privat und in der Politik. Würde ein Meteoriteneinschlag für das Jahr 2050 vorausgesagt, würde die Menschheit sicher in die Gänge kommen, etwas dagegen zu unternehmen. Die latente Gefahr, die von einem atomaren Schlagabtausch ausgeht, ist viel höher, wird aber in Ermangelung eines konkreten Datums wenig beachtet.

Spieltheorie der Verständigung oder Vernichtung

Seitdem Kennedy und Chruschtschow im Jahr 1963 einen Atomwaffenteststopp vereinbarten, hat es immer wieder Verträge zur nuklearen Abrüstung gegeben, die zwischenzeitlich zu einer Reduzierung der einsatzbereiten Sprengköpfe führten. Fraglich ist, ob die Vorschläge zur totalen Eliminierung von Atomwaffen je ernst gemeint waren. Tatsächlich hat wohl das »Gleichgewicht des Schreckens« die direkte Konfrontation zwischen den Supermächten in den letzten siebzig Jahren verhindert. Man trifft hier auf ein Dilemma: Das Beibehalten der atomaren Bewaffnung macht auf lange Sicht einen Atomkrieg wahrscheinlich, jeder Abrüstungsschritt führt jedoch zur Befürchtung einer Partei, sie könne ihre

VII So äußerte sich zum Beispiel William White, der ehemalige Präsident der Bank für internationale Zusammenarbeit BIZ (YouTube: Interview mit William R. White at the Fund Experts Forum 2014, Finanz und Wirtschaft Forum).

Zweitschlagfähigkeit verlieren und zum Angriffsziel werden. Umgekehrt beobachtet man, dass Länder atomar aufrüsten, weil sie dies als einzige wirkliche Versicherung ansehen, nicht destabilisiert oder angegriffen zu werden.

Für Abrüstungsbemühungen wäre vielleicht ein wissenschaftlicher Zugang nützlich, denn es handelt sich im Grunde um eine spieltheoretische Situation, ein Teilgebiet der Mathematik. Internationale Arbeitsgruppen von Militärs, Politikern und Wissenschaftlern müssten die Möglichkeiten ausloten, Atomwaffen vollständig zu vernichten, ohne dass für eine der Parteien objektiv oder subjektiv das Risiko steigt, in einen Krieg verwickelt zu werden. Im Hinblick auf die Gefahr, die gesamte Menschheit auszulöschen, ist aber jede Reduzierung der Overkill-Kapazität schon ein Schritt in die richtige Richtung.[VIII]

»Der Friede ist das Meisterstück der Vernunft« – *Johannes v. Müller*

Nicht zu unterschätzen ist das Risiko, dass nicht staatliche Akteure eines Tages Atomwaffen in die Hände bekommen. Die Anreicherung des spaltbaren Uran 235 aus Natururan erfordert derzeit Großtechnologie, die weithin sichtbar ist und daher relativ gut überwacht werden kann. Aber es ist keineswegs garantiert, dass dies immer so bleibt. In Kraftwerken anfallendes Plutonium ist ebenfalls waffenfähig, auch wenn der Explosionsmechanismus schwieriger zu realisieren ist. Der latenten Gefahr, dass Nuklearwaffen in falsche Hände geraten, kann man wohl nur mithilfe von geheimdienstlichen Methoden adäquat begegnen.

Es liegt in der menschlichen Natur, subtile Gefahren im Vergleich zu den bekannten zu unterschätzen, und dies ist wahrscheinlich in diesem Buch nicht anders. Es könnte sein, dass die rasende Entwicklung der künstlichen Intelligenz neue Arten von Waffen entwickelt, deren Gefahr mit jener von Kernwaffen vergleichbar wird. Wer den Trailer zu dem Film *Slaughterbots* und den eindringlichen Appell von Stuart Russell,[36] einem führenden Forscher auf dem Ge-

VIII Anstatt über Waffen und Abschusseinrichtungen zu sprechen, scheint der Westen im Moment nur öffentliche Beschuldigungen zu setzen – ein Verhalten, das kein ernsthaftes Bemühen um Abrüstung erkennen lässt.

biet, gesehen hat, wird übereinstimmen, dass internationale Vereinbarungen zu Killerdrohnen und autonomen Waffensystemen dringend notwendig sind.

Wahrscheinlich werden bei den Überlegungen zur atomaren Abrüstung die konventionellen Waffen zu wenig mit einbezogen. Nicht nur fordern diese die meisten Opfer – die tödlichsten Instrumente aller Zeiten sind wohl einfache Schusswaffen –, sondern die Möglichkeit von konventionellen Kriegen müsste in jene spieltheoretischen Überlegungen einbezogen werden, die einer nuklearen Abrüstung vorausgehen. Die Welt wird der atomaren Gefahr nicht entgehen, wenn sie weiterhin konventionell aufrüstet.

»Das Denken der Zukunft muss Kriege unmöglich machen.« – *Albert Einstein*

Konventionell tot ist auch tot

Prinzipiell ist es ein interessanter Gedanke, zwischen Offensiv- und Defensivwaffen zu unterscheiden, was ein wichtiges Kriterium bei der Abrüstung sein könnte. Bomber und Flugzeugträger sind sicher nicht defensiv, Boden-Luft-Raketen möglicherweise schon. Allerdings wird natürlich die Definition der Defensivwaffe dadurch diskreditiert, wenn man sie dafür einsetzt, Exporte in Krisengebiete zu rechtfertigen.[IX] Eines der großen Hindernisse auf dem Weg zur Abrüstung ist natürlich die Rüstungsindustrie, die bei ihrem Geschäft mit dem Tod offenbar wenig Skrupel verspürt. Lange Zeit war die Regierung selbst in illegale Waffengeschäfte verwickelt – man denke an den Fall Uwe Barschel oder die Ära Strauß,[37] aber noch heute gibt es einen schamlosen Drehtür-Lobbyismus zwischen Politik und Rüstungsindustrie – weltweit. Das Problem wird sich nicht lösen, solange Industrien in verschiedenen Ländern um Rüstungsaufträge konkurrieren und Waffen als normales Wirtschaftsgut in die Bilanzen eingehen. Auch dies

IX Der ehemalige UN-Biowaffeninspekteur und Abgeordnete Jan van Aken hat jahrelang seine Reden im Bundestag mit der Aufforderung beendet, Deutschland möge gar keine Waffen exportieren – vergeblich.

ist eine der ungelösten Auswüchse des Kapitalismus, der die Welt in den Abgrund stürzen kann.

Das Langzeitziel kann nur sein, in einer immer mehr technisierten Welt kriegerische Konflikte ganz zu vermeiden. In früheren Zeiten konnten Kriege ebenfalls blutig sein, aber sie zerstörten nicht die Lebensgrundlagen in einem Ausmaß, wie das heute der Fall ist. In unserer Zivilisation, die von Technologien abhängig ist, an die wir uns schleichend gewöhnt haben, wird die Lose-lose-Situation eines Konfliktes immer deutlicher. Neue Bedrohungen sind entstanden. Würden heute beispielsweise alle Computer der Welt ausfallen, wäre dies eine humanitäre Katastrophe. Undenkbar ist ein Szenario dieser Art aber nicht – denn eine einzige Atombombe in der Atmosphäre kann mit dem sogenannten elektromagnetischen Puls den Großteil aller elektronischen Geräte in Tausenden Kilometern Entfernung vom Detonationspunkt lahmlegen.[38]

Eigentlich muss man vernunftbegabten Menschen nicht erklären, wie absurd auch eine konventionelle militärische Auseinandersetzung in der heutigen Zeit ist. Haben wir Menschen nichts Besseres zu tun? Die ungenierte Diskussion von Kriegsszenarien in Europa, ohne dabei die katastrophalen Folgen zu erwähnen, ist daher wohl eine der großen Obszönitäten, die man beim Konsum der Medien heute beobachtet. Landkarten werden mit Flugzeugen und Panzern bunt bedruckt (oft genug mit verzerrten Zahlen), so als sei dies ein Spielfeld und nicht drohende Realität von Vernichtungskriegen, die Europa im letzten Jahrhundert zweimal erlebt hat. Man fragt sich, ob es noch Redakteure gibt, die einen Roman wie *Im Westen nichts Neues* von Erich Maria Remarque gelesen haben. Artikelüberschriften wie »Genug gesprochen«, »Stärke zeigen«, »das Ende der Feigheit«[X] sind abstoßende Beispiele für das Überschreiben der Kriegserinnerungen, die lange Zeit als warnendes Beispiel gedient hatten. Die Medien profitieren durch aggressive Berichterstattung, tragen aber nicht deren Risiken.

»Das ist doch keine Berichterstattung. Das ist eine Generalmobilmachung!« – *Claus von Wagner, »Die Anstalt«*

X Drei Überschriften aus *Tagesspiegel*, *FAZ* und *Spiegel*.

Widerwärtige Kriegsspielchen

Entsprechend schreitet die Militarisierung in Europa wieder voran. Planspiele werden entworfen,[39] wie schnell Panzer von Bremen nach Litauen kommen, immer mehr Manöver werden veranstaltet, ganz so, als sei dies nicht kompletter Irrsinn. Wäre es nicht manchmal angebracht, bei Fernsehbildern von Verwüstungen daran zu erinnern, dass deutsche Städte vor 75 Jahren ähnlich ausgesehen haben? Wofür sollte eigentlich gekämpft werden? Für die Freiheit, für unseren demokratischen Rechtsstaat? Krieg bedeutet automatisch die Liquidierung praktisch aller Grundrechte, angefangen bei Menschenwürde, Leben und Gesundheit. Der Rechtsstaat hört im Krieg ohnehin auf zu existieren.

> »Wir können das nicht ›Mainstream‹-Medien nennen. Es sind extreme Medien – die Stimmungsmache für Krieg betreiben.« – *Amy Goodman*

Neuerdings auftauchende Begehrlichkeiten deutscher Politiker, sich an Kriegen zu beteiligen,[40] sind verfassungswidrig[41] und müssen mit allen rechtlichen Mitteln unterbunden werden. Früher war schon die Vorbereitung eines Angriffskrieges nach § 80 StGB strafbar, heute kann eine Aggression nach § 13 des Völkerstrafgesetzbuches verfolgt werden.

Der Wunsch nach Frieden ist in der Bevölkerung überwältigend, aber Initiativen, die diesem Wunsch Ausdruck verleihen, sind einer subtilen Diffamierung ausgesetzt. In grotesker Umkehr des politischen Spektrums und mit der schon besprochenen Technik der Verklammerung rückt man Menschen, die für Frieden eintreten, politisch nach »rechts«, während umgekehrt eine Partei, die einst der Friedensbewegung nahestand, die neue politische Farbe olivgrün angenommen hat. Auf diese Weise angegangen werden zum Beispiel der Moderator Ken Jebsen, der sich explizit pazifistisch äußert, und der Historiker Daniele Ganser, der ein Institut für Friedensforschung betreibt. Es fällt aber auch auf, dass diejenigen Politiker, die noch die unmittelbaren Folgen des Krieges erlebt haben, in ihrem Denken und Handeln dem Frieden weit mehr verpflichtet waren. Der ehemalige Planungschef im Bundeskanzleramt und Publizist Albrecht Müller schrieb jüngst einen aufrüttelnden Kommentar,[42] wie wenig eine gute Nachbarschaft der Völker Europas den heutigen Politikern noch wert ist. Der Theologe Eugen Drewermann vertritt seine pazifistischen Thesen mit wohl einzigartiger Überzeugungskraft.[43] Diese Stimmen erhalten in den Medien aber kein großes Forum.

»Ehren wir die Freiheit. Arbeiten wir für den Frieden. Halten wir uns an das Recht.« – *Richard von Weizsäcker, 8.5.1985*

Können wir den Frieden erhalten, indem wir demonstrieren? Diese Form des politischen Handelns sollte mit Bedacht eingesetzt werden. Demonstrationen oder ein Generalstreik können wirksam sein zur Erhaltung des Status quo, um die Politik von verrückten Kriegshandlungen abzuhalten. Dennoch sind Demonstrationen meist zu sehr auf die Gegenwart fokussiert und von Massenpsychologie beeinflusst, als dass sie durchdachte Handlungsoptionen aufzeigen könnten. Viele sind wegen banaler Gruppenegoismen bereit, auf die Straße zu gehen, Schüler und Studenten oft um der Party willen. Dies soll nicht legitime Anliegen diskreditieren; dennoch ist die langfristige Sicherung des Friedens eine Aufgabe, die überlegtes Handeln erfordert, welches am ehesten durch die Einsicht der Entscheidungsträger zustande kommen wird.

»An den Frieden denken heißt an die Kinder denken.« – *Michail Gorbatschow*

Frieden der Wissenschaft

Die Bedrohungen des Friedens, denen wir uns heute gegenübersehen, wurden durch die Blüte der Naturwissenschaften Anfang des 20. Jahrhunderts ermöglicht, die eigentlich einen triumphalen Erfolg der Intelligenz von Homo sapiens darstellen. Seit Henri Becquerels Entdeckung der Radioaktivität war die Weiterentwicklung der darauf basierenden Technologien mehr oder weniger unvermeidlich, im weitesten Sinne wahrscheinlich schon mit der kopernikanischen Wende vorgezeichnet. Der Baum der Erkenntnis sollte den Frieden gefährden.

Die Entwicklung der Kernwaffen war ein unseliges Zusammentreffen von Wissenschaft und Politik. Offenbar hat diese Technologie die Welt grundlegender verändert als jede andere politische Entwicklung im 20. Jahrhundert. Viel weniger ist im öffentlichen Bewusstsein, dass die Rückwirkungen auf die Naturwissenschaft ebenfalls einschneidend waren. Harmloses Streben nach Erkenntnis, belächelt von den Regierenden, aber auch frei von deren Machtinteressen, wurde plötzlich ein entscheidender Faktor beim Kampf um die Weltherrschaft.

Die Verbrechen des NS-Regimes hatten viele Millionen Tote und unendliches Leid zur Folge, die Vertreibung der damaligen wissenschaftlichen Elite aus Europa wirkt sich jedoch ebenfalls bis heute aus. Zunächst schadete Hitler mit der Verfolgung der Intelligenz sich selbst. Das Rechengenie Alan Turing war in Europa mit kriegsentscheidend, indem er den Enigma-Code knackte, der Nachrichten an deutsche U-Boote verschlüsselte. Leó Szilárd hatte ebenfalls fliehen müssen, ehe er 1939 Einstein aufsuchte, der schon 1933 emigriert war. Das friedliche Zusammenarbeiten der fähigsten Köpfe aus ganz Europa fand in den 1930er-Jahren ein jähes Ende, als Hitler mit seiner Rassenideologie die wissenschaftlichen Zentren zerstörte.[XI]

Rüstung im Großen und Kleinen

Die naturphilosophische Tradition der europäischen Physiker, die auch zur Kernspaltung geführt hatte, existierte nach dem Krieg nicht mehr. Die Denkweise, die Anfang des 20. Jahrhunderts aber zu dem außergewöhnlichen Erfolg der Physik geführt hatte, insbesondere der philosophische Zugang von Ernst Mach, Albert Einstein, Niels Bohr und Erwin Schrödinger, wurde komplett abgelöst von der technologisch geprägten Physik an den Beschleunigerlabo-

XI Leider gaben sich wenige Physiker, darunter die Nobelpreisträger Lenard und Stark, dafür her, über eine sogenannte »Deutsche Physik« zu schwadronieren, die diesen Wahn verteidigte.

ratorien. Diese führte zu einer Wissenschaft mit viel Wettbewerb, die bis heute andauert, ohne dass dadurch mehr fundamentale Entdeckungen gemacht wurden.[44] Die Gründerväter dagegen wurden immer mehr als Grübler angesehen und fristeten ihr Leben zunehmend in akademischer Isolation.

»Wissenschaft ist die Suche nach der Wahrheit – nicht ein Spiel, in dem man seinen Gegner zu besiegen versucht.« – *Linus Pauling,*

Die derzeitige Grundlagenwissenschaft ist viel mehr mit dem Militärischen verbunden, als man sich bewusst ist. Die Erforschung der Natur im Kleinen, die in den letzten sieben Jahrzehnten in einer Tradition von Teilchenbeschleunigern durchgeführt wurde, hätte so kaum begonnen ohne das Atomwaffenlabor in Los Alamos. Die Beobachtung der Natur im Großen, die in den letzten vier Jahrzehnten mit Weltraumteleskopen eine Fülle von kosmologischen Erkenntnissen gewonnen hat, wäre nicht möglich gewesen ohne die militärisch motivierte Entwicklung der Raketentechnologie. Die beiden Zweige der Grundlagenwissenschaft profitierten also im Kleinen von der Produktion von Nuklearwaffen und im Großen von der Technik, diese ans Ziel zu bringen.

Dies ist weder Rechtfertigung von Rüstung noch Kritik an der Wissenschaft, man muss nur nüchtern feststellen, dass die Verbindungen bis heute ins Detail reichen. So hängt zum Beispiel die Datenauswertung der Teilchensuche in Untergrundlaboratorien maßgeblich davon ab, dass man versteht, unter welchen Bedingungen Atomkerne Neutronen absorbieren.[45] Neutronen, die Auslöser von Kernspaltungen, sind aber umgekehrt intensiver Gegenstand der Atomwaffenforschung, welche entsprechender Geheimhaltung unterliegt. Auswertungen der Positionsdaten von Raumsonden benötigen zum Beispiel heute noch militärische Freigaben, auch die Forschungssatelliten der NASA stehen unter Kontrolle des *National Reconnaissance Office*, einer militärischen Einrichtung.

Die falsche Allianz

Die Liste der Beispiele ließe sich noch lange fortführen, aber unter dem Gesichtspunkt der Friedenserhaltung lohnt sich eine allgemeine Betrachtung. Man kann den Zusammenhang zwischen Erkenntnis, Wissenschaft, Waffen, Militär und Macht einfach als wiederkehrendes Muster in der Geschichte sehen, das im Moment das westliche Imperium definiert. Dennoch: Die Nutzung der Kernkraft und die Mondlandung mögen die größten technischen Errungenschaften der Menschheit sein, die größten intellektuellen Leistungen sind sie nicht. Vielmehr wurden die Grundlagen dafür schon von Isaac Newton beziehungsweise den Pionieren der modernen Physik um 1900 gelegt.

Ihre Motivation entsprang ausschließlich der Neugier, die Natur zu verstehen. Jene Forscher fühlten sich jedenfalls mehr dem Frieden verpflichtet als die nachfolgende Generation, die das Forschungsergebnis von Los Alamos entweder verdrängt hatte oder durch dieses traumatisiert war. Einstein engagierte sich zeitlebens als Pazifist, Heisenberg[XII] unterstützte den Widerstand gegen die atomare Bewaffnung, Bohr setzte sich 1950 in einem Offenen Brief an die Vereinten Nationen für Völkerverständigung ein.

Wissenschaft braucht eine Allianz mit dem Frieden, nicht mit Krieg. Denn die Entdeckung grundlegender Gesetze muss zu Technologien führen, die das weitere Überleben der Menschheit auf diesem Planeten garantieren, anstatt deren innere Konflikte eskalieren zu lassen. Die Nähe der heutigen Grundlagenforschung zum Militär ist daher, langfristig gesehen, eine Bedrohung der Zivilisation.

»Wir halten aber diese Art, den Frieden und die Freiheit zu sichern, auf die Dauer für unzuverlässig.« – *Aus der Erklärung der Göttinger Achtzehn*

Vielleicht ist aber auch dauerhafter Frieden und damit die Unabhängigkeit von Militärtechnologie eine Voraussetzung von wirklicher Wissenschaft. Mit der Abkehr von philosophischen Fragen

XII Obwohl seine Rolle im Krieg ambivalent war: Er trat nicht als Regimegegner auf, brachte aber die Atomwaffenforschung auch nicht voran.

und der Kultur von *Big Science* ging auch jene Faszination für die Natur verloren, welche die Fähigsten zum Dienst an der Menschheit bewegt hat. Mehr als je zuvor bedarf die Welt dieser wirklichen Elite: zur Erhaltung des Friedens und für andere Herausforderungen, die sicher kommen.

Silberstreif am Horizont

Eine nachhaltige Friedenssicherung muss die Ursachen von weltpolitischen Konflikten erforschen und mit wissenschaftlicher Methodik nach Lösungsmöglichkeiten suchen. Das geopolitische Thema schlechthin, das Kriege und Konflikte verursacht, sind Energie und Rohstoffe. Es ist sicher kein Zufall, dass der Westen seit Jahrzehnten sich in den Ländern militärisch einmischt, aus denen er Erdöl importiert.[46] Der strategische Kampf um fossile Energie ist daher ebenso Gift für den Frieden wie der Pakt mit der Atomkraft. Trotz aller Konflikte, die aus diesem Grund geführt werden, gibt es vielleicht Grund zu verhaltenem Optimismus.

Rohstoffe, auch wenn sie auf der Welt ungleich verteilt sein mögen, werden dann für alle ausreichend vorhanden sein, sobald sich eine globale Kreislaufwirtschaft ausgebildet hat. Dies ist aber letztlich eine lösbare technologische Frage. Ebenso verbessert hat sich die Perspektive hinsichtlich der weltweiten Energieversorgung. Öl und Gas könnten tatsächlich eines Tages obsolet werden. Durch Fortschritte wie etwa den drastisch gestiegenen Wirkungsgrad von Solarzellen oder die Speicherfähigkeit von Batterien besteht die realistische Aussicht, den Energiebedarf der Menschheit aus regenerativen Quellen zu decken. Es ist eigentlich ganz einfach: Die Kernfusion in vernünftiger Entfernung, das heißt in der Sonne, zu nutzen, wird hoffentlich eines Tages dafür sorgen, dass wir die in der Nähe zerstörerische Technologie nicht gegen uns selbst einsetzen.

Freiheit – Eintreten für die Grundlage des Denkens

1983 beherrschte ein Thema über Wochen hinweg die öffentliche Debatte: die Volkszählung. Die Bundesbürger sollten damals neben ihrer Adresse auch Daten wie etwa die Wohnungsgröße angeben, was bundesweit Empörung hervorrief. Nach einem Eingreifen des Bundesverfassungsgerichts wurde die Volkszählung schließlich 1987 unter strengeren Datenschutzauflagen durchgeführt. Ich kenne kein Gebiet, auf dem sich innerhalb von drei Jahrzehnten die öffentliche Meinung so dramatisch gewandelt hat wie bei der Frage, was der Staat vom Individuum wissen darf. 2013 enthüllte Edward Snowden, dass die automatisierten Überwachungsprogramme der US-Geheimdienste praktisch jeden Bürger in den westlichen Ländern lückenlos überwachen, und zwar verdachtsunabhängig, dafür aber gesetzes-, ja grundrechtswidrig.[47] Nach einigen Wochen der Empörung ebbte die Diskussion ab, ohne erkennbare Konsequenzen.[I]

Ohne jede Bewertung bedeutet das entweder, dass es sich 1983 um eine grundlose Massenhysterie handelte oder 2013 die Weltbevölkerung einer hilf- und willenlosen Schafherde glich, die praktisch alles mit sich machen ließ. Wahrscheinlich liegt die Wahrheit irgendwo dazwischen. Jedenfalls beleuchtet das Urteil des Bundesverfassungsgerichts vom 15.12.1983, wie dramatisch sich die Welt seither verändert hat. Die Worte wirken wie ein Relikt aus goldenen Zeiten:

I 2004 wurde Ähnliches schon von dem Reporter James Risen herausgefunden. Die *New York Times* verzögerte die Veröffentlichung bis nach der Wiederwahl von George W. Bush.

»Mit dem Recht auf informationelle Selbstbestimmung wären eine Gesellschaftsordnung und eine diese ermöglichende Rechtsordnung nicht vereinbar, in der Bürger nicht mehr wissen können, wer was wann und bei welcher Gelegenheit über sie weiß.«

Seit 2013 wissen die Bürger immerhin, dass eine unüberschaubare Anzahl von Personen *alles* über sie wissen kann. Man kann dies nicht anders bezeichnen als das Ende der Privatheit. Wie unter anderem auf einer Konferenz über investigativen Journalismus, *Challenge Power* 2016 in Berlin, klar wurde, gibt es selbst für die gewieftesten Computerexperten praktisch kaum mehr eine Möglichkeit, vertraulich zu kommunizieren, da die digitalen Hintertüren der Geheimdienste wohl schon auf der Ebene der Betriebssysteme oder darunter eingebaut sind.[II] Zumindest vorerst ist der Kampf gegen die Totalüberwachung wohl verloren. Das vom Bundesverfassungsgericht 1983 formulierte Grundrecht auf informationelle Selbstbestimmung ist nur drei Jahrzehnte später von der Realität überrollt worden.[48] Der Verlust der Privatheit ist ein schwerer Schlag gegen die Freiheit und bedroht sie als Ganzes.

»Wer unsicher ist, ob abweichende Verhaltensweisen jederzeit notiert und als Information dauerhaft gespeichert, verwendet oder weitergegeben werden, wird versuchen, nicht durch solche Verhaltensweisen aufzufallen.« – *Bundesverfassungsgericht 1983*

Alles verloren? Nein!

Umgekehrt besteht die Freiheit aber noch aus weiteren Elementen, insbesondere der Meinungs- und Handlungsfreiheit. Überwachung ist daher bei Weitem noch nicht das Ende der Freiheit und vor allem kein Grund, den Kampf um die Freiheit aufzugeben. Um aus

II Insbesondere ist auch das Open-Source-Projekt Linux zu komplex, als dass man noch überblicken könnte, ob der Code Hintertüren enthält.

Überwachung nicht Unfreiheit werden zu lassen, brauchen wir allerdings Mut.

Zivilcourage ist nötig, sich unter dem argwöhnischen Blick der Mächtigen weiterhin für Frieden, Freiheit und Gerechtigkeit einzusetzen. Objektiv gibt es keinen Grund, seine Meinung nicht zu äußern. Und selbst wenn die Überwachung auch dazu dient, mit den diffusen Ängsten der Menschen zu spielen, lege man sich die Frage vor: Was habe ich wirklich zu verlieren? Ob das Ringen um die Freiheit erfolgreich sein wird oder gar die Rückeroberung der Privatheit eines Tages gelingt, kann man nicht sagen. Wird man aber mutlos, ist der Kampf schon verloren.

»Freiheit ist das Recht, anderen zu sagen, was sie nicht hören wollen.« – *George Orwell*

So verwerflich die Einschränkungen der Freiheit sind, so können wir in vielen Bereichen noch tun, was wir wollen. Private Diskussionen haben kaum Konsequenzen, die öffentliche Meinungsäußerung wird zwar schon unterdrückt, aber noch nicht sanktioniert. Generelle Reisebeschränkungen oder Freiheitsentzug für unliebsame Äußerungen wie in totalitären Regimen gibt es in Deutschland nicht. Schließlich existiert zwar eine Infrastruktur von Überwachung, aber noch keine für Verhaftungen wie etwa die Gestapo oder den NKWD.[III]

»Sorgen nehmen dem Morgen nichts von seinem Schrecken, aber sie rauben dem Heute die Kraft.« – *Dale Carnegie*

Wahrscheinlich wiederholt sich die Geschichte nicht so direkt. Bei der totalitären Repression will der Staat zusätzlich seine Geheimnisse behalten, während die Überwachung zunächst »nur« in die Geheimnisse der Bürger eindringt. Ein Überwachungsstaat unterbindet Privatheit, ein Unrechtsstaat müsste auch jede Öffentlichkeit unterbinden – was schwieriger ist. Sicher ist es gut, wenn die Menschen ihre nicht digitalen Netzwerke erhalten. Dies kann die Freiheit erhalten helfen und vorbeugen, dass Repressionen im Verborgenen geschehen.

III Bei den Polizeigesetzen, die derzeit verabschiedet werden und einen anlasslosen Gewahrsam vorsehen, ist allerdings Widerstand geboten.

Freiheitsfeinde unter dem Radar der Aufmerksamkeit

Die Einschränkungen der Freiheit werden heute meist als unvermeidlich dargestellt, zum Beispiel weil es zur Abwehr von Terroranschlägen nötig sei. Man tut gut daran, den Berichten über verhinderte oder auch stattgefundene Anschläge mit einer gewissen Skepsis zu begegnen, insbesondere wenn die Verschärfung der Gesetze in unmittelbarem Zusammenhang erfolgt. Es wäre verfehlt, ein »Supergrundrecht« von Sicherheit zu postulieren, dem sich alle anderen unterzuordnen haben. Denn Sicherheit, ebenso wie Glück oder Zufriedenheit, kann der Staat nicht garantieren; Argumente in dieser Richtung sind meist unredlich.

Ebenso doppelsinnig sind Initiativen zur Abschaffung des Bargeldes – die Überwachung würde dann auf alle Bezahlvorgänge ausgedehnt mit der naheliegenden Möglichkeit, Personen aus dem Wirtschaftsleben zu entfernen.[49] Auch das autonome Autofahren, obwohl als Aussicht angenehm, bringt die Totalüberwachung von Bewegungen mit sich, die mit Navigationsgeräten und der Videoerkennung von Kennzeichen ohnehin schon auf dem Weg ist. Unbemerkt bewegen kann man sich heute nur mehr mit Bahn, Fahrrad oder zu Fuß – wenn man auf das Handy verzichtet.

»Wer Freiheit für Sicherheit aufgibt, wird beides verlieren.« – *Benjamin Franklin*

»Wer Sicherheit der Freiheit vorzieht, bleibt zu Recht ein Sklave.« – *Aristoteles*

Unfreier Zeitgeist, unfreier Geist

Die Freiheit der Menschen ist nicht nur durch Sicherheitsgesetze und technische Überwachung bedroht, sondern auch durch Strömungen in der Gesellschaft. Plötzlich entstehen Leitplanken für Ansichten, die unabhängige Meinungen einschränken. Soziale Regeln werden rigider, Toleranz ist auf dem Rückzug, jede Äußerung, die aneckt, wird skandalisiert. Michael Schmidt-Salomon bezeichnete dies als »Empörialismus«. Beteiligt sind dabei die Massenmedien, die sich immer mehr mit der Erziehung des Volkes beschäftigen als mit dessen Aufklärung.[50] Es ist schwer zu sagen, wo der globale Trend dieses Zeitgeistes eigentlich herrührt. Denn selbst Meinungsmache ist oft Ausdruck eines Rudelverhaltens, das von irgendwoher gespeist werden muss.

Wahrscheinlich spielt die Verängstigung der Menschheit durch die weltweit grassierende Kriegsrhetorik und Terrorangst eine unheilvolle Rolle. Es ist deprimierend, wie viel Lebensqualität und Schaffenskraft damit verloren geht. Die Besorgnis um den Zustand der Welt ist einerseits nicht ganz unberechtigt, dennoch bleibt es unsere vordringliche Aufgabe, ihr keinen lähmenden Einfluss zukommen zu lassen. Woher die Zunahme der Ängste, das Zurückweichen von Toleranz und die schrittweise Einschränkung von allen möglichen Freiheiten letztlich kommen, ist schwer zu beurteilen. Sicher ist nur, dass sie uns nicht guttun.

Angst und das Gefühl von Unfreiheit haben einen degenerativen Effekt auf menschliche Kreativität und damit auch auf die Kulturen. Umgekehrt waren es gerade die Perioden der Freiheit und Aufgeklärtheit des Denkens, in denen die Menschheit zu den größten Erkenntnissen kam. Erkenntnis und Freiheit verstärkten sich wechselseitig. Das Zeitalter der Aufklärung folgte zum Beispiel dem Zusammenbruch des mittelalterlichen Weltbildes durch die Erkenntnisse von Kopernikus. Dieser hatte vorher als Domherr zu Frauenburg persönliche Unabhängigkeit erreicht, die ihm wohl Voraussetzung für seine revolutionären Gedanken waren. Man kann sich fragen, ob Kopernikus seine Ideen niedergeschrieben hätte, hätte er eine Überwachung durch den Papst und die Inquisition fürchten müssen. Einer hatte aber ganz sicher den Mut, gegen den Willen der Mächtigen seine Überzeugung auszusprechen: Galileo Galilei. Nachdem er jedoch in seinem *Dialogo* den Papst als Einfaltspinsel darstellte, wurde ihm 1633 der Prozess gemacht, der schließlich zu jahrelangem Hausarrest führte.

»Eine der wichtigsten Freiheiten ist die Freiheit von Angst.« – *Franklin D. Roosevelt*

Erwünschte Verletzungen

Jahrhundertelang musste der Kampf um die Freiheit gegen die Religion geführt werden. Insofern ist es originell, wie oft die »christlich-abendländische Kultur« mit den Werten von Freiheit, Demokratie oder Gleichberechtigung in Verbindung gebracht wird, obwohl diese gegen den Widerstand der Kirchen erkämpft werden mussten. Tatsächlich ist es säkulare Vernunft, die der Staat heute gegen jede Ideologie verteidigen muss, um seine freiheitlich-demokratische Grundordnung langfristig zu erhalten. Dass dabei heute der radikale Islam eine größere Herausforderung als andere Religionen darstellt, kann man allerdings auch nicht bestreiten.[IV]

»Ich bin nicht verpflichtet zu glauben, dass derselbe Gott, der uns mit Sinnen, Vernunft und Verstand ausgestattet hat, von uns verlangt, dieselben nicht zu gebrauchen.« – *Galileo Galilei*

Gemein ist allen Religionen, wenn auch in unterschiedlicher Intensität, die Tabuisierung der Sexualität. Seit jeher haben die Religionen menschliches Sexualverhalten ungefragt moralisch bewertet. Mit Sicherheit spielte dabei der Glaube, von einem höheren Wesen beobachtet zu werden, eine Rolle. Das Verblassen dieser Überzeugung war wohl eine Voraussetzung für individuelle Freiheit. Jahrhunderte nach der Periode der Aufklärung hat uns in gewisser Weise die damalige Realität wieder eingeholt. Früher war die Beobachtung von Intimitäten Gott vorbehalten, heute hat die NSA seine Stelle eingenommen, mindestens was die Online-Erotik betrifft.[51] In Kombination mit US-amerikanischer Prüderie verheißt dies nichts Gutes; auch hier sollte sich die Gesellschaft ihre Freiheiten zurückholen.

Freiheit war der Religion immer ein Dorn im Auge, aber tatsächlich sind noch andere gesellschaftliche Strömungen in die Rolle der Religion geschlüpft. Ähnlich wie diese gegen Unkeuschheit vorging, konstruierten Feministinnen das Nicht-Delikt »Sexismus«.

IV Wie andere Bücher von Thilo Sarrazin, hat auch »Feindliche Übernahme« zu diesem Thema eine Kontroverse ausgelöst. Anders als dargestellt, ist die Argumentation jedoch keineswegs rechtsradikal.

Wenn neurotische Skandalisierungen um sich greifen, verliert die Gesellschaft ein Stück Freiheit des Denkens. Während im Bundesgerichtshof, der einen Anspruch auf die Anrede »Kundin« verneinte, offenbar noch gesunder Menschenverstand herrscht, hat sich das Bundesverfassungsgericht weit vorgewagt, als es jüngst das Recht auf ein drittes Geschlecht anerkannte.[V] Auch hier wünscht man sich, dass mehr Menschen aus der Schweigespirale heraustreten und ihre Meinung unbekümmert ausdrücken.

Alter Wein in neuen Schläuchen

Wie die Geschichte lehrt, existieren Gesellschaftsgruppen mit einer bestimmten sozialen Funktion fort, auch wenn sich der Name ändert. Die höchsten Würdenträger der Kirche im Mittelalter waren besonders befähigte und gebildete Menschen, eine Elite, die ihre geistigen Fähigkeiten den Grundlagen unseres Daseins widmete. In diesem Sinne entspricht die damalige Religion der heutigen Wissenschaft. Wissenschaftssoziologen überrascht es aber nicht, dass sich dabei wieder kollektive Überzeugungen herausbilden, die der Freiheit des Denkens zuwiderlaufen. Louis Victor de Broglie, der 1929 den Nobelpreis erhalten hatte, wusste zu gut, wie das Gruppendenken vermeintlicher Experten den Fortschritt unterdrücken konnte:

> *»Wenn jemand die Ideen derjenigen Genies, die Gründerväter der modernen Naturwissenschaft waren, Komitees von Spezialisten vorgelegt hätte, kann kein Zweifel bestehen, dass diese sie für abwegig befunden und gerade wegen ihrer Originalität und Tiefe aussortiert hätten.«*

V Dieser Fall könnte noch ein besonderes Geschmäckle bekommen, wenn sich herausstellt, dass das Verfahren von dem Umfeld einer bekennend feministischen Richterin im ersten Senat inszeniert wurde, wie der Informatiker Hadmut Danisch auf seinem Blog thematisiert. Die fachliche Qualifikation dieser Richterin scheint im Übrigen völlig unklar.

Um die freie Meinungsäußerung ist es in der Wissenschaft keineswegs gut bestellt. De Broglie sah diese als essenziell an:

> *»Es wird immer wichtiger, die Freiheit der Wissenschaft zu erhalten und die Freiheit der Initiative für ursprüngliche Forscher, weil diese Freiheiten immer die fruchtbarsten Quellen für große Fortschritte waren und es immer sein werden.«*

Es ist unter Forschern ein offenes Geheimnis, dass Förderanträge für Projekte chancenlos sind, wenn sie nicht in der Einführung bestimmte »Glaubensbekenntnisse« im Sinne der vorherrschenden Theorien ablegen. Zu viele vergessen dabei heute, dass geradlinige Wahrheitssuche Wissenschaft definiert, und wehren sich nicht entschieden genug gegen das Entstehen von Dogmen.[52] Solche Tendenzen haben in der Wissenschaft in den letzten Jahrzehnten noch zugenommen, obwohl Karl Popper gewarnt hatte:[53]

> *Die Intellektuellen machen aus Theorien Ideologien. Selbst in der Physik und in der Biologie gibt es leider viele Ideologien. (...) Überall, auch in diesen Fachbereichen, gibt es einen Dogmatismus, gegen den es schwierig ist, sich durchzusetzen. (...) Die Intellektuellen sind unkritisch und gehen mit den Moden, und es gibt einen starken Druck. Das heißt: Wer nicht mit der Mode geht, der steht bald außerhalb des Kreises derer, die ernst genommen werden.*

In beiden Bereichen, Wissenschaft und Gesellschaft, gilt es, die Freiheit zu verteidigen, Popper erkannte dabei die parallelen Mechanismen. In seinem Buch *Die offene Gesellschaft und ihre Feinde* zeichnete er schon 1945 die Vision einer modernen Demokratie. Nicht zufällig ist Popper, der die Falsifizierbarkeit von Theorien sowohl in der Politik als auch in der Wissenschaft forderte, ein rotes Tuch für die heutigen theoretischen Physiker. Eigentlich verdienen die Thesen dieses überaus intelligenten Mannes eine Renaissance. Leider werden aber auch gute Ideen missbraucht. Ausgerechnet die *Open Society Foundation* des Spekulanten George Soros, die der US-Interventionspolitik einen demokratischen Deckmantel umhängt, bezieht sich auf Popper.

Die letzte Hoffnung

Bei aller Skrupellosigkeit der US-Außenpolitik der vergangenen Jahrzehnte ist die Redefreiheit in Amerika ein Hoffnungsschimmer, der dieses politisch-moralisch kaputte Land vielleicht noch retten könnte. So können etwa Jimmy Dore oder Kyle Kulinski,[55] deren Shows mehr politischer Kommentar als Satire sind, immerhin George W. Bush, Dick Cheney und Donald Rumsfeld als Kriegsverbrecher bezeichnen. Aber auch die Witze der Komikerin Michelle Wolf haben eine politische Härte, die man hierzulande höchstens noch bei Volker Pispers finden kann. Dass kontroverse Themen ins Kabarett auswandern, stellt man in Deutschland auch schon fest. So bereitet die *Anstalt* in ihrer unnachahmlichen Weise viele Meldungen auf, die im restlichen Fernsehen kaum berichtet werden.[56] Die Heiterkeitsausbrüche des Publikums zeigen aber deutlich, wann eine selten ausgesprochene Wahrheit ins Schwarze getroffen hat.

»Die freie Rede ist die letzte Verteidigungslinie der Demokratie. Wir müssen sie einfordern. Verteidigen. Und vor allem – sie nutzen. Jetzt.«[54] – *Amy Goodman*

»Redefreiheit ist die Basis einer freien Regierung; Wenn diese Säule wegfällt, löst sich die Verfassung einer freien Gesellschaft auf und Tyrannei wird auf ihren Ruinen errichtet.« – *Benjamin Franklin*

In den USA ist der Stand-up-Comedian Bill Maher eine Bastion der freien Rede. Obwohl er unkritisch das Assad-Bild der US-Medien teilte, hielt er 2013 eine ebenso witzige wie kluge Brandrede gegen die geplante Bombardierung Syriens.[57] Als humanistischer Atheist positioniert er sich gegen alle Religionen und nimmt auch hinsichtlich islamistischer Aggressivität (man denke an Salman Rushdie) gegenüber der Redefreiheit kein Blatt vor denMund.

»If you write the wrong book, if you say the wrong word, if you paint the wrong pictures, it's the only religion that will fucking kill you!«[VI]

Maher steckt aber in seiner eigenen Sendung auch ein. Dass Islamkritik nicht dazu taugt, Militärinterventionen zu rechtfertigen, musste Maher in einem sehenswerten Rededuell[58] mit Glenn Greenwald erfahren:

»Wie können Sie als Bürger der Vereinigten Staaten, jenes Landes, das in den letzten fünf oder sechs Jahrzehnten mehr Gewalt und Militarismus verbreitet hat als jedes andere, sagen: ›Schauen Sie mal auf die Leute da unten, die sind unglaublich gewalttätig‹?«

Diese Diskussionen von erstaunlicher Offenheit finden in Amerika noch statt. Weltweit wünschte man sich mehr Toleranz gegenüber anderen Meinungen und eine zivilisierte Streitkultur, ohne dass dabei den Feinden der Toleranz das Feld überlassen wird. Das ist nur mit einer starken Stellung der Freiheit der Rede denkbar.

Der wirtschaftlich mächtige Konkurrent der USA, China, geht hinsichtlich der Meinungsfreiheit einen entgegengesetzten Weg. Nicht nur ist die Totalüberwachung der Bürger noch lückenloser als anderswo, demnächst soll auch ein Punktesystem erwünschtes gesellschaftliches Normverhalten definieren.[59] Meinungs- und Informationsfreiheit gibt es nicht, das Internet wird mit einer »großen Firewall« vor unerwünschten Themen abgeschirmt, viele Dissidenten, die sich für demokratische Rechte eingesetzt hatten, wurden zu langjährigen Haftstrafen verurteilt.[60] Hier ist es nicht leicht, den Mut zur freien Rede zu entwickeln.

VI Frei übersetzt etwa: »Schreibst du das falsche Buch, sagst du ein falsches Wort, zeichnest du ein falsches Bildchen, es ist verdammt noch mal die einzige Religion, die dich einen Kopf kürzer machen wird!«

Steingewordene Freiheit

Die Freiheit kann nur durch täglichen Gebrauch verteidigt werden. Dabei muss der Einzelne sich gegen die psychologischen und soziologischen Mechanismen durchsetzen, die einen davon abhalten, dem Gegner mit der angemessenen Offenheit zu begegnen. Ein Beispiel solcher Zivilcourage bewies 1994 der Präsident der Stiftung Weimarer Klassik, Bernd Kauffmann, beim Besuch des damaligen chinesischen Ministerpräsidenten Li Peng in Weimar. In Deutschland war dieser Besuch äußerst unbeliebt, denn die gewaltsame Niederschlagung der Proteste am Tian'anmen-Platz lag noch nicht lange zurück.[VII] Viele Politiker klammerten das Thema höflich aus, Kauffmann jedoch sagte seinem prominenten Gast die Wahrheit ebenso diplomatisch wie deutlich ins Gesicht: »Sehr geehrter Herr Ministerpräsident, dieser Ort ist steingewordenes Zeugnis einer Kultur, die die Achtung der Menschenwürde und die Freiheit des Individuums als Grundlage hat.« Es kam zu einem Eklat, nachdem Li Peng geäußert hatte, die Besichtigung ohne weitere Erläuterungen fortsetzen zu wollen.

Tatsächlich hätte die Bemerkung aber nicht passender sein können, weil Friedrich Schiller wie kaum ein anderer die Kultur der unerschrockenen freien Rede begründet hatte. Als Rangniedrigerer dem Mächtigen die Wahrheit ins Gesicht zu schleudern, wie es 1994 in Weimar geschah, ein wiederkehrendes Thema in Schillers Werken. Es kommt vor in einer Szene von *Wilhelm Tell* gegenüber dem Schurken Gessler, in der Ballade *Die Bürgschaft*, vor allem aber in der Szene in *Don Carlos*, in der der Marquis von Posa mit dem Herrscher Spaniens zu Zeiten der Inquisition, Philipp, zusammentrifft.

Schillers Helden zeigen, wie auch zu Zeiten von Überwachung oder gar Unterdrückung politisches Handeln möglich ist. Trotz der Fiktionalität verdienen diese Ideen mehr aktuelle Beachtung. Kann man die Interventionskriege, mit denen

»Das Geheimnis des Glücks ist die Freiheit, das Geheimnis der Freiheit aber ist der Mut.« – *Thukydides*

VII Allerdings hatten westliche Medien damals unzutreffend von einem »Massaker« gesprochen.

der Westen »Demokratie« in Länder mit widerspenstiger Bevölkerung exportiert, besser charakterisieren als mit Schillers Worten?

> *»Oh schade, daß, in seinem Blut gewälzt, das Opfer wenig dazu taugt, dem Geist des Opferers ein Loblied anzustimmen!«*

Trotzdem hat man nicht das Gefühl, dass viele Menschen, sei es in einflussreicher Position oder nicht, den Tätern dieser Welt so entgegentreten. Interessant ist, dass Schiller – trotz schreiender Ungerechtigkeiten – nicht zur Revolution aufruft. In *Don Carlos* lässt er seinen Helden Marquis von Posa sagen:

> *»Die lächerliche Wuth der Neuerung, die nur der Ketten Last, die sie nicht ganz zerbrechen kann vergrößert, wird* mein *Blut nie erhitzen. Das Jahrhundert ist meinem Ideal nicht reif. Ich lebe ein Bürger derer, welche kommen werden.«*

Schiller, in Gestalt seines Helden, erkennt die Autorität des Königs, dessen Handeln er verurteilt, nach wie vor an. Er hat seine Überzeugungen jahrelang für sich behalten, bevor er sie erstmals dem König unter vier Augen eröffnet. Er will Wandel durch Überzeugung, nicht durch eine Revolution. Vielleicht mag dies heute naiv klingen, vielleicht ist es aber auch nicht der falsche Weg. Durch welche Revolutionen ging es den Menschen wirklich besser? Ist ein langsamer Wandel durch Vernunft nicht besser als ein schneller Umsturz durch Empörung? Schiller war bei aller Verurteilung der Missstände hoffnungsvoll, dass die Wahrheit, zur rechten Zeit gesagt, eine Wirkung haben würde. In der Geschichte war dies nicht immer der Fall. Es können aber Zeiten kommen, in denen es wenig Alternativen gibt, die menschliche Würde zu bewahren, als mit einer Haltung, wie sie Schiller beschreibt.

Schlimmer kann es nicht kommen

Als Schillers Drama während des Zweiten Weltkrieges in Berlin aufgeführt wurde, kam es bei den Worten »Sire, geben Sie Gedankenfreiheit!« regelmäßig zu Szenenapplaus – sehr zum Missfallen von Joseph Goebbels, der den Aufführungen beiwohnte. Ungewöhnlichen Mut zu Zeiten des Nationalsozialismus bewies auch der Münchner Komiker Werner Finck, der bei seinen Auftritten Sätze von sich gab wie: »Ich stehe hinter dem Führer, damit ich nicht sitzen muss.« Als ein Gestapo-Mann sich in einer Aufführung Notizen machte, beugte sich Finck mit den Worten zu ihm: Red' ich zu schnell? Kommen Sie noch mit, oder muss ich mitkommen?« Humor ist eines der letzten Mittel in der Diktatur; jeder Angriff darauf muss die Reaktion »wehret den Anfängen!« hervorrufen.[VIII]

»Wohl dem Menschen, wenn er gelernt hat zu ertragen, was er nicht ändern kann, und preiszugeben mit Würde, was er nicht retten kann.« – *Friedrich Schiller*

Schillers Ideal, die Wahrheit furchtlos auszusprechen, ist in der heutigen Zeit ein Mittel, mit dem man der Erhaltung eines freiheitlichen Staates dienen kann. Allen subtilen Zensurversuchen zum Trotz kann man seine Meinung heute noch frei aussprechen. Diese Freiheit sollten wir gebrauchen und auch die Hoffnung auf eine positive Wirkung nicht aufgeben.

»Der Mut ist's, der den Ritter ehret.« – *Friedrich Schiller*

»Weil Ihr mich meines Lebens habt gesichert, So will ich Euch die Wahrheit gründlich sagen. Mit diesem zweiten Pfeil durchschoss ich – Euch, Wenn ich mein liebes Kind getroffen hätte, Und Eurer – wahrlich! hätt ich nicht gefehlt.« – *Friedrich Schiller, Wilhelm Tell*

Schließlich ist Schillers Philosophie von der Überzeugung getragen, dass auch in tyrannischer Umgebung die Humanität im Individuum noch nicht aufgehört hat zu existieren. Ist das nicht eine Sichtweise, die angesichts aggressiver Machtstrukturen wie Armeen, Geheimdiensten

VIII Der totalitäre Charakter eines Verbotes von »Fake News« ergibt sich schon daraus, dass diese von Satirenachrichten, wie zum Beispiel dem *Postillon*, ununterscheidbar sind.

oder gar Extremisten des Nachdenkens wert ist? Wofür lohnt sich Anstrengung für die Freiheit, wenn man nicht mehr an Reste von Menschlichkeit beim Gegner glaubt, wie Schiller dies tat?

Wirklich totalitäre Systeme bestrafen einzelne unliebsame Äußerungen, wie es in der NS-Zeit, aber auch in den Ostblockländern der Fall war. Müssen wir dies fürchten? Wachsamkeit ist jedenfalls angebracht. Aber die Angst darf uns nicht lähmen. Niemand kann voraussehen, wohin die zunehmenden Einschränkungen der Freiheit führen werden, die wir gerade erleben. Aber eine furchtlose Stimme sollten wir uns nicht nehmen lassen.

»Ich weiß, was ich mit dem König soll – und wär's auch eine Feuerflocke Wahrheit nur, in des Despoten Seele kühn geworfen.« – *Friedrich Schiller, Don Carlos*

Die mentale Festung

Rolf Dobelli rät in seinem Buch *Die Kunst des guten Lebens*, sich eine »mentale Festung« zu errichten, die allen denkbaren Schicksalsschlägen trotzt, die einem im Leben widerfahren können. Niemand kann einem Menschen seine Gedanken wegnehmen: »Die letzte der menschlichen Freiheiten besteht in der Wahl der Einstellung zu den Dingen.« Selbst totalitäre Machtstrukturen können dies nicht ändern. Diesen auf die stoische Philosophie zurückgehenden Gedanken entwickelte der Wiener Neurologe Viktor Frankl, dessen Familie in Auschwitz und Bergen-Belsen ermordet worden war. In seinem Buch *Trotzdem Ja zum Leben sagen: Ein Psychologe erlebt das Konzentrationslager* entwarf er eine Vision, auch unter inhumanen Bedingungen einen Sinn im Leben zu sehen.

»Er liebte Big Brother.« *– Romanende von George Orwells »1984«*

In der materiell gesättigten westlichen Welt, die einerseits eine Protestkultur bei jeder minimalen Zumutung entwickelt hat, andererseits das Verschwinden ihrer eigenen Werte toleriert, ist eine Besinnung dieser Art vielleicht wertvoller denn je. Sie hilft, nicht zum Gefangenen der eigenen Ängste zu werden; sie sind kein guter Ratgeber. In Angst versetzte Gesellschaften sind wahrscheinlich mehr von Krieg und Totalitarismus bedroht als freie.

Sollte wieder einmal eine totalitäre Katastrophe über die Welt hereinbrechen, wird sie nicht ewig dauern. Das Schlimmstmögliche zu benennen, hat eine gewisse befreiende Wirkung. Es kann helfen, den Mut zu entwickeln, der nötig ist, um genau diesen Zusammenbruch der Freiheit zu verhindern. Irgendwann werden auch die Niederlagen der Privatheit und der Freiheit, die die Menschheit erlitten hat, wieder rückgängig gemacht. Schillers Helden riskieren ihr Leben damit, den Herrschern die Wahrheit ungeschminkt ins Gesicht zu sagen, und in seiner idealisierten Welt haben sie Erfolg damit. Den kann niemand garantieren. Aber der Wahrheit zuliebe sollten wir uns nicht immer zu viel bedenken.

König: »So schwach sind diese Gründe? Was fürchtet ihr dabei zu wagen?« – Marquis von Posa: »Wenn ich Zeit gewinne, sie zu erschöpfen, Sire – mein Leben höchstens.«

Viele Menschen haben in totalitären Regimen die freie Meinungsäußerung mit dem Leben bezahlt. Aber ihre Namen überdauern die Zeiten länger als jene ihrer Henker. Schillers Helden kombinieren den Willen zur Freiheit mit Mut und Verstand. Es ist das Beste, was wir tun können.

Epilog

In astronomischen Maßstäben betrachtet, bevölkert Homo sapiens diesen Planeten erst seit kurzer Zeit. Zudem hat sich die Zivilisation kaum jemals so schnell gewandelt, wie es gegenwärtig geschieht. Auch wenn es interessant ist, über noch längere Zeiträume nachzudenken, sollte die Sicherung der Lebensgrundlagen der nächsten Generationen höchste Priorität haben. Diese Herausforderungen wurden in der Vergangenheit mit Kreativität, Intelligenz und Bildung gemeistert. Es gibt kaum eine wichtigere Aufgabe, als diese Eigenschaften bei der jungen Generation zu fördern. Entscheidend für individuelle Entfaltung ist die Durchlässigkeit des Bildungssystems, die Freiheit des Denkens und die Abwesenheit von Repression und Angst.

Wissensdurst kann jedoch erst aufkommen, wenn Elementarbedürfnisse gestillt sind, was leider einem Großteil der Weltbevölkerung bis heute verwehrt ist. Es ist daher auf lange Sicht unvermeidlich, dass Entscheidungsträger sich von nationalem oder wirtschaftlichem Konkurrenzdenken befreien und aufhören, sich mit unproduktiven Dingen wie Kriegen und Konflikten zu beschäftigen. Im Moment gilt es, die Stabilität der Zivilisation zu gewährleisten, die vielfältig bedroht scheint. Dies erfordert Aufmerksamkeit und rationales Handeln von allen, denen die Welt nicht gleichgültig ist. Zu helfen, die dazu nötigen Informationen aufzunehmen und zu durchdenken, war Ziel dieses Buches. Lernen und Denken ist die beste Zukunftsinvestition, die wir in diesen Zeiten tätigen können.

Ich habe lange gezögert, ob ich zusätzlich zur Wissenschaft, die meine Hauptbeschäftigung ist, ein Buch mit politischem Inhalt schreiben soll. Während meiner wissenschaftlichen Betätigung hatte ich lange Zeit in relativer Isolation von Tagesnachrichten gelebt. Schließlich begann ich mich über einzelne Meldungen zu wundern, zunächst nach der Finanzkrise, vor allem aber mit den weltpolitischen Ereignissen, die 2014 begannen. Ich bemerkte eine im Vergleich zu früher sehr veränderte Medienlandschaft, wobei die jahrelange Abstinenz den Kontrast zu früherer Berichterstattung wohl besonders deutlich gemacht hat. Am meisten irritierte mich die zunehmende Irrationalität in den Nachrichten, und besonders abstoßend fand ich die Kriegshetze, die in einst angesehenen Medien verbreitet wurde.

Es ist ein großes Privileg, sich mit Wissenschaft beschäftigen zu können. Es begründet aber auch Verantwortung, gesellschaftliche Fehlentwicklungen zu benennen, die die Basis eines naturwissenschaftlichen Weltbildes untergraben: Abschied von Logik und Evidenz, Ersetzen von rationalen Argumenten durch moralische Empörung, öffentliche Aufregung statt individuellem Nachdenken. Nicht zuletzt mit Mitteln des Rechts muss man Kriegsverharmlosung und Propaganda entgegentreten. Ich bin überzeugt, dass die Entwicklungen in dieser Richtung jedem Anlass geben sollte, sich damit auseinanderzusetzen.

Die Beschäftigung mit politischen Themen ist mir allerdings nicht leichtgefallen. Besonders drastische Beispiele von Lügen, Verzerrungen und Propaganda haben auch bei mir zeitweise Empörung hervorgerufen, die den rationalen Umgang mit den Dingen erschwerten. Aber auch das unvermeidliche Eintauchen in die Tagesberichterstattung führte zur Aufnahme von irrelevanter Information, derer man sich trotz kognitiver Gegenmittel nur schwer erwehren kann. Selbst die gut recherchierten und klugen Bücher, die ich gelesen habe, hatten zeitweise einen deprimierenden Effekt: Manchmal mochte man am Zynismus der Mächtigen und der menschlichen Dummheit fast verzweifeln. Die längere Beschäftigung mit dem Thema hatte aber dann die therapeutische Wirkung, sich auch durch bedrohliche Ereignisse nicht in einen Zustand der Angst versetzen zu lassen, der die Handlungsfähigkeit lähmt. Wir können die Vernunft immer noch mit aufgeschlossenem Sehen, gründlichem Denken und entschlossenem Handeln einsetzen. Gebrauchen Sie daher Ihren Verstand unbesorgt.

München, im Februar 2019
Alexander Unzicker

Alternative Nachrichtenquellen

Auf die folgenden Quellen bin ich bei meinen Recherchen gestoßen und finde sie im Sinne eines möglichst großen Informations- und Meinungsspektrums als Gegengewicht zu den Mainstreammedien erwähnenswert, auch wenn Sprache und Wortwahl im Einzelfall zu wünschen übrig lassen. Wie aus der Verschiedenartigkeit der Quellen eigentlich offenkundig, enthält diese Aufstellung keine Bewertung der Seiten.

Deutschsprachig:

www.nachdenkseiten.de
www.heise.de/tp (telepolis)
www.rubikon.news (Jens Wernicke)
deutsche-wirtschafts-nachrichten.de
propagandaschau.wordpress.com
www.abgeordnetenwatch.de
www.cicero.de
deutsch.rt.com
de.sputniknews.com
alles-schallundrauch.blogspot.com
publikumskonferenz.de
anti-spiegel.ru
www.jungundnaiv.de
tichyseinblick.de
epochtimes.de
rationalgalerie.de
norberthaering.de
gruppe42.com
netzpolitk.org
sciencefiles.org
augenaufunddurch.net
www.cashkurs.com (Dirk Müller)
uncutnews.ch
weltnetz.tv
swprs.org
analitik.de
achgut.de
anderweltonline.de
www.journalistenwatch.com
www.jungefreiheit.de
www.jungewelt.de
www.publicomag.com
danisch.de
www.der-postillon.com
spiegelkabinett-blog.blogspot.com
hinter-der-fichte.blogspot.com

International:

consortiumnews.com
theintercept.com
moonofalabama.org
rt.com
zerohedge.org
voltairenet.org/en
www.strategic-culture.org
wsws.org
theepochtimes.com
21stcenturywire.com
www.theblogcat.de
off-guardian.org
www.democracynow.org
wikileaks.org
truthdig.com
globalresearch.ca
counterpunch.org
www.informationclea-
ringhouse.info
www.medialens.org
www.paulcraigroberts.org
www.craigmurray.org.uk

Literatur

Aufgeführt sind hier alle Bücher, die einen Bezug zum Thema haben; nicht alle davon sind im Text erwähnt. Sie sind gedacht zur möglichen Vertiefung, wobei auf ein breites Meinungsspektrum Wert gelegt wurde.

Aaronson, Trevor: *The Terror Factory* (Ig Publishing 2013)

Albert, Hans: *Traktat über die kritische Vernunft* (1991; 2. Aufl. UTB)

Bittner, Wolfgang: *Die Eroberung Europas durch die USA* (Westend 2017)

Blum, William: *Zerstörung der Hoffnung* (Killing Hope): *Bewaffnete Interventionen der USA* (Zambon 2014)

Bostrom, Nick: *Superintelligenz* (Suhrkamp 2016)

Breszinsky, Zbigniew: *Die einzige Weltmacht* (Kopp 2015)

Bröckers, Matthias und Schreyer, Paul: *Wir sind die Guten* (Westend 2014)

Bröckers, Matthias und Christian C. Walther: *11.9. – zehn Jahre danach* (Westend 2017)

von Bülow, Andreas: *Die CIA und der 11. September* (Piper 2011)

Buschkowsky, Heinz: *Neukölln ist überall* (Ullstein 2013)

de Solla Pierce, Derek: *Little Science, Big Science and beyond* (Columbia University Press 1986)

Charlton, Bruce G: *Addicted to Distraction: Psychological consequences of the modern Mass Media* (2014, Univ. Buckingham press)

Charlton, Bruce G: Not *Even Trying: The Corruption of Real Science* (2012, Univ. Buckingham press)

Chomsky, Noam: Media Control: *Wie uns die Medien manipulieren* (nomen 2018)

Chomsky, Noam: *Who Rules the World? Reframings* (Penguin 2016)

Davidsson, Elias: *Der Gelbe Bus* (Zambon 2018)

Dobelli,Rolf: *Die Kunst des klugen Handelns* (dtv 2014)

Dobelli,Rolf: *Die Kunst des klaren Denkens* (dtv 2014a)
Dobelli,Rolf: *Die Kunst des guten Lebens* (2017)
Douglass, James W.: *JFK and the unspeakable* (Touchstone 2010)
Edwards, David und Cromwell, D.: *Propaganda Blitz* (2018)
Elsberg, Marc: *Zero* (Doubleday 2018)
Feyerabend, Paul: *Against Method* (1975)
Fleckenstein, William: *Greenspan's Bubbles* (McGraw-Hill 2008)
Frankl, Viktor: *Trotzdem ja zum Leben sagen* (Kösel 2010)
Ganser, Daniele: *NATO-Geheimarmeen* (Orell Füssli 2009)
Ganser, Daniele: *Illegale Kriege* (Orell Füssli 2016)
Ganser, Daniele: *Europa im Erdölrausch* (Orell Füssli 2014)
Gellermann, Uli; Klinkhammer, Friedhelm; Bräutigam, Volker: *Die Macht um acht* (PapyRossa 2017)
Gigerenzer, Gerd: *Bauchentscheidungen* (Goldmann 2008)
Goodman, Amy: Static: *Government Liars, Media Cheerleaders, and the People Who Fight Back* (Hachette Books 2006)
Graeber, David: *Schulden, die ersten 5000 Jahre* (Goldmann 2013)
Grässlin, Jürgen et.al.: *Netzwerk des Todes: Die kriminellen Verflechtungen von Waffenindustrie und Behörden* (Heyne 2015)
Greenwald, Glenn: *No Place to Hide* (Metropolitan Books 2014)
Jungk, Robert: *Heller als Tausend Sonnen* (Bertelsmann 1962; 4. Aufl Heyne 1990)
Häring, Norbert: *Schönes neues Geld* (Westend 2018)
Harari, Yuval: *Eine kurze Geschichte der Menschheit* (Pantheon 2015)
Harari, Yuval: *Homo Deus* (C.H.Beck 2017)
Heisig, Kirsten: *Das Ende der Geduld* (RM Buch und Medien 2011)
Hirzel, S.: *Farm- Hall- Berichte* (Hirzel 1994)
Horgan, John: *The End of Science* (Little, Brown 1996)
Kahnemann, Daniel: *Schnelles Denken langsames Denken* (Siedler 2012)
Knightley, Phillip: *The First Casualty* (1975)
Kompa, Markus: *Cold War Leaks: Geheimnisvolles und Geheimdienstliches aus dem Kalten Krieg* (heise 2013)
Kompa, Markus: *Das Netzwerk* (Westend 2016)
Krone-Schmalz, Gabriele: *Russland verstehen* (Beck 2017)
Krüger, Uwe: *Meinungsmacht* (Halem 2013)

Kubelik, Thomas: *Genug gegendert!* (Projekte Verlag Jena 2015)
Kurzweil, Ray: *The Singularity is Near* (2006)
Kurzweil, Ray: *How to Create a Mind* (Viking 2014)
Lindley, David: *The End of Physics* (Basic books 1994)
Lippmann, Walther: *Die öffentliche Meinung* (1948, Westend 2018)
Lüders, Michael: *Wer den Wind säht* (Beck 2015)
Lüders, Michael: *Armageddon im Orient: Wie die Saudi-Connection den Iran ins Visier nimmt* (Beck 2018)
McCoy, Alfred: *Foltern und Foltern lassen: 50 Jahre Folterforschung und -praxis von CIA und US-Militär* (Zweitausendeins, 2005)
Meggle, Georg: *Über Medien, Krieg und Terror* (Telepolis 2018)
Meyen, Michael: *Breaking News* (Westend 2018)
Mies, Ulrich; Wernicke, Jens: *Fassadendemokratie und tiefer Staat* (ProMedia 2017)
Moser, Thomas: *NSU: Die doppelte Vertuschung* (telepolis 2017)
Müller, Albrecht: *Eine wirklich verrückte Welt* (Westend 2018)
Müller, Dirk: *Machtbeben: Die Welt vor der größten Wirtschaftskrise aller Zeiten – Hintergründe, Risiken, Chancen* (Heyne 2018)
Nida-Rümelin, Julian: *Über Grenzen denken: Eine Ethik der Migration* (Edition Körber 2017)
Nida-Rümelin, Julian: *Digitaler Humanismus* (Piper 2018)
Otte, Max: *Der Crash kommt* (2006)
Ploppa, Herrmann:*Die Macher hinter den Kulissen* (Nomen 2015)
Pickering, Andrew: *Constructing Quarks* (University Of Chicago Press 1984)
Popper, Karl: *Die offene Gesellschaft und ihre Feinde* (1945)
Popper, Karl: *Die Logik der Forschung* (1934)
Remarque, Erich Maria: *Im Westen nichts Neues* (1928)
Rentschler und Schober: *Das Bild als Schein der Wirklichkeit* (Weltbild 1990)
Risen, James: *Krieg um jeden Preis: Gier, Machtmissbrauch und das Millardengeschäft mit dem Kampf gegen den Terror* (Westend 2015)
Rosenthal-Schneider, Ilse: *Begegnungen mit Einstein, von Laue und Planck* (Vieweg 1988)
Rosling, Hans: *Factfulness* (Ullstein 2018)

Roth, Jürgen: *Mafialand Deutschland* (Eichborn 2009)
Roth, Jürgen: *Der stille Putsch* (Heyne 2016)
Sanders, Robert: *The Dark Matter Problem* (Cambridge University Press 2010)
Sarrazin, Thilo: *Feindliche Übernahme* (FBV 2018)
Scahill, Jeremy: *Dirty Wars – The World is a Battlefield* (Bold Type Books 2013)
Scahill, Jeremy: B*lackwater – die mächtigste Privatarmee der Welt* (Antje Kunstmann 2009)
Schlötterer, Wilhelm: *Macht und Missbrauch* (Fackelträger 2009)
Schmidt-Salomon, Michael: *Keine Macht den Doofen* (Piper 2012)
Schmidt-Salomon, Michael: *Die Grenzen der Toleranz* (Piper 2016)
Schulz, Stefan: *Redaktionsschluss: Die Zeit nach der Zeitung* (Hanser 2016)
Scholl-Latour, Peter: *Der Fluch der bösen Tat* (Ullstein 2015)
Schreyer, Paul: *Die Angst der Eliten* (Westend 2018)
Seiwert, Lothar: *Das 1x1 des Zeitmanagement* (GU 2014)
Singh, Simon: *Big Bang* (dtv 2007)
Smolin, Lee: *The Trouble with Physics* (Houghton Mifflin 2006)
Spitzer, Manfred: *Digitale Demenz* (Droemer 2012)
Spitzer, Manfred: *Vorsicht Bildschirm* (dtv 2006)
Spitzer, Manfred: *Lernen* (Spektrum 2002)
Stone, Oliver: *Die Putin-Interviews* (Kopp 2018)
Taleb, Nassim: *Narren des Zufalls* (btb 2013)
Taleb, Nassim: *Der schwarze Schwan* (Knaus 2007)
Taleb, Nassim: *Das Risiko und sein Preis* (Penguin 2018)
Talbot, David: *Das Schachbrett des Teufels* (Westend 2017)
Teusch, Ulrich: *Lückenpresse* (Westend 2016)
Ulfkotte,Udo: *Gekaufte Journalisten* (Kopp 2014)
Ulfkotte,Udo: *Volkspädagogen* (Kopp 2016)
Unzicker, Alexander: *Auf dem Holzweg durchs Universum* (Hanser 2012)
Unzicker, Alexander: *Einsteins verlorener Schlüssel* (CreateSpace 2015)
Wagenknecht, Sahra: *Freiheit statt Kapitalismus* (Campus 2012)
Wagenknecht, Sahra: *Couragiert gegen den Strom* (Westend 2017)

Weik, Matthias; Friedric, Marc: *Der größte Raubzug der Geschichte* (Bastei Lübbe 2014)
Wernicke, Jens: *Lügen die Medien?* (Westend 2017)
Wisnewski, Gerhard, W. Landgraeber, E. Sieker: *Das RAF-Phantom* (Knaur 1997)
Wisnewski, Gerhard: *Die Wahrheit über das Attentat auf Charlie Hebdo* (Kopp 2015)
Wisnewski, Gerhard: *Verheimlicht, Vertuscht, Vergessen* (jährlich erscheinende Sammlung; Knaur, Kopp)
Wolff, Ernst: *Weltmacht IWF* (Tectum 2014)
Zieger, Jean: *Das Imperium der Schande* (Bertelsmann 2008)
Zieger, Jean: *Der Hass auf den Westen* (Goldmann 2011)
Zieger, Jean: *Ändere die Welt* (Penguin 2016)

Anmerkungen

1 http://www.spiegel.de/plus/ist-es-moeglich-dass-es-unser-universum-gar-nicht-gibt-a-00000000-0002-0001-0000-000159189655

Teil 1

1 YouTube: Marcel Reich-Ranicki lehnt deutschen Fernsehpreis ab (volle Länge) (rotzloeffel32123)
2 https://www.deutschlandfunk.de/ablenkungsmanoever-was-der-bundestag-waehrend-der-wm-alles.862.de.html?dram:article_id=289028
3 Wernicke (2017), pos 1857.; 5828
4 Charlton (2014) 1276, 1371
5 De Solla Priece (1986), S. XIX
6 Bostrom (2012); YouTube: What happens when our computers get smarter than we are? | Nick Bostrom (TED)
7 Charlton (2014), loc. 1324
8 https://www.craigmurray.org.uk/
9 http://www.spiegel.de/spiegel/print/d-74184480.html
10 https://www.lrb.co.uk/v35/n24/seymour-m-hersh/whose-sarin
11 Bittner (2017)
12 Lüders (2015, 2017)
13 https://publikumskonferenz.de/
14 Wernicke, loc. 2806.
15 http://www.chartophylakeion.de/blog/2014/03/18/putins-rede-zum-beitritt-der-krim/, abgedruckt in Bittner (2014).
16 Vom Wesentlichen ablenken, Junge Welt, 31.08.2017.
17 https://21stcenturywire.com/2017/03/01/mockingbird-mirror-declassified-docs-depict-deeper-link-between-the-cia-and-american-media/
18 Goodman (2006), S. 64 ff.
19 Ebda. S. 78
20 Ebda. S. 74
21 Ebda. S. 71
22 Viele davon unterzeichneten 2014 den »Appell für eine andere Russlandpolitik«
23 Youtube Interview Real Physics – Mike Disney
24 Wernicke, pos. 1273
25 Wernicke (2017); Teusch (2016)
26 Vgl. Zitate in Unzicker (2010), Kap. 3
27 www.nature.com/articles/srep35596

28 https://propagandaschau.wordpress.com/2014/09/03/wdr-manoverfoto-aktuelle-stunde/
29 http://blauerbote.com/bana-alabed-twittermaedchen-aus-syrien-aleppo/; https://www.rubikon.news/artikel/das-twittermadchen-aus-syrien
30 YouTube: NATO-Generalsekretär vs. Jung & Naiv – Bundespressekonferenz (Tilo Jung)
31 https://www.zeit.de/2007/36/Interview-Helmut-Schmidt/seite-6
32 https://www.heise.de/tp/features/Der-Spiegel-die-Folter-und-9-11-3369153.html
33 https://www.tagesanzeiger.ch/ausland/amerika/27000-PRBerater-polieren-Image-der-USA/story/20404513
34 https://www.ynetnews.com/articles/0,7340,L-4987758,00.html. 250 Mio. Scheckel entprechen etwa 60 Mio. Euro für zwei Jahre.
35 https://www.nachdenkseiten.de/?p=45603, Youtube: Israelisches Foltergefängnis In Wikipedia schöngeschrieben! | #08 Wikihausen (gruppe 42)
36 Etwa die unsägliche »Integrity Initiative«, die von Britischen Geheimdiensten finanziert wird, https://www.nachdenkseiten.de/?p=47955
37 Z. B. Berichterstattung über Konzert in Palmyra, Teusch (2017), S. 90 ff.
38 YouTube: Große Sorge vs. großes Verständnis: Russische vs. französische Luftangriffe (Thilo Jung)
39 Wernicke (2017), pos. 1228
40 https://www.der-postillon.com/2016/10/mossul-aleppo.html
41 Reinhard Merkel: »Die Krim und das Völkerrecht: Kühle Ironie der Geschichte«. In: Frankfurter Allgemeine Zeitung, 7. April 2014
42 Das Pentagon bezeichnet inzwischen Bürgerproteste als »low level terrorism«. http://www.foxnews.com/story/2009/06/17/pentagon-exam-calls-protests-low-level-terrorism-angering-activists.html
43 2018: Zeugen vor UN. https://southfront.org/hague-press-conference-on-douma-chemical-attack-details-evidence-reaction/; www.rubikon.news/artikel/die-lugen-der-macht-2
44 YouTube: Media accuses Tucker of pushing ›Russian propaganda‹ (FoxNews)
45 http://www.spiegel.de/politik/deutschland/die-linke-und-der-syrien-konflikt-bollwerk-fuer-wladimir-putin-in-berlin-a-1203655.html
46 https://www.sueddeutsche.de/politik/kommentar-warum-us-buerger-saddam-fuer-verantwortlich-machen-1.646526
47 https://www.heise.de/tp/features/Fall-Skripal-Westliche-Regierungen-machen-sich-kollektiv-laecherlich-3997443.html
48 http://www.politics.co.uk/comment-analysis/2018/09/20/skripal-poisoning-it-s-time-for-the-corbyn-left-to-confront; Corbyn im Parlament: https://www.youtube.com/watch?v=NOkTfOExEqk; YouTube: Britain stages Russia poisoning, drowns in lies (min 3:15, Inessa S)
49 http://www.faz.net/aktuell/politik/video-russische-kampfjets-kommen-amerikanischem-zerstoerer-gefaehrlich-nahe-14178136.html

50 https://www.zeit.de/gesellschaft/zeitgeschehen/2017-12/atlantik-nato-besorgt-russische-u-boote-datenkabel
51 Benjamin Bidder, http://www.spiegel.de/politik/ausland/nato-gipfel-wie-russlands-praesident-putin-osteuropa-provoziert-a-1102168.html
52 https://www.focus.de/politik/ausland/ostsee-aufruestung-zwischen-nato-und-russland-experte-warnt-vor-atomkrieg-um-baltikum_id_8283459.html
53 https://www.welt.de/politik/ausland/article156917494/Die-Luecke-von-Suwalki-ist-die-Achillesferse-der-Nato.html; https://propagandaschau.wordpress.com/2016/07/08/zdf-armin-coerper-erfindet-eine-russische-aggression/
54 Eine sachliche Recherche zu den Ursprüngen des Begriffes findet sich bei Schreyer (2018), S. 160 ff.
55 YouTube: Rainer Mausfeld: »Warum schweigen die Lämmer?« – Techniken des Meinungs- und Empörungsmanagements (Reiner Heyse)
56 Mausfeld, ebda.
57 https://www.zeit.de/politik/ausland/2017-11/micheal-fallen-ruecktritt-sexuelle-belaestigung
58 https://www.zeit.de/arbeit/2017-10/sexismus-job-beruf-sawsan-chebli-vater; https://www.zeit.de/2016/28/sexualstrafrecht-verschaerfung-kritik; https://www.zeit.de/2014/42/strafrecht-vergewaltigung-missbrauch; Kelle, Birgit: *Dann mach doch die Bluse zu* (2013, adeo).
59 http://www.spiegel.de/panorama/dominique-strauss-kahn-was-macht-er-nach-dem-sex-skandal-a-981176.html
60 Krüger (2013)
61 Wikipedia: Black Site
62 YouTube: Madeleine Albright says 500,000 dead Iraqi Children was »worth it« wins Medal of Freedom (ttj1776)
63 https://supreme.justia.com/cases/federal/us/531/98/case.pdf
64 YouTube: CIA Analyst Kevin Shipp packt aus (Kanal: Fakten News)
65 YouTube: 9/11 Fifteen Years Later – What Have We Learned? (Other voices, other choices)
66 Vgl. auch YouTube: Positionen 15: Der Tiefe Staat – Mythos oder Wirklichkeit? (KenFM); unerwartet deutlich auch der US-Ökonom Jeffrey Sachs auf YouTube: Bombshell: Professor Stuns MSNBC Panel On Syria (The Jimmy Dore Show).
67 https://www.nytimes.com/2014/04/03/us/politics/supreme-court-ruling-on-campaign-contributions.html
68 Scahill (2013), S. 80
69 https://www.strategic-culture.org/news/2017/11/03/us-boosts-special-operations-forces-presence-at-russia-border.html
70 https://www.rubikon.news/artikel/der-morder-staat
71 Ebda.
72 Kleine Anfrage zur Rolle des in Deutschland stationierten United States Africa Command bei gezielten Tötungen durch US-Streitkräfte in Afrika: https://dip21.bundestag.de/dip21/btd/17/110/1711047.pdf

73 https://www.rubikon.news/artikel/der-morder-staat

74 YouTube: Gen Wesley Clark Reveals US Plan To Invade Iraq, Syria, Lebanon, Lybia, Somalia, Sudan, And Iran (RandomThoughtMachine); https://www.globalresearch.ca/we-re-going-to-take-out-7-countries-in-5-years-iraq-syria-lebanon-libya-somalia-sudan-iran/5166

75 https://www.nachdenkseiten.de/?p=44684

76 https://theintercept.com/2015/08/21/inside-the-spyware-campaign-against-argentine-troublemakers-including-alberto-nisman/; https://theintercept.com/2017/08/03/brazils-corrupt-congress-protects-its-bribe-drenched-president-finalizing-elites-two-year-plot/; https://consortiumnews.com/2016/09/06/the-hard-message-from-brazils-soft-coup/

77 Beispiele in www.heise.de/tp/features/Warum-sind-die-USA-verrueckt-geworden-4009528.html

78 Die Einflussnahme geht sogar so weit, den syrischen Botschafter am Sprechen zu hindern: https://www.rt.com/op-ed/229215-united-nations--syria-ambassador/

79 Zum Beispiel werden dort die *White Helmets* glorifiziert: https://www.amnesty.org.uk/where-missing-white-helmet-abdulhadi-kamel

80 http://blauerbote.com/2018/08/19/white-helmets-weisshelme-im-syrienkrieg/; http://blauerbote.com/2017/11/14/weisshelme-in-syrien/; http://blauerbote.com/2016/11/07/weisshelme-retten-dreimal-das-gleiche-maedchen/; https://www.rubikon.news/artikel/die-weisshelm-terroristen; https://www.heise.de/tp/features/Die-obskuren-White-Helmets-3380394.html; http://www.moonofalabama.org/2016/06/the-usuk-financed-white-helmets-shtick-fake-child-rescued-videos.html; https://www.zeit-fragen.ch/de/ausgaben/2018/nr-13-5-juni-2018/geschichte-einer-medienkampagne-die-genfer-affaere-um-die-syrischen-weisshelme.html

81 https://www.rubikon.news/artikel/die-kriegslugner; auch das Portal *Correctiv* ist insofern suspekt: https://www.rubikon.news/artikel/professionelle-heuchelei-3-4

82 https://www.heise.de/tp/features/Junge-Amerikaner-Liberaler-aber-weniger-Sex-3287527.html; https://www.heise.de/tp/features/Vor-allem-bei-jungen-Maennern-geht-der-Sex-verloren-3374479.html

83 https://www.handelsblatt.com/arts_und_style/aus-aller-welt/sicherheitsreport-2018-die-usa-als-freund-die-usa-als-bedrohung/20962776.html; www.ibtimes.com/gallup-poll-biggest-threat-world-peace-america-1525008

84 https://www.heise.de/tp/features/Warum-sind-die-USA-verrueckt-geworden-4009528.html

85 Wikipedia (Engl.): Money supply. Umlaufende Geldmenge M3 wird seit 2006 nicht mehr publiziert.

86 Im Gegenzug verkaufen die USA Waffen, YouTube: Trump Boasts of Killer Arms Sales in Meeting with Saudi Dictator, Using Cartoonish Charts (TheRealNews)

87 https://www.epochtimes.de/politik/welt/der-petro-dollar-kaempft-gegen-sein-ende-a2269681.html
88 Ziegler (2006) und (2012)
89 Ähnliche Argumente finden sich bei Schreyer (2018).
90 Vgl. auch dazu Harari (2015)
91 Otte (2006); Fleckenstein (2008), Wagenknecht (2012), Graeber (2013).
92 Rosenthal-Schneider (1988), S.27
93 Smolin (2006), Unzicker (2012)
94 Unzicker (2012), S. 231.
95 Symptomatisch ist die Abnehmende Resonanz auf Veranstaltungen wie »Freiheit statt Angst«.
96 YouTube: Glenn Greenwald, Talk 27 September 2017 (Lannan Foundation, min 54:00)
97 YouTube: Ray McGovern: The Deep State Assault on Elected Government Must Be Stopped (La RouchePAC Videos, min 35:30)
98 USA, Kanada, Großbritannien, Australien, Neuseeland
99 https://netzpolitik.org/2016/geheimer-pruefbericht-der-bnd-bricht-dutzendfach-gesetz-und-verfassung-allein-in-bad-aibling/
100 Moser (2017), Kap. 9
101 https://www.zeit.de/2014/10/staatsanwaltschaft-fall-edathy; https://www.fischer-stgb.de/fischer/wp-content/uploads/2015/11/DZ_ePaper_10_14.pdf
102 www.faz.net/aktuell/politik/inland/paedophiler-bka-beamter-sanft-entsorgt-12870343.html
103 Der Gründer des Projekts, Linus Thorwalds, wird übrigens gerade in eine absurde political-correctness-Debatte verwickelt: https://otter.technology/blog/2018/09/20/linux-kernel-hastily-adopts-standard-code-of-conduct/; https://www.newyorker.com/science/elements/after-years-of-abusive-e-mails-the-creator-of-linux-steps-aside
104 Die *World Socialist WebSite* Wsws.org wurde zum Beispiel von Google massiv »ausgelistet«.
105 https://www.reuters.com/article/us-russia-usa-media-restrictions-rt/russias-rt-america-registers-as-foreign-agent-in-u-s-idUSKBN1DD25B; https://de.sputniknews.com/panorama/20150804303634899/
106 YouTube: Admiral Lord West Casts Doubt on Syria Attack Intelligence – BBC NEWS (Oliver Lane)
107 https://www.nachdenkseiten.de/?p=38651
108 YouTube: Sinclair's Soldiers in Trump's War on Media (Deadspin)
109 https://meedia.de/2018/01/29/das-sternchen-system-thomas-fischers-zeit-kritische-anmerkungen-zum-medien-tribunal-gegen-dieter-wedel/
110 https://www.tagesspiegel.de/medien/nach-netanjahu-karikatur-sueddeutsche-zeitung-trennt-sich-von-dieter-hanitzsch/22579666.html
111 Krieg gegen die Leser, https://www.heise.de/tp/features/Auf-Kriegsfuss-mit-den-Lesern-3364839.html
112 Paul Schreyer, https://www.heise.de/tp/features/Geschlossene-Leserforen-bei-Spiegel-Online-3640146.html

113 Dieser Unterschied lässt sich immer noch gut in YouTube-Kommentaren ausmachen, z.B. https://www.youtube.com/watch?v=UnVuNHejKVs
114 Z. B. die Fälle Michael Stürzenberger oder Alex Jones
115 U. a. »Geschichten aus Wikihausen« oder die Enttarnung von Philipp Cross
116 YouTube: KenFM zeigt: Zensur – die organisierte Manipulation der Wikipedia und anderer Medien (KenFM) ; KenFM zeigt: Die dunkle Seite der Wikipedia (KenFM)
117 https://de.sputniknews.com/panorama/20180531320955722-philip-cross-wikipedia/
118 http://www.kanzleikompa.de/2010/06/26/wikipedia-diktatur-der-zeitreichen/
119 Z. B. Brian Josephson. Archivefreedom.org.

Teil 2

1 Analog formuliert nach Kahnemann (2012), www.focus.de/wissen/videos/das-schlaeger-ball-problem-einfache-rechenaufgabe-laesst-elitestudenten-scheitern-sind-sie-schlauer_id_4809320.html
2 Wikipedia: Ankereffekt
3 https://edition.cnn.com/2018/04/10/health/facebook-likes-psychographics/index.html
4 Dieses Argument geht auf den Physiker Karl Fabian zurück (persönliche Mitteilung).
5 Dobelli (2014), der Schläfer-Effekt
6 https://www.spektrum.de/magazin/falsche-erinnerungen/823559
7 Wikipedia: Verfügbarkeitsheuristik
8 Wikipedia: Prävalenzfehler; s. a. Dobelli (2014)
9 Taleb (2001)
10 Wikipedia: Bestätigungsfehler
11 Dobelli (2014), Art of thinking Cl, Kap. 7, S. 23
12 Pickering (1986), S. 14. Pickering, A. 1981. »The Hunting of the Quark«. Isis 72: 216 –236
13 Wikipedia: Optische Täuschung
14 Kahnemann (2012), Kap. 15
15 Vgl. Kahnemann (2012)
16 Wikipedia: Konformitätsexperiment von Asch
17 YouTube: Prudential: Everybody's Doing It. (Prudential)
18 Wikipedia: Reserve-Polizei-Bataillon 101
19 Kahnemann (2012), Kap. 26 ff.
20 Wikipedia: Milgram-Experiment
21 Collins, Harry: Are we all experts now? (Polity 2014), Einleitung
22 Collins, Harry: Gravity's shadow (University of Chicago press 2010), S. 5
23 http://amasci.com/freenrg/newidea1.html; J. of Sci. Exploration, Vol. 3, No. 2, pp 103-112, 1989
24 Vgl. Wernicke (2017), loc. 337
25 Rosenthal-Schneider (1988), S. 27ff.

26 https://www.heise.de/tp/features/Wikipedia-auf-dem-Weg-zum-Orwellschen-Wahrheitsministerium-4059211.html
27 Fehlender Nachwuchs ist ein großes Problem. Viele Bearbeiter, denen es »zu blöd« wurde, haben Wikipedia verlassen; es gab einen massiven Mitgliederschwund.
28 P. C. W. Davis, J. Brown: Superstrings (Cambridge University Press 2008), S. 193
29 Vgl. Taleb (2001)
30 https://netzpolitik.org/2014/snowden-zu-eu-parlament-deutschland-veraenderte-auf-druck-der-usa-g10-gesetz/
31 Kahnemann (2012), Kap. 7, 10, 11 und weitere
32 YouTube: Glenn Greenwald, Talk, 27 September 2017 (Lannan Foundation).
33 Vgl. *Not even trying* von Bruce G. Charlton; für die Astrophysik Interview Mike Disney
34 Kragh, Helge: Dirac
35 Dazu näher https://www.heise.de/tp/features/Physik-Nobelpreis-fuer-Geheimwissenschaft-3375881.html
36 Pickering (1984), Unzicker (2012), Teil V
37 Von der »Syrischen Bobachtungsstelle für Menschenrechte«, de.wikipedia.org; blauerbote.com/2016/04/24/england-ard-traf-den-mann-der-sich-syrische-beobachtungsstelle-fuer-menschenrechte-nennt/
38 YouTube: Interview; Russland: mit Putin: unzensiert von Thomas Roth, Georgien – USA – EU 2008 ARD (Badx Madurskli)
39 https://de.wikipedia.org/wiki/Gladio
40 Reuters, 18.11.1990; Ganser (2009), loc. 624
41 Carl Sagan, Cosmos (Ballentine, New York 1980)
42 Sanders (2010), S. 165
43 Vgl. ZEIT www.zeit.de/kultur/2018-06/verschwoerungstheorien-politik-israel-afd
44 YouTube: Trevor Aaronson: How this FBI strategy is actually creating US-based terrorists (TED)
45 https://en.wikipedia.org/wiki/Trevor_Aaronson
46 https://www.heise.de/tp/features/Amri-Ausschuss-Spuren-fuehren-zur-Generalstaatsanwaltschaft-Berlin-4042944.html
47 Wisnewski (2015), Moser (2017), Davidsson (2017) ; https://www.heise.de/tp/thema/the-wtc-conspiracy#liste
48 https://de.wikipedia.org/wiki/Liste_bekannter_Attentate
49 https://de.wikipedia.org/wiki/Munroe-Effekt#Misznay-Schardin-Effekt
50 *Das RAF-Phantom*, mit den Co-Autoren Wolfgang Landgraeber und Ekkehart Sieker
51 YouTube: Gerhard Wisnewski: Vermutungen zum Tod von Kirsten Heisig (newscan)
52 YouTube: Aktenzeichen 11 9 ungelöst Lügen und Wahrheiten zum 11 September 2001 (WDR) – volle Länge (RosenSteinStock, Der Minista)

53 Holger Stark https://www.heise.de/tp/features/Der-Spiegel-die-Folter-und-9-11-3369153.html
54 http://www.spiegel.de/spiegel/print/d-39997525.html
55 YouTube: Dr. Daniele Ganser in der ARENA - Der Krieg der Medien gegen Trump 24.02.2017 (Die Bananenrepublik)
56 https://www.zeit.de/2007/36/Interview-Helmut-Schmidt/seite-7; https://skynetblog.de/zitat-helmut-schmidt-staatsterrorismus/
57 Craig Murray, www.craigmurray.org.uk; www.heise.de/tp/features/Die-Tuerklinkentheorie-als-Schwachstelle-im-Skripal-Fall-4226080.html; www.heise.de/tp/features/Der-Fall-Skripal-Ein-perfektes-Alibi-4215837.html
58 Einiges über den Zustand der Medien sagt aus, dass ein Journalist, der im ZDF auf die mögliche Inszenierung hingewiesen hatte, offiziell vom Sender gerügt wurde: https://www.focus.de/politik/ausland/wertung-des-korrespondenten-ging-zu-weit-zdf-mann-verbreitete-verschwoerungstheorie-zu-syrien-jetzt-reagiert-der-sender_id_8821943.html.
59 YouTube: Peter Ford Dropping Truth Bombs on BBC Radio Scotland (Gee Gee Tee)

Teil 3

1 In letzter Zeit wird die Entstehung des Lebens aus dem Weltall durchaus ernsthaft diskutiert, vgl. *Progress in Biophysics and Molecular Biology* 136 (2018), S. 3-23.
2 Kurzweil (2006, 2014)
3 Harari (2015), S. 507
4 YouTube: Yuval Noah Harari on Vipassana, Reality, Suffering, & Consciousness (Rashid Kapadia)
5 Charlton (2014), loc. 1480
6 Charlton (2014), loc. 1463
7 Charlton (2014), loc. 1468
8 Mies (2018)
9 Schreyer (2018)
10 Wernicke (2017), loc. 5400
11 YouTube: Germany: Low Crime, Clean Prisons, Lessons for America | Jeff Rosen | TEDxMountainViewHighSchool (TEDx Talks)
12 Vgl. z. B. Wolff (2014)
13 Roth (2009); Buschkowsky (2013)
14 Zahlreiche Beispiele in Moser (2017)
15 Moser (2017), insbesondere Kap. 4 und Kap. 12
16 https://www.heise.de/tp/features/Tote-NSU-Zeugin-Eingeschuechtert-aber-nicht-bedroht-4077897.html; https://www.heise.de/tp/features/Vom-Sterben-der-NSU-Zeugen-3626145.html
17 http://www.spiegel.de/spiegel/print/d-16358461.html
18 http://c-hofmann.blogspot.com/2009/08/der-tod-des-jorg-hillinger-das-abs.html

19 Talbot (2017)
20 Aaronson (2013)
21 Unstreitig ist z.B. ein Fall des Mossad: http://www.spiegel.de/thema/mahmud_al_mabhuh/
22 Insbesondere § 11 Absatz 2
23 Telepolis ARD-Programmbeirat: https://www.heise.de/tp/features/Ukraine-Konflikt-ARD-Programmbeirat-bestaetigt-Publikumskritik-3367400.html
24 https://gez-boykott.de/
25 https://www.computerbase.de/2017-10/netzwerkdurchsetzungsgesetz-facebook-strafen-40-millionen-euro/
26 https://meinungsfreiheit.steinhoefel.de/2018/12/13/fall-6-malca-goldstein-wolf-facebook-ireland-ltd/
27 YouTube: Markus Fiedler und Dirk Pohlmann, Geschichten aus Wikihausen (gruppe 42).
28 Diskutiert für RT.com
29 Jungk (1980), S. 246. Die abgehörten Gespräche von Farm Hall wurden erst 1994 publiziert.
30 https://www.n-tv.de/mediathek/videos/politik/Neue-US-Nuklearstrategie-zielt-auf-Russland-und-Nordkorea-article20266537.html
31 https://www.sipri.org/
32 https://de.wikipedia.org/wiki/Nuklearer_Winter
33 Neuerdings wird entgegengehalten, in Protokollen von Politbürositzungen sei dazu nichts zu finden. Dies schließt aber die Gefährdung nicht aus.
34 https://de.wikipedia.org/wiki/Wassili_Alexandrowitsch_Archipow
35 Kompa (2013), loc. 2668
36 https://autonomousweapons.org/
37 Vgl. Schlötterer (2009)
38 https://en.wikipedia.org/wiki/Nuclear_electromagnetic_pulse
39 http://www.spiegel.de/politik/ausland/eu-kommission-panzer-sollen-schneller-durch-europa-rollen-a-1200366.html
40 https://www.focus.de/politik/deutschland/medienbericht-bundesregierung-laesst-tornado-kampfeinsatz-in-syrien-pruefen_id_9559721.html
41 Gutachten wissenschaftlicher Dienst des Bundestages zu möglichem Syrien-Einsatz
42 https://www.nachdenkseiten.de/?p=43099
43 Z. B. YouTube: Die Jahrhundert-Rede von Eugen Drewermann (Phoenix Division)
44 Vgl. Horgan (1996); Lindley (1994)
45 J. Ralston, ArXiv.org/abs/1006.5255
46 Ganser (2014)
47 Dieter Deiseroth, Richter am Bundesverwaltungsgericht i. R. https://www.heise.de/tp/features/NSA-Ausspaehungen-und-der-demokratische-Verfassungsstaat-3368791.html

48 Formal waren viele Praktiken zwar illegal, entsprechende Gesetzesänderungen, wie zum Beispiel zum Bundestrojaner, werden jedoch ohne nennenswerten Widerstand beschlossen. Anstatt gesetzwidrige Aktivitäten zu unterbinden, wurden diese legalisiert: https://netzpolitik.org/2016/geheimer-pruefbericht-der-bnd-bricht-dutzendfach-gesetz-und-verfassung-allein-in-bad-aibling/
49 Vgl. Häring (2018)
50 https://folio.nzz.ch/2018/juni/die-gedanken-sind-nicht-frei
51 https://rp-online.de/panorama/ausland/nsa-spaehte-pornonutzung-von-islamisten-aus_aid-9132315
52 Charlton (2012)
53 Interview *Die Welt* 29.01.90; »Ich weiß, dass ich nichts weiß«, Ullstein 1991
54 https://www.bookshopsantacruz.com/event/amy-goodman-democracy-nows-media-not-enemy-tour
55 YouTube-Kanal Secular Talk
56 Z. B. Anstalt vom 20.10.15, YouTube: Die Anstalt: Der große Plan der USA, für den Nahen Osten! (Will Fried) zum Thema Syrien oder Medienkritik, YouTube: Die Anstalt – Kriegsberichterstattung der Mainstream Medien (ZDF 23.09.14)
57 YouTube: Bombing Syria - Bill Maher New Rules on Bombing Random countries (The BMView)
58 YouTube: Glenn Greenwald exposes Bill Maher's true colors (Real News Update)
59 https://www.heise.de/newsticker/meldung/China-schafft-digitales-Punktesystem-fuer-den-besseren-Menschen-3983746.html?seite=2
60 https://en.wikipedia.org/wiki/List_of_Chinese_dissidents

Letzter Zugriff auf Internetquellen Anfang Februar 2019

224 Seiten
ISBN 978-3-86489-243-1
Auch als E-Book erhältlich

Kriegspropaganda ist nichts Neues. Doch sie hat weltweit eine neue Qualität und Dimension angenommen. Wir leben in einer Zeit permanenter Kriege. Doch kein Krieg bricht unvermittelt aus. Kriege haben einen medialen Vorlauf: Bevölkerungen werden systematisch bearbeitet, man konstruiert bedrohliche Szenarien, dreht an Eskalationsspiralen und erzeugt Feindbilder. Am Ende erscheint der Einsatz militärischer Gewalt als plausible ultima ratio. Ulrich Teusch untersucht die aktuellen Propagandastrategien und geht der Frage nach, was die wahren Interessen der »Kriegsverkäufer« in Politik, Wirtschaft, Militär und Medien sind.